中国名村志文化工程
Culture Project of Local Records of China's Famous Villages

防川村志

LOCAL RECORDS OF FANGCHUAN

吉林省珲春市敬信镇防川村志编纂委员会　编

方志出版社
Publishing House of Local Records

图书在版编目（CIP）数据

防川村志 / 吉林省珲春市敬信镇防川村志编纂委员会编. -- 北京：方志出版社，2017.12
（中国名村志丛书）
ISBN978-7-5144-2781-3

Ⅰ.①防… Ⅱ.①吉… Ⅲ.①村史—珲春 Ⅳ.①K293.45

中国版本图书馆 CIP 数据核字（2017）第 305565 号

· 中国名村志丛书 ·

防川村志

编　　者：吉林省珲春市敬信镇防川村志编纂委员会
责任编辑：顾　洁

出 版 人：冀祥德
出 版 者：方志出版社
地址　北京市朝阳区潘家园东里 9 号（国家方志馆 4 层）
邮编　100021
网址　http://www.fzph.org
发　　行：方志出版社图书经销中心
电话　（010）67110500
经　　销：各地新华书店
排　　版：北京纺印图文设计制作有限公司
印　　刷：北京中科印刷有限公司

开　　本：787 × 1092　1/16
印　　张：17
字　　数：342 千字
版　　次：2017 年 12 月第 1 版　2017 年 12 月第 1 次印刷

ISBN 978-7-5144-2781-3　　定价：136.00 元

◉ 序一

连绵不断地编修地方志是中国独有的优秀文化传统，承担着赓续文明、传承文化的重任。保存至今的8000余种、10万余卷历代方志，蕴含着传统文化基因和海量文化信息，既是中华优秀传统文化的重要组成部分，又是传承、彰显中华优秀传统文化的重要载体。

在各种类型的地方志编纂中，村志编纂古已有之，但从未进入国家层面的地方志编纂序列。新中国成立以来，党中央、国务院高度重视包括村志编纂在内的地方志工作，出台了重要文件。中央领导发表了重要讲话、作出了重要批示。习近平总书记高度重视包括村志编纂在内的地方志工作。2004年10月，他在担任浙江省委书记时到江山市凤林镇白沙村考察，看到村民编纂的《白沙村志》，鼓励村民把村志继续编纂下去。2014年4月，刘延东副总理在与第五次全国地方志工作会议部分会议代表座谈时指出："要结合发展的新形势，加强对地方志包括部门志、行业志、专题志、乡镇村志编纂的业务指导和服务。"2015年8月，国务院办公厅印发的《全国地方志事业发展规划纲要（2015—2020年）》，正式将中国名村志文化工程列为主要任务之一。2017年5月，中共中央办公厅、国务院办公厅印发的《国家"十三五"时期文化发展改革规划纲要》指出："完成省、市、县三级地方志书出版工作。开展旧志整理和部分有条件的镇志、村志编纂。"可以说，村志编纂迎来了历史上的最好时期。

农业、农村、农民"三农"问题，是数千年来影响中国社会发展最核心的问题。中共中央高度重视"三农"工作，从2004年起，连续13年，每年的中央1号文件都聚焦"三农"。中共十九大报告更是提出"农业农村农民问题是关系国计民生的根本性问题，必须始终把解决好'三农'问题作为全党工作重中之重"，特别是提出了"乡村振兴战略"，这是中国共产党在中国特色社会主义进入新时代后，对农村发展问题所做出的准确把握和与时俱进的战略应对，是建设中国特色社会主义强国战略的重要组成部分。改革开放近40年来，在党中央、国务院高度重视社会主义新农村建设的新形势下，各地涌现出一大批历史文化名村、经济强村、新农村建设示范（试点）村、美丽乡村和特色村，成为先进生产力和先进文化的代表。客观记录中国农村全面建成小康社会的进程，向后人展示在中国共产党领导下农村千年未有的巨变，是地方志工作者肩负的光荣而重大的历史使命。编纂中国名村志丛书，是记载当代中国农村发展变革的重要途径。

文化寻根，寻的是其发展的源头和根基。村落是中国传统文化的根基所在。农村的生产生活方式、社会规范、宗族文化、宗教文化、民风习俗、传统节日、民间艺术等，无不镌刻着中国人独特的民族性格，这就是家国情怀、文脉绵延、精神归属。在快速城镇化进程的冲击和开发性破坏下，大量传统村落面临消亡的危机，村落蕴含的历史文化信息也流失殆尽，抢救性保护刻不容缓。编纂中国名村志丛书，是保存村落历史文化信息，抢救、保护村落文化最好的方式。

一方水土养一方人。家乡的山水草木、村间小巷、乡俗民情会在每个人心头留下深刻的烙印，这就是故土情结。而村落的形成与发展离不开人的活动。编纂中国名村志丛书，通过记述村落建筑、名门望族来追溯村落的历史；通过记述村落规模、布局、人口、物产等反映人口来源、宗族兴衰、生活习惯、文化背景、宗教信仰、经济发展等，体现环境与人相互影响、相互作用、相互发展的既矛盾又统一的关系；通过记述戏剧、音乐、舞蹈、美术、文学、手工技艺等文化形式，展示百姓在长期的生产生活实践中摸索和总结出的智慧结晶，强化人们沟通感情的纽带。编纂中国名村志丛书，是传承乡俗、诉说乡音、记住乡愁、纾解乡思，激活历史传统、唤起共同文化记忆、塑造共同心灵认同的重要文化工程。

中国名村志文化工程以践行文化自信、传承中华文脉、彰显时代发展为己任，以打造全国地方志系统的重要品牌为目标，在体裁运用、篇目设置、资料选择等方面进行大量的创新，突出“名”和“特”，拣选各个名村中最值得记述、最具有代表性的人、事、物，予以浓墨重彩的描画，从而形成系列的、高质量的、可读性强、雅俗共赏的地方志读本，让地方志紧接地气、贴近百姓，让地方志成果进入寻常百姓家，让人民群众共享地方志成果，让越来越多的人从地方志中感知传统、历史和记忆，成为传统村落和传统文化的守护者，成为中华优秀文化的传承者。

是为序。

中国社会科学院院长
中国地方志指导小组组长 王伟光
2017年11月

◉序二

习近平总书记指出："让居民望得见山，看得见水，记得住乡愁。"这句富有诗意的重要论述不仅唤醒了中国人城镇化建设过程中对于人和自然关系、人和历史关系的思考，同时也引发了学界对"乡愁"进一步进行文化意义解读的兴趣。从本质上看，乡愁是一种源自主体体验的情感，隐含了一种人们带着乡愁追寻自我生存与生命意义、追寻诗意栖居的精神家园的美学思辨。同时，这种追寻自我生存的主体逐渐转向大众群体，乡愁也由传统单一的"文化乡愁""爱国情怀"演变为对于"理想家园"的精神追求。

中国有近 60 万个村庄，约有 5000 个古村落，被住房城乡建设部和国家文物局界定的传统村落就有 1561 个。随着中国城镇化步伐的加快，乡村的版图日渐凋敝，大批农村青壮年劳动力走进城镇，融入了新的生活。然而，每逢传统佳节，那种挥之不去的离愁别绪挟裹着亿万农民工，又融入了返乡的滚滚洪流。这是乡愁的情愫牵动着他们，是故乡的山、故乡的水、故乡的老屋、故乡的小吃在牵动着他们，是故乡家家户户的楹联和口口相传的故事，以及只有在隆重的传统佳节才有的古老的民风习俗在牵动着他们。

文化可以体现一个民族、一个国家、一个社会的重量与体温，这是文化的力量之所在，而村落是传统中国的根脉所系，乡土社会是最能够体现中国传统文化特征的地方。梁漱溟曾指出："中国文化是以乡村为本，以乡村为重，所以中国文化的根就是乡村。"我曾在《建设社会主义新农村的理论与实践》一书中指出，在新农村建设的过程中，必须"保护和发展有地方和民族特色的优秀传统文化，创新农村文化生活的载体和手段，满足农民群众多层次、多方面的精神文化需求"，而编纂村志尤其是实施中国名村志文化工程就是一个重要举措。实施中国名村志文化工程，编纂中国名村志丛书，以最基层的村落为研究对象，寻根传统村落的历史，梳理村落的发展脉络，以唤起人们的归属感和认同感，探索新型城镇化和社会主义新农村建设过程中，如何留住乡音、乡风、乡思，继承传统文化精华，挖掘丰富历史智慧，是贯彻落实中央城镇化工作会议精神和中共十九大提出的“乡村振兴战略”的重要举措，是当前和今后一个时期全国地方志工作者的重要工作。

虽然村落文化正在日益远离当下生活，但我们可以抓住诸如基本村情、文物胜迹、古村保护、特色文化、旅游名胜、村域经济、风土民情、村民生活、新农村建设、艺文杂记、名人与名村等关键内容，通过志书的手法来诠释乡村文化的精华。我们如实记录着村落里的人和事，以及青山绿水、小河大树、袅袅炊烟，力争以最完整、最原真的方式呈现村落的前世今生。我们要为“迷失”的人留住乡村文化的根脉，让人们难以割舍的乡愁得以慰藉和释放。

中国名村志文化工程将触角伸向那些极具代表性的村落，它们有的历史悠久、名人辈出，有的经济腾飞、重获新生，有的风景秀丽、景观独特，有的地处边陲、神秘莫测……我们挖掘中国不同类型村落的发展之路，为探索新型城镇化和社会主义新农村建设的发展经验、发展模式、前进道路提供历史智慧和现实借鉴。因此，打造以重在表现乡村嬗变为主旨的中国名村志丛书十分必要和迫切，这是一项功在当代、利在千秋的文化工程。

近年来，随着中国经济社会的发展和国际地位的提高，越来越多的人想要认识中国、了解中国、研究中国。在这样的形势下，乡村是不可或缺的一环，我们要集中讲好发生在乡村的故事，向世界呈现一个多元的、立体的中国。乡村历经岁月变迁的风雨，见证着改革开放的步伐，寄托着数代中国人的情感。发生在乡村的故事无疑是血肉丰满的、震撼人心的、引起共鸣的。我们应该有这个自信能够讲好乡村故事，讲好中国故事，描绘出中国的底色，“让每一个中国人都能在地方志中找到自己的位置”。

可喜的是，越来越多的有识之士认识到了这一点，加入到保护、传承、发展村落文化的队伍中来。仅就编纂中国名村志丛书来看，第一批的申报范围就涵盖包括香港特别行政区在内的 32 个地区，申报数量高达 70 余部。“直笔著信史，彰善引风气，为当代提供资政辅治之参考，为后世留下堪存堪鉴之记述”，这是我们的初心和使命。希望中国名村志文化工程的实施，能够带动更多的人关注中国乡村文化，为社会主义文化强国建设作出更大的贡献。也希望越来越多的名村都来融入继承中华文化传统、颂扬中华传统文化的活动中，让正能量更多地润泽温暖人们的心灵，让更多的人“记得住乡愁”！

是为序。

中国社会科学院副院长

中国地方志指导小组常务副组长

2017 年 11 月

◉ 中国名村志文化工程专家委员会

名誉主任　徐匡迪

主　　任　王伟光

常务副主任　李培林

委　　员（按姓氏笔画排序）

毛其智　叶裕民　李　铁　李善同　杨保军　柳　拯

倪鹏飞　魏后凯

◉ 中国名村志文化工程学术委员会

主　　任　李培林

常务副主任　冀祥德

副 主 任　刘玉宏　邱新立

委　　员（按姓氏笔画排序）

于伟平　王　晖　王铁鹏　巴兆祥　田　嘉　苏炎灶

李　江　李孝聪　张大伟　张英聘　陈泽泓　陈　强

◉ 吉林省珲春市防川村志主审、编审

主　　审　李云鹤　李正奎　谢奎江　顾　太　陈晓明

编　　审　马艾民　肖志刚　任　帅　赵敬国　王玉萍　赵霈龙

◉ 吉林省珲春市防川村志编纂委员会

顾　　问　高玉龙

主　　任　张吉峰

常务副主任　成松今

副 主 任　金向阳

◉ 吉林省珲春市防川村志编纂委员会

主　　编　金向阳

副 主 编　翟运昌（执行）　潘文成　崔守山

编　　辑　谢午元　吕　勇　谢克祥　含　笑　李志兴　金政男
刘丛志　全梅花　姜雪华　朱正杰　程艳华　金妍希
张海龙　金寿男　王方超　唐一乔　陈　鑫　刁冰冰
杨　颖　全炳宪　李洪江

摄　　影　朴珍舜　王来会　许松日　柳龙锡　李志君　王亚洲
方　润　周　勇　刘丛志　曾凡亮　孙殿清　孙林海
崔　龙　金晟旭　李今女　潘文成　张海龙　王方超
丁莹莹　珲春市农业局　延边森工集团
延边点八视频传媒有限公司

编　　务　张海龙（执行）　安冬雷　程艳华　朱正杰

生态牧场（2017年）

◉ 中国名村志丛书凡例

一、以马克思列宁主义、毛泽东思想、邓小平理论、“三个代表”重要思想、科学发展观、习近平新时代中国特色社会主义思想为指导，坚持辩证唯物主义和历史唯物主义的立场、观点和方法，存真求实，全面、客观、系统记述我国村落发展变化进程和改革开放成果，传承和抢救乡土历史文化，激发爱国爱乡情怀，为探索中国特色新型城镇化建设、社会主义新农村建设的发展经验、发展模式、前进道路提供历史智慧和现实借鉴。

二、为全面反映入志事物发展脉络，各志上限尽量追溯至事物发端；下限一般断至各村志启动编修年份，个别重大事项可延至搁笔。

三、记述地域范围以下限年份的行政辖区为主。为体现名村在更大区域内的意义，可以从更开阔的区域视野记述与该村相关的内容。

四、统一采用纲目体，设类目、分目、条目三个层次。横排门类，纵述史实。除《中国名村志丛书基本篇目》要求的必设类目外，其余类目根据各村实际，依照突出时代特色、地方特色的原则自行安排。

五、综合运用述、记、志、传、图、表、录等各种体裁，以志体为主。

六、除引用文字和附录文献资料外，统一使用规范汉字及现代语体文记述体。记事坚持秉笔直书、述而不作，只记事实，不作评论，寓观点于材料之中。行文力求朴实、严谨、简洁、流畅、优美，具有较强可读性。

七、人物部类遵循“生不立传”原则，人物传主按生年排序，只选录对本村发展有重大影响的人物，不面面俱到。

八、所需数据一般采用政府统计部门数据，无政府统计部门数据时选用主管部门正式提供的数据。

九、数字用法、标点符号、计量单位分别执行国家标准《出版物上数字用法》（GB/T 15835—2011）、《标点符号用法》（GB/T 15834—2011）、《国际单位制及其应用》（GB 3100—1993）和《有关量、单位、符号的一般原则》（GB 3101—1993）。历史上使用的计量单位，如斗、石、里、尺、磅、华氏度等，在引文时可照录。考虑到社会使用习惯，全书中亩不统一换算，1公顷＝15亩。

十、自中华民国成立后的纪年，均使用公元纪年。志中所称“解放前（后）”，以当地解放日为界；“新中国成立前（后）”，以中华人民共和国成立日1949年10月1日为界；“改革开放前（后）”，以中共十一届三中全会召开的1978年12月为界。本志“××年代”，凡未加世纪者，均指20世纪的年代。

十一、为节省篇幅，避免重复，本志采用条目互见法。参见条目的表示形式为：参见本志“××类目·××分目·××条目”。

十二、对旧志、古籍中的繁体字、冷僻字一般用简化字或通用字替换，易引起误解的则保留。

十三、记述各个历史时期的党派、机构、职务、地名等，均以当时的名称为准。对频繁使用的名称，首次用全称，其后用简称。

十四、各村志需要单独说明的事项，均在各自编纂始末中记述。

防川村在中国的位置

黑龙江省
哈尔滨
吉林省
长春
珲春市
防川村
乌鲁木齐
新疆维吾尔自治区
内蒙古自治区
沈阳
辽宁省
呼和浩特
河北省
北京市
北京
天津市
天津
石家庄
太原
山西省
济南
山东省
黄海
渤海
甘肃省
银川
宁夏回族自治区
西宁
青海省
兰州
陕西省
西安
郑州
河南省
江苏省
安徽省
合肥
南京
上海
上海市
杭州
浙江省
东海
西藏自治区
拉萨
四川省
成都
重庆市
重庆
湖北省
武汉
长江
黄河
南昌
江西省
长沙
湖南省
福州
福建省
钓鱼岛
赤尾屿
台北
台湾省
台湾岛
贵阳
贵州省
昆明
云南省
广西壮族自治区
南宁
广东省
广州
香港
澳门
东沙群岛
海口
海南省
海南岛
西沙群岛
永兴岛
中沙群岛
黄岩岛
南海
南沙群岛
曾母暗沙
图例
北京 首都
天津 省级行政中心
未定 国界
省、自治区、直辖市界
特别行政区界
名村所在县级区域
名村
1∶32 000 000
审图号：GS（2017）3697 号

防川村在吉林省的位置

1：4 100 000

审图号：GS（2017）3697 号

审图号：珲 A（2016）012 号

图们江出海口（2015 年）

防川村全景（2015 年）

夏

秋

春

冬

防川猛禽

防川湿地（2013年）

◉ 目录

雁鸣闻三国

防川村位于吉林省东南部图们江下游中、朝、俄三国交界地带，隶属于延边朝鲜族自治州珲春市敬信镇，素有“雁鸣闻三国，虎啸震三疆，花开香三邻，笑语传三邦”之美誉。

清康熙十六年（1677），清政府封禁东北。19世纪中叶，朝鲜垦民违禁越江开垦。光绪七年（1881），清政府废除封禁政策，朝鲜垦民成为中国朝鲜族，防川逐渐成为朝鲜族村落。

中华人民共和国成立后，防川村民开发边疆、建设边疆、建设社会主义新农村。2002年，国务院批准防川为国家重点名胜区。2013年，防川风景区被国家旅游局批准为国家AAAA级旅游景区。2014年，防川村被国家民委评为“中国少数民族特色村寨”。2016年，被农业部评为“中国美丽休闲乡村”，被誉为“东方第一村”。

◉ 战略要地

防川村地处中国东北边陲，位于图们江下游中、朝、俄三国交界地带，吉林省珲春市东南部敬信镇，东南与俄罗斯哈桑镇接壤，西南隔图们江与朝鲜民主主义人民共和国豆满江市洪仪里相望。防川村为边关重地、水陆冲要、军事管区。村域东临张鼓峰、张其峰、沙草峰，峰峦叠嶂；西临图们江天然界河，江水经中、朝、俄三国边界注入日本海。

清咸丰八年（1858）以前，防川村为中国东北地区腹地。咸丰十年十一月十四日，沙皇俄国通过《中俄北京条约》将乌苏里江以东包括库页岛在内约 40 万平方千米土地划入俄境，防川村变成中国边境。

历史上防川村一带通江达海，地势险要，为兵家必争之地，见证了朝代更迭、时局变换。清康熙五十三年（1714），设珲春协领，满族镶黄、正黄、正白三旗驻守防川一带边疆。光绪十二年（1886），吴大澂勘界谈判，补牌立柱。光绪二十六年，沙皇俄国侵占防川，烧杀掠抢，留下屈辱的见证。20 世纪 30 年代初，中共珲春县委领导抗日联军抵御日本侵略军侵略。1938 年 7—8 月，日本和苏联在防川制造“张鼓峰事件”，中断中国图们江出海权，

东方第一哨所（2017 年）

形成防川村与内地狭窄通道。1945 年 8 月，日本宣布无条件投降，防川光复。中华人民共和国成立后，国家派陆军部队在防川驻防，保卫中国东北边疆。

◉ 航线起点

历史上防川村江海交汇，是唐代东北亚“海上丝绸之路”的起点，被誉为东北亚“黄金水道”。唐渤海国第二代王大武艺在唐开元十五年（727）开辟环日本海古为龙原之地的一条重要通道。《新唐书・渤海传》记载：“龙原东南濒海，日本道也。”龙原东南即指防川一带。

中国与日本一水之隔，在相互往来之前，双方处于“天涯路阻，海汉悠悠，音耗未通，吉凶绝问”的隔绝状态。唐渤海国建立初期，大武艺提出：“通使聘邻，始于今日。”开元十五年，大武艺首次派遣宁远将军高仁义等 24 人，携带国书和 300 张貂皮从防川一带入海，到达日本奈良（时为日本国都），开创渤海国和日本经贸往来之先河。

翌年秋，日本圣武天皇派大使携带国书和礼品回访。日本天皇表示“苍波虽隔，

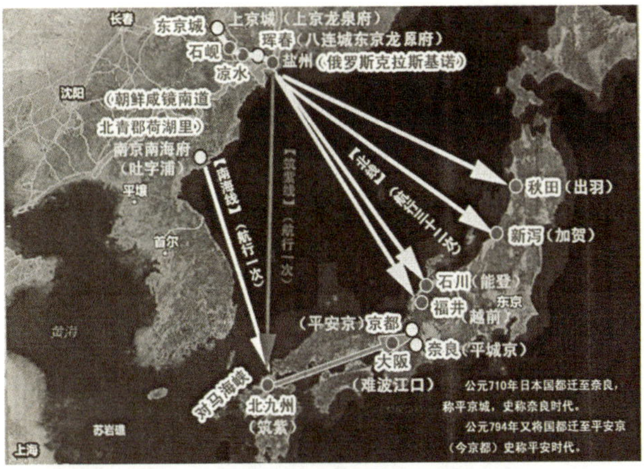

渤海国时期“海上丝绸之路”线路

图们江第一码头（2017 年）

不断往来。”在开元十五年及之后的 193 年中，中国使团恪守“永敦邻好”信念，不怕牺牲，劈波斩浪，利用防川至新潟“海上丝绸之路”航线，出访日本 34 次，日本使团回访 13 次。

日本海风大浪急，一年要刮二十多次台风，每次台风都会带来很长时间大暴雨，巨浪滔天。中国使团开始从防川入海，向东南横渡时，因缺乏海上季风气候和海洋气流知识，使者们不能按时到达日本京城附近港口，时常遇到海难或向北漂流到日本出羽（今日本北海道）一带。为开辟这条海上通道，渤海国和日本很多使者都付出宝贵生命。通过这条航线，将盛唐文化、经济、宗教和带有东北浓郁民族特色的舞蹈、音乐、诗歌传到日本。五代十国时期，渤海国灭亡后，辽国将防川一带居民全部迁至辽东一带，防川空旷荒凉，水路经贸航线废弃 1000 多年。清宣统二年（1910），清政府开通珲春河、图们江近海航线，防川一带再次成为唐代东北亚“海上丝绸之路”的起点。从防川开往俄罗斯符拉迪沃斯托克（海参崴），朝鲜清津、罗津、雄基，日本新潟船只频繁往来。1938 年，“张鼓峰事件”爆发后，日本侵略者封堵图们江口，中国图们江出海航线被迫停止通航。

1990—1993 年，中华人民共和国外交部、国家海洋局和吉林省人民政府先后 3 次从防川图们江下游入海，进行图们江复航考察、科学考察和友好访问，研究图们江的开发历史、现状、问题、前景。

开放前沿

防川村地处中、朝、俄三国交界地带，东北亚几何中心，与俄罗斯、朝鲜山水相连，与韩国、日本隔海相望。距俄罗斯符拉迪沃斯托克港口 180 千米，距哈桑区重镇库拉斯基诺 46 千米；距朝鲜罗津港 93 千米，距清津港 171 千米。防川一带是中国到俄罗斯、朝鲜东海岸、日本西海岸的最近点。历史上防川一带是中国同俄罗斯、日本、朝鲜半岛乃至东北亚国家“海上丝绸之路”起点。防川优越的地理位置，开发前景受到党中央和国务院的高度重视。

1992 年 3 月 9 日，国务院批准珲春为进一步对外开放的边境城市，珲春先后设立边境经济合作区、出口加工区、中俄互市贸易区和国际合作示范区。

2009 年 8 月，国务院批准实施《中国图们江区域合作开发规划纲要——以长吉图为开发开放先导区》。

2012 年 4 月，国务院批准设立中国图们江区域（珲春）国际合作示范区。随着中国

图们江防川航道管理分局（2017 年）

口岸（2015 年）

图们江出海口（2017 年）

“一带一路”开放进程加快，防川备受关注，成为东北亚地区改革开放新门户，吸引国内外人士前往观光旅游、投资兴业。

改革开放后，经过 20 多年的开发建设，防川乡村面貌焕然一新，旅游事业蓬勃发展，成为集边境风光、历史文化、民俗文化于一体的国家 AAAA 级旅游景区。游客在这里春看雁阵奇观，夏赏碧叶红莲，秋观漫山绚丽，冬看素裹银天，欣赏和体验中、朝、俄三国风情。

◉ 生态乡村

防川村依山傍水，河湖连片，土地富饶，是生态之乡。当春回大地，溯河洄游滩头鱼、大马哈鱼、梭鱼逆江而上，在阳光照射下，各种野生鱼鳞金光闪闪；南方迁徙候鸟蜂拥而至，遮天蔽日，在防川湿地栖息数月，继续北飞；成群海鸥和数不尽珍禽在防川湿地栖息盘旋，构成一幅人与自然和谐的美丽画卷。

清明过后，防川村山坡上、灌木丛中盛开着粉红色的金达莱花，给防川村披上盛装。到五六月采集山菜季节，婆婆丁、小根蒜、柳蒿芽、刺老芽、猴腿、猫爪子、蕨菜、牛毛广等漫山遍野，吸引无数国内外游客到此采摘和品尝，这些天然无公害山野菜深受喜爱。

防川村域土壤多为沙地，河沙经风吹扬，形成一座座高矮不平的沙丘景观。进入6月，生长在防川村沙丘的野玫瑰花竞相开放，香气扑鼻，枝头蜂飞蝶舞，树下落红缤纷，与金黄色沙丘相映生辉，成为防川又一道靓丽风景。

在防川村图们江边的茂密树丛中，生长着一种落叶灌木，名为“扦扦活”，俗称“马尿骚”。夏秋两季，树枝上结出一串串红色小浆果，树干上长出一簇簇硕大皮耳，是防川村著名土特产品。皮耳属于木耳种类，与黑木耳的区别是长在树上，只有扦扦活树干上才结皮耳，十分珍贵。防川村民招待尊贵客人时，才舍得将其作为佳肴摆放餐桌。

秋季是防川村山花烂漫的季节，蓝色桔梗花、紫红色胡枝子花、黄色山芝麻花和白色伞形花以及很多不知名的山花，组成万紫千红美景；漫山遍野山里红、山丁子、野生枸杞、山核桃、山葡萄挂满枝头；莲花湖里更别有一番绚丽景象，湖面上红、白、粉三色辉映，图们江野生红莲竞相开放。

油菜花生态基地（2015年）

生态沙丘（2012 年）

海鸥（2017 年）

毛脚鵟（2017 年）

家雀（2017 年）

天鹅（2016 年）

防川一带湖泊众多，有莲花湖、张鼓湖、五八零泡子、防川泡子、黑鱼泡子、艾家泡子等。每个湖泊里都生长着肥美野生鲤鱼、鲫鱼、鲢鱼、老头鱼、泥鳅等，各类野生鱼是生态之乡防川村的美味。

防川村地处我国边疆，地广人稀，自然生态良好。1969 年 3 月，中国进行珍宝岛自卫反击战后，防川成为禁区，村外人出入防川需要出示县以上公安部门发的通行证，防川生态破坏被遏制。1992 年 4 月对外开放期间，防川自然生态得到重点保护。中共十八大以后，围绕“大生态、大旅游”发展理念，采取退耕还林、保护湿地、计划性捕捞、维护生态平衡等措施，展示村民关注自然、保护自然所做出的努力和成效，全村上下争当生态环境建设的助推者、宣传者，保护和传承这份大自然的馈赠，防川生态文明建设成果丰硕。

生态湿地（2015 年）

湿地候鸟（2016年）

基本村情

防川村面积24.8平方千米，地理位置优越，是吉林省唯一出海口。历史上防川一带通江达海，曾是东北亚古老“海上丝绸之路”起点，素有“黄金水道”之称。

清朝末期，中国内外交困，国力贫弱。列强侵掠，防川历经劫难。经过爱国志士顽强抗争，防川失而复得，成为中国东方前哨，驻守边疆。

1992年3月9日，珲春市被国务院批准为进一步对外开放边境城市，防川成为吉林省开发开放前沿，江泽民、胡锦涛等60多位党和国家领导人曾到防川视察。

肃慎靺鞨已千年，有池九曲尽生莲。
龙骧虎壤三疆地，风情名胜通九天。

◉ 建置沿革

村名由来 清军入关以前，防川是东北土著民族（满族）部落。古老民族以游牧、狩猎、渔猎、采集、耕种为生。据《珲春地名志》和《珲春市志》记载，清咸丰十一年（1861），清朝户部侍郎成琦在黑穆吉立土字牌。同治年间，朝鲜垦民在黑穆吉建屯。

黑穆吉地表层为沙土，生长阔叶林，多生长野大麦，野大麦的满语为“黑穆吉”，此地故得名“黑穆吉”。有人把“黑穆吉”写成“黑木积”“黑木鸡”“黑木镜”等。清顺治元年（1644），防川满洲人全部随旗人入关，黑穆吉变成荒芜空旷之地。

19世纪50年代，始有朝鲜越境垦荒边民进入，清同治年间（1862—1874），防川逐渐形成朝鲜垦民村落。图们江边柳树丛生，朝鲜垦民称此地为“波得尔邦辰”，朝鲜语里“波得尔”意为柳树，“邦辰”意为河堤。

据《珲春市志》载，清光绪三十三年（1907），东三省总督徐世昌在《东三省政略》里，将波得尔邦辰改名为防川项。朝鲜语的“防川”意为河边柳树丛生之地，“项”指脖子，意为江畔狭长之处。

东方第一村村支部（2016 年）

“东方第一村”石碑（2017 年）

1938 年“张鼓峰事件”后，“防川项”被毁。1947 年重建村时，村民根据三国交界、依山傍水的地理位置，释意为边防之山把该地取名为“防川村”。

隶属变迁 防川村历史悠久。早在新石器时代，就有人类在此繁衍生息。据《延边州志》《珲春市志》记载，唐虞三代，中国东北的东南部珲春[1]（以下简称“东南部珲春”）为肃慎族区。肃慎为东北地区最古老的民族。东南部珲春人是肃慎族的一部分。

周秦时期，东南部珲春仍属东南部肃慎族区。

两汉至北魏时期，肃慎改称挹娄。东南部珲春属北部沃沮族区，先归汉朝设之玄菟郡管辖，后又归汉设之乐浪郡东部都尉管辖。

两晋十六国西晋时，东南部珲春属南挹娄族区。

南北朝时期，挹娄改成勿吉。东南部珲春属勿吉族区。

隋唐时期，东南部珲春属靺鞨白山部族区。

唐渤海国时期，防川属东京龙原府[2]盐州。

辽代，北宋太平兴国七年（982），辽废东丹国，东南部珲春属辽国东京道率宾辖。

金代，辽国灭亡后，金国设置曷懒路，管辖今珲春、延吉一带地方。东南部珲春属金国曷懒路辖境。

东夏国时期，南宋嘉定十年（1217），金宣宗贞祐五年。东南部珲春属东夏国南京路辖境，历时十六年。

元代，东南部珲春属元朝辽阳行省合兰府管辖。

① 今防川一带。

② 今吉林省珲春市八连城。

20 世纪 20 年代的防川村全景

20 世纪 30 年代的防川村

明朝时期，东南部珲春属奴儿干都司管辖。在今敬信镇黑顶子一带设置乌尔珲山卫。防川村属乌尔珲山卫。

万历三十五年（1607），东海库雅喇（满族部落名称）女真人各部先后归附努尔哈赤在东北建立后金地方政权。防川属后金。

清康熙五十三年（1714），设珲春协领，防川村属珲春协领。同治九年，珲春协领加副都统衔，防川村属珲春副都统。

清光绪七年（1881），珲春设副都统，防川属珲春副都统镇远堡敬信社（今珲春市敬信镇）。

清宣统元年（1909）九月，撤销珲春副都统，设吉林东南路分巡兵备道。宣统二年十二月，设珲春厅抚民同知。防川属珲春厅敬信乡。

1912 年，中华民国成立，沿用清之珲春厅抚民同知。1913 年，珲春改厅为县，设珲春县公署，防川先后属珲春厅和珲春县敬信乡怀峰社。

1931 年东北沦陷后，防川属伪吉林省公署特派驻延行政专员临时办事处下属珲春伪政府敬信乡阳关坪。

1945 年 8 月 11 日，苏联红军进驻珲春县城。8 月中旬，珲春县成立珲春县治安维持会（以下简称“维持会”）。9 月初，维持会改为珲春县临时政府。防川属珲春县临时政府敬信乡。

1945 年 11 月 15 日，中国共产党领导的珲春县政府成立，防川村属珲春县敬信区。

1949 年 5 月 30 日，珲春县人民委员会改称珲春县人民政府，防川村属珲春县敬信区。

1958 年 9 月，敬信区改称敬信公社，防川村属敬信公社。

1980 年 3 月，珲春县革命委员会改称珲春县人民政府。敬信公社革命委员会改称敬信公社管理委员会，防川村属敬信公社。

1983 年，敬信公社改称敬信乡。防川村属敬信乡。

1988 年 5 月 25 日，珲春县人民政府改为珲春市人民政府。防川村属珲春市敬信乡。

1992 年，敬信乡政府改为敬信镇政府，防川村属敬信镇政府至今。

村落分布 防川村坐落在珲春市敬信镇南部。村落从北向南依次为洋馆坪路堤、吴大澂广场、沙丘公园、莲花湖休闲中心、金海滩公园、防川度假村、张鼓峰纪念馆、防川民俗村、边防驻军连队、防川自驾游营地、防川旅游服务中心、图们江国际旅游码头、防川边境观光木栈道、龙虎阁、望海阁、防川边防哨所、土字牌、中俄“423”界碑。村域内有张鼓峰、张其峰、沙草峰和张鼓湖、莲花湖、防川湖等山川湖泊。

◉ 独特区位

自然地理区位 防川村位于图们江下游中、朝、俄三国交界地带，属珲春市敬信镇，北纬 43° 30′，东经 130° 18′。村域面积 24.8 平方千米。北至张鼓峰，以山脊为界与俄罗斯接壤；东临俄罗斯滨海边疆区哈桑湖湿地；东南至土字牌与俄罗斯哈桑镇火车站毗邻；西南至中俄“423”界碑，临图们江与朝鲜民主主义人民共和国豆满江市火车站隔江相望；西北至洋馆坪与珲春市敬信镇圈河村相连。防川村地理位置优越，被誉为东北亚的“金三角”。

交通地理区位 防川一带是 302 国道珲春境内南端起点，距圈河口岸 31 千米，距珲春口岸 84 千米，距珲春国际客运站 75 千米，距珲春高铁站 80 千米，距延吉国际机场 160 千米；距俄罗斯波谢特港 16 千米，符拉迪沃斯托克港 180 千米；距朝鲜罗津港 93 千米，清津港 171 千米；距日本札幌比大连至札幌近一半路程，距加拿大渥太华比大连至渥太华近 7400 千米。防川三国相邻、五国相通，地理区位具有独特性。

经济地理区位 防川村位于珲春市东南部，距市区 70 千米。防川风景区是国家 AAAA 级旅游景区。防川是中国唯一中、朝、俄三国交界的朝鲜族村落，素有“雁鸣闻三国，虎啸震三疆”之说。防川旅游资源丰富，辖区内分布众多旅游景点，有“一眼望三国”、莲花湖公园、沙漠绿洲塞外仙人湖、“张鼓峰事件”遗址、土字牌、龙虎阁等。

2016 年，到防川旅游的国内外游客达 150 万人，旅游经济收入 2000 万元。从防川沿图们江而下 15 千米即可进入日本海，为中国同俄罗斯、日本、朝鲜半岛乃至东北亚国家和地区进行贸易的“海上丝绸之路”重要航线。防川一带是东北亚地区几何中心，极具开发潜力。

◉ 自然环境

地形　地貌

地形　防川村南北长约 10 千米，东西宽度不等，属不规则形状。地层较齐全，地层总厚度为 9021 米，自下而上岩性依次有硬砂岩、绢云母长英角岩、云母石英片岩、大理岩等。地质构造位于阴山、天山东西向构造带北亚带，长白山第二隆起带交会处东端。

地貌　防川域内群峰起伏，层峦叠嶂。地势北高南低，南部最低点海拔 5 米。高山、盆地，河流、湖泊均有发育。分为低中山地貌区、低山丘陵地貌区和平原盆地地貌区。防川地貌主要特征为以低山地为主，属长白山系珲春岭山脉。丘陵、盆地、台地、河谷、阶地、冲积扇、湖泊、沙洲、三角洲均有发育。地貌类型比较齐全，防川村微型地

地貌（2016 年）

温带性地质（2013 年）

图们江雪景（2013 年）

貌中沙洲、河漫滩、一级阶地是第四纪砂金赋存主要地貌单元。

气候 物候

气候 防川属温带海洋性气候，具有明显季风气候特点。气候温和湿润，日照充足，雨水充沛。春季冷暖多变，夏季海风徐徐，十分凉爽，秋季天高气爽，冬季气候干燥。夏季昼长夜短，多吹东南风；冬季昼短夜长，常刮西北风。全年雨量分配比较均匀，7—8 月雨量相对集中。《二十四节气歌》中“春雨惊春清谷天，夏满芒夏暑相连，秋处露秋寒霜降，冬雪雪冬小大寒。每月两节不变更，最多相差一两天，上半年逢六月廿一，下半年逢八月廿三”大体反映出防川的气候特点。

物候 防川农作物播种期在每年 5 月中旬。玉米播种期在 4 月下旬或 5 月上旬，收获期在 9 月下旬；大豆播种期在 5 月上旬，收获期在 10 月上旬。以木本植物紫丁香和落叶藤本植物葡萄为例，紫丁香在 4 月中下旬芽开，5 月中旬开花，10 月下旬落叶；葡萄 5 月上旬芽开，6 月中旬开花结果，8 月下旬果实成熟，10 月下旬落叶。草本植物以蒲公英为例，一般在 4 月中旬芽开，5 月上旬开花，6 月上旬落叶，第二次落叶在 10 月下旬。动物以候鸟大雁为例，防川每年 3 月开始见到大雁，绝见一般在 10 月中下旬，截至 2017 年，始见时间为 2002 年 3 月 6 日；绝见最早为 1997 年 9 月 16 日，最晚时间为 2004 年 10 月 26 日。历年平均日照时数为 2322 小时。1967 年，年均日照时数为 2567 小时，为历年最长；2008 年，年均日照时数为 2181 小时，为历年最短。防川气温变化明显，但冬与夏、昼与夜温差逐渐缩小。有气象记录以后，防川夏天最热天气是 1932 年 7 月 6 日，气温高达 42℃。1945 年以后，日极端高温只有 1 次，即 1968 年 7 月 12 日，

山川与河流（2014 年）

气温高达 36.3℃。

山川　河流

山川　当地较有名的山峰有张鼓峰和沙草峰，张鼓峰位于防川村北 1.5 千米，主峰是中俄边界线。张鼓峰西北与沙草峰相连，海拔 155.1 米。沙草峰位于防川村北 6 千米、防川—珲春公路东侧，山峰上建有吴大澂雕像和广场，东隔莲花湖，距中俄边境线 1.2 千米，海拔 77.1 米。

河流　防川村域流经一条河流，即图们江，为中朝界河。“图们”乃女真语，意为

“万”。《辽史》将图们江写成“驼门水”,《金史》称其为“统门水”“徒门水”。清朝时,人们按满语读音为“土门水”“土门”，满语称“土门色禽”，“色禽”意思是“河源，即万水之源”。图们江发源于长白山东麓，全长 525 千米，中朝界河段 510 千米，流经防川村西南，蜿蜒注入日本海。图们江是中国从陆路进入日本海唯一的水上通道，为一条流经中、朝、俄边界国际河流。

湖泊 防川一带有莲花湖、防川湖、张鼓湖、塞外仙人湖，尤以塞外仙人湖景观最为奇特。塞外仙人湖位于防川风景区沙丘公园内、张鼓峰南坡，总面积 120 多万平方

图们江（2014 年）

米，在广袤沙丘中心，有一泓湖水，清澈湛蓝，被人们赞誉为“塞外仙人湖”。塞外仙人湖湖长 800 米，宽 700 米，最深处 17 米，湖水内有多种野生鱼。游客可以乘坐游艇，观壮美湖光山色。莲花湖、防川湖、张鼓湖均为防川旅游景点。（参见本志“旅游类目 · 旅游景点分目 · 莲花湖、防川湖、张鼓湖条目”）

土壤 防川村土壤是北温带地区地带性土壤与长白山非地带性土壤镶嵌分布有

塞外仙人湖（2013 年）

机结合演化而成。典型的地带性土壤有暗棕壤，成土母质为酸性岩风化物，土壤呈微酸性，广泛分布在中、俄边境丘陵山地，其中东北部山区主要以暗棕壤为主，还有少量沼泽土、冲积土等穿插其间，具有东北部山区土壤类型特征。非地带性土壤分布在中部平原和周围丘陵、山谷台地，土壤以白浆土、冲积土为主，还有零星分布的草甸土、沼泽土。

沙丘公园（2012年）

◉ 自然灾害

病虫灾害 1945年以前，防川虫灾较多。1945年以后，虫灾偶有发生。1955年6月7日，防川出现第一代夜盗虫。6月18—26日，60公顷高粱、谷子、玉米、小麦、稗子地中出现大批夜盗虫，在1米长的谷苗中，有200～300只夜盗虫，一颗玉米上有15～20只。7月5日，出现地老虎病虫灾害，毁种耕地近30公顷。8月3—23日，出现第二代夜盗虫，农作物损失严重。进入21世纪以来，随着农业科学技术不断普及和提高，虫害虽有发生，但成灾很少。

低温冷害 低温冷害是影响防川农业生产的主要灾害。1965—1980年，因低温造成较明显延迟型冷害达5年，明显障碍型冷害达3年，其中，1974年5月31至7月18日连续49天低温、阴雨。延迟型、障碍型两种冷害类型，使水稻粒数减少10%以上，空壳率达20%左右，全村总产量比正常年份均产量减少30吨。1988—2005年，防川气候处在相对较好的暖期内，部分年份受到气温波动影响，在农作物生长的关键阶段，低温冷害的侵入造成农业减产。1988年7月，连续二十多天降雨，月平均气温只有18.4℃，比常年平均气温低2.4℃；7月20—26日，日平均气温停留在16℃，日最低气温降至12℃，造成严重障碍型冷害。有史以来最严重的低温冷害是1993年，为延迟型冷害与障碍型冷害叠加，从5月28日至8月20日，持续阴雨连绵。7月下旬，日照时数为5.6小时；8月上旬，日照时数仅为4.2小时，创同期历史上日照时数最少记录。5—9月，总积温只有2519℃，与正常年平

20世纪50年代玉米病虫灾害

均总积温相差 81℃。严重低温冷害导致水稻 89.1%空壳率，几近绝收。

霜冻 防川霜冻一般在农作物成熟之前发生。1921 年 9 月 20 日下霜，全村八十多公顷农作物受灾，粮食产量比 1920 年降低 30%。1931 年，受霜冻灾害，粮食较 1930 年减产 30%。1965—1984 年，发生 5 次霜冻灾害。1985 年 9 月 20 日、21 日、26 日、27 日下霜，60 多公顷农田遭受霜冻。1995 年 6 月，低气温使农作物生长期推迟、成熟期后移，致使农作物贪青减产 3%。自 1986 年开始的 13 年中，1999 年初霜为 9 月 21 日。2001—2016 年，防川村无霜冻。

水灾 1865—2016 年，防川发生较大水灾 20 次，平均七八年 1 次。清光绪十六年（1890）七月十五日开始，有半月时间阴雨连绵，7 月 27—29 日连降 3 个昼夜大雨，河水暴涨，房屋全部坍塌，农作物被洪水淹没，是年绝收。光绪二十二年八月，连降 3 天暴雨，江河水位猛涨，防川村冲毁房屋 18 间，田地全部被淹没，村民流离失所，只能逃荒要饭。1914 年 9 月 9—12 日，连降暴雨，图们江圈河水文站洪峰流量为每秒 16800 立方米，村内降水量 147.4 毫米，水深 0.5 ~ 1.5 米。牲畜冲走 50%，人员伤亡严重。1928 年 7—9 月，村内普降大雨，河水泛滥。其间，防川河涨 9 次洪水，农田颗粒未收。中华人民共和国成立以后，有些年份水情足以成灾，水利条件改善后，灾害程度才得以减轻。1950 年 7 月，防川山洪暴发，全村受灾耕地 50 公顷。1954 年 5—7 月，降水量达 366 毫米，7 月中旬水位上涨。1956 年，年降水量 755 毫米，绝收面积 60 公顷。1957—1979 年中，有 4 年水灾严重。1986 年 8 月 28—29 日，天降暴雨，降水量达 136 毫米，伴有 9 级东南风，发生防川近百年来第 2 次特大洪水。村民躲到山上避难，部队

2016 年水灾（2016 年）

用直升机为村民投放食物。1988 年 4 月，降水量 42.7 毫米，没有达到暴雨程度，降雨造成土地内涝，玉米播种比正常年份推迟近半个月。1990 年 8 月 21—22 日，受到 9014 号台风和高空槽影响，过程雨量达 127.7 毫米，造成河水暴涨，洼地积水，大田被冲毁。2000 年 8 月 31 日至 9 月 1 日、9 月 15—18 日，受台风影响，防川降 2 次大暴雨，过程雨量超过 90 毫米，农作物灾情严重。2002 年 7 月 7 日、20 日 2 次暴雨量达 148.6 毫米，农作物受灾面积达 63 公顷，直接经济损失 100 多万元。2016 年 8 月 31 至 9 月 3 日，防川受台风“狮子山”影响，普降暴雨，降雨量达 280 毫米，90 公顷农田被淹 ，江边民房全部被冲毁，经济损失 260 多万元。

其他灾害　20 世纪 50 年代后，防川一带鸟兽灾害接连不断。春季，乌鸦等鸟类扒食农作物种子；秋季庄稼即将成熟之时，成群野猪一般以三五十头或上百头为一群，一夜间可吃掉几亩庄稼，构成防川山区农业生产重大灾害。1954 年，防川一带农作物受野猪侵害极为严重，成群野猪一夜间吃光 1 公顷玉米。1988—2016 年，防川共降暴雪 22 次，每次暴雪都超过 15 厘米。2000 年 1 月 2 次暴雪达到 56 厘米，造成交通中断，菜农塑料大棚被压塌，直接经济损失 60 多万元。

◉ 自然资源

水资源　防川地处图们江下游，图们江从防川西侧向南流向日本海，水库、湖泊、河流均属图们江水系。年平均降水 649.2 毫米，降水量为 1200 万毫米。多年平均地表径

水资源（2017 年）

林木资源（2012 年）

流量为 150 万立方米，平均每平方千米水量为 7.5 万立方米，高于全国平均水平。

土地资源 2016 年年底，防川村耕地面积 90 公顷，全部为旱田。防川有林地 1300 公顷，牧草地 800 公顷，未开发利用土地 500 公顷。

矿产资源 防川村矿产资源极为丰富，有煤、花岗岩、硫化铁、水晶石、珍珠岩、大理石、辉长岩等多种矿产资源。

林木资源

防川林木以柞树林为主，有杜鹃柞木林、胡枝子柞木林、榛子柞木林。分布在中部和南部防川村低山丘陵地区，海拔在 60 米以下。其他林木有黑桦林、糠椴林、花曲柳林、槐树林、山杨林、山楂林、山杏林等。

杜鹃柞木林 分布在土壤瘠薄山脊或酸性干旱陡坡地，下灌层有杜鹃、早花忍冬等。草本植物有苍术、铃兰、桔梗、沙参等。防川还有少量赤松纯林，多生长于岩石裸露部分岗脊陡坡地段上，零星分布，面积很小。

胡枝子柞木林 其上层一般以柞树为主，有黑桦、花曲柳、糠椴等。下层有胡枝子、卫茅、山葡萄等。草本植物有蝙蝠葛、野豌豆、蕨类等。

榛子柞木林 主要分布在防川土质肥沃浅山区和丘陵地带。一般以柞树伴有槐树、水

白尾海雕（2016 年）

短耳鸮（2017 年）

翠鸟（2016 年）

曲柳、胡桃楸。在人类活动频繁的林缘区，有李子、山梨等，灌木层主要以榛子为主，有暖木条、忍冬类灌木及山葡萄等。防川草本层有风毛菊、穿地龙、花萱草等。在河流两岸、旧河道、河谷阶地、低洼地段有钻天杨、粉枝柳、卷边柳等柳树群落，伴有水冬瓜赤杨、茶条、珍珠梅、三棱草、蚊子草、水蒿、穿山龙、党参、菟丝子、牵牛花等。

动物资源

动物纲目　防川野生动物区系属于古北界、东北亚界、东北区、长白亚区，资源量非常丰富。据《吉林珲春东北虎自然保护区综合科学考察报告》，防川一带分布有野生脊椎动物 34 目、77 科、183 属、316 种。其中圆口纲 1 目、1 科、1 种，鱼纲 6 目、9 科、27 属、34 种，两栖纲 2 目、6 科、6 属、12 种，爬行纲 2 目、4 科、7 属、12 种，哺乳纲 7 目、16 科、36 属、49 种，鸟纲 16 目、41 科、106 属、208 种。动物种类，防川野生脊椎动物中属于吉林省重点保护动物有：刺猬、东北兔、松鼠、飞鼠、狼、赤狐、貉、白鼬、伶鼬、香鼬、黄鼬、狗獾、豹猫、野猪、狍、极北小鲵、东北小鲵、东方铃蟾、花背蟾蜍、黑斑蛙、粗皮蛙、黑龙江林蛙、中国林蛙、鳖、黑龙江草蜥、北草蜥、白条草蜥、丽斑麻蜥、黄脊游蛇、白条锦蛇、红点锦蛇、棕黑锦蛇。

黑水鸡（2016 年）

山雀（2017 年）

秋沙鸭（2016 年）

鸳鸯（2016 年）

野生东北虎（2016 年）

丹顶鹤（2016 年）

有吉林省重点保护鸟类如鸭科、鹭科、鸥科、啄木鸟科、杜鹃科、秧鸡科、伯劳科、鹬科、鹡鸰科大部分鸟类以及家燕、麻雀、大山雀、喜鹊、秃鼻乌鸦等 170 余种。国家一级、二级保护动物有：白尾海雕、虎头雕、秃鹫、鸳鸯、短耳鸮、翠鸟、海鸥、大雁等。

东北虎 亦称西伯利亚虎、阿穆尔虎、朝鲜虎，在 8 个虎种当中分布最广、体型最大。东北虎生活独立，雌雄仅在交配期有短暂相聚；幼虎 2 ~ 3 岁即远离母虎另辟领地。东北虎领地意识极强，每只雌虎需要约 400 平方千米领地，每只雄虎领地要覆盖 2 只以上雌虎领地。东北虎以梅花鹿、马鹿、狍、野猪等野生动物为主要食物，大约每周捕食 1 头，每年捕食 50 ~ 60 头。

野生东北虎在全世界仅存 500 余只，是极度濒危动物。据中外专家联合调查，珲春有 27 只东北虎，由于野生动物保护力度不断加大，珲春林区东北虎分布范围不断向防川扩散，防川一带常有东北虎出没。2014 年以来，东北虎种群数量逐年增加，珲春成为国内东北虎野外种群最重要领地，是野生东北虎分布密度最高、种群数量最多的地区。

天鹅（2017 年）

海鸥（2013 年）

远东豹（2013 年）

梅花鹿（2010 年）

远东豹 是豹家族中分布最广、体型最大亚种。豹主要在多岩石山林中活动，领地范围大约为 60 ~ 80 平方千米；豹独立生活，食量小于东北虎，主要以梅花鹿、狍及其他有蹄类动物幼崽为食，捕食后多拖到树上食用。

远东豹濒临灭绝，主要分布于俄罗斯滨海边疆区西南部。据 1998 年—1999 年中外专家联合调查，珲春仅中俄边境一带约有 42 只远东豹，其中在防川一带时常出没。随着生态环境进一步提升，远东豹在防川活动种群明显增加。

梅花鹿 梅花鹿为中等体型植食性动物，喜群居，每群数只至十几只不等，偶有几十只大群。是东北虎和远东豹主要猎食对象之一。中华人民共和国成立前，梅花鹿曾是珲春林区优势物种之一。因梅花鹿具有极高的经济价值，故不断地被人类捕杀，种群数量急剧下降。据《吉林珲春东北虎自然保护区综合科学考察报告》，珲春仅在防川一带、春化、哈达门、杨泡有梅花鹿分布，数量大约为 450 只。

2014 年防川省级重点保护野生动物一览表

表 1

序号	动物名称	动物学分类位置	保护级别
1	东北虎	哺乳纲食肉目猫科	I
2	远东豹	哺乳纲食肉目猫科	I
3	紫貂	哺乳纲食肉目鼬科	I
4	梅花鹿	哺乳纲偶蹄目鹿科	I
5	金雕	鸟纲隼形目鹰科	I
6	白尾海雕	鸟纲隼形目鹰科	I
7	虎头海雕	鸟纲隼形目鹰科	I
8	丹顶鹤	鸟纲鹤形目鹤科	I
9	白头鹤	鸟纲鹤形目鹤科	I

续表 1

序号	动物名称	动物学分类位置	保护级别
10	原麝	哺乳纲偶蹄目麝科	Ⅱ
11	猞猁	哺乳纲食肉目猫科	Ⅱ
12	黑熊	哺乳纲食肉目熊科	Ⅱ
13	青鼬	哺乳纲食肉目鼬科	Ⅱ
14	水獭	哺乳纲食肉目鼬科	Ⅱ
15	马鹿	哺乳纲偶蹄目鹿科	Ⅱ
16	黄嘴白鹭	鸟纲鹳形目鹭科	Ⅱ
17	白琵鹭	鸟纲鹳形目鹮科	Ⅱ
18	白额雁	鸟纲雁形目鸭科	Ⅱ
19	大天鹅	鸟纲雁形目鸭科	Ⅱ
20	小天鹅	鸟纲雁形目鸭科	Ⅱ
21	鸳鸯	鸟纲雁形目鸭科	Ⅱ
22	鸢	鸟纲隼形目鹰科	Ⅱ
23	苍鹰	鸟纲隼形目鹰科	Ⅱ
24	雀鹰	鸟纲隼形目鹰科	Ⅱ
25	松雀鹰	鸟纲隼形目鹰科	Ⅱ
26	赤腹鹰	鸟纲隼形目鹰科	Ⅱ
27	大鵟	鸟纲隼形目鹰科	Ⅱ
28	普通鵟	鸟纲隼形目鹰科	Ⅱ
29	毛脚鵟	鸟纲隼形目鹰科	Ⅱ
30	灰脸鵟鹰	鸟纲隼形目鹰科	Ⅱ
31	乌雕	鸟纲隼形目鹰科	Ⅱ
32	白尾鹞	鸟纲隼形目鹰科	Ⅱ
33	鹊鹞	鸟纲隼形目鹰科	Ⅱ
34	白腹鹞	鸟纲隼形目鹰科	Ⅱ
35	秃鹫	鸟纲隼形目鹰科	Ⅱ
36	燕隼	鸟纲隼形目隼科	Ⅱ
37	红脚隼	鸟纲隼形目隼科	Ⅱ
38	红隼	鸟纲隼形目隼科	Ⅱ
39	花尾榛鸡	鸟纲鸡形目松鸡科	Ⅱ
40	白枕鹤	鸟纲鹤形目鹤科	Ⅱ
41	红角鸮	鸟纲鸮形目鸱鸮科	Ⅱ
42	领角鸮	鸟纲鸮形目鸱鸮科	Ⅱ
43	雕鸮	鸟纲鸮形目鸱鸮科	Ⅱ
44	纵纹腹小鸮	鸟纲鸮形目鸱鸮科	Ⅱ

续表 1

序号	动物名称	动物学分类位置	保护级别
45	长尾林鸮	鸟纲鸮形目鸱鸮科	Ⅱ
46	长耳鸮	鸟纲鸮形目鸱鸮科	Ⅱ
47	海豹	哺乳纲食肉目海豹科	Ⅱ

◉ 人口民族

人口 1938 年“张鼓峰事件”前，防川住有 66 户人家，人口数 400 余人。其中有 62 户朝鲜族、2 户汉族、2 户满族。“张鼓峰事件”后，防川成为无人之地。1947 年第二次重建时，有居民 45 户，人口数 302 人。1965 年，18 个党员户重建防川村时，人口数 128 人。1982 年，防川村居民 68 户，人口数 385 人。1992 年，随着珲春改革开放，防川村户数增加到 65 户，人口数为 350 人，是历史以来防川村人口最多时期。2014 年以来，为提升生活质量，防川村民陆续进城或出国务工，防川村村民逐年减少。2016 年，防川有 40 户，人口数 120 人。

民族 2016 年，防川村总人口数为 120 人，全部为朝鲜族。0 ~ 18 周岁 12 人，占人口总数 10%；19 ~ 59 周岁 85 人，占人口总数 70.83%；60 ~ 70 人数 14 人，占人口总数 11.67%；70 周岁以上 9 人，占人口总数 7.5%。男 76 人，占人口总数 63.33%，女 44 人，占人口总数 36.67%。中华人民共和国成立后，村里通过扫盲、普及九年义务教育、实施教育现代化工程，村民文化程度逐渐提高。1965 年，具备小学文化程度有 11 人，占人口总数 9.16%。1982 年，具备初中以上文化程度有 62 人，占人口总数 50%。2016 年，具备高中以上文化程度有 80 人，占人口总数 66.7%。

姓氏 2016年12月，防川村常住人口有8个姓氏：金、李、丁、黄、高、杨、许、方，全部是朝鲜族。防川户籍人口有 20 个姓氏：金、林、郑、韩、李、高、张、权、朴、许、方、胡、黄、洪、丁、姜、全、崔、禹、卢。朝鲜族姓氏与本贯有密切联系，朝鲜族本贯就是本家族认定祖先曾经居住的地方。本贯反映一个家族世世代代繁衍下来的血缘关系。一个家族在生活过程中，由于种种原因，虽

朝鲜族村民（2015 年）

然不在同一个地方居住，但经过查家谱或本贯，能清楚了解是否同属一个祖宗、有血缘亲属关系。根据《珲春朝鲜族》记载，防川村朝鲜族卢姓始祖是卢穗，唐朝时期山东省汉族人，为躲避安史之乱，携9个儿子（垓、垠、址、互、满、刊、增、坡、垣）到朝鲜定居。卢穗9个儿子长大后依次被封为光州伯、交河伯、丰川伯、长渊伯、安东伯、安康伯、延后伯、平壤伯、谷山伯，9个儿子后代就以这些地方为自己家庭本贯。

中华人民共和国成立前，防川大部分朝鲜族村民不会讲汉语，只讲朝鲜语，同姓氏或同本贯不通婚。中华人民共和国成立后，国家推广普通话，学校教学使用汉语、朝鲜语。20世纪70—90年代，随着广播、收音机和电视逐步普及，朝鲜族村民通过听广播、看电视逐渐学会普通话。村民交流时使用朝鲜语和汉语两种语言。

◉ 基础设施

通信 1965年，防川安装第一部电话，但不能直拨，需要通过珲春邮电局中转。1988年，珲春市程控电话开通，村里电话可以直接拨打长途。1993年，珲春市开通“127”自动无线电寻呼台后，先富起来的一部分村民配备寻呼机。2000年后，寻呼机被淘汰，手机逐渐普及。2010年后，电脑进入村民家庭，防川步入网络时代。2016年，成年村民每人至少拥有一部手机，80%家庭有电脑。

供水 1965年防川第3次建村时，村里只有一口水井，全体村民到这里担水吃。1975年以后，多数家庭自己挖井，从井中提水，没有水井的村民到左邻右舍担水吃。1990年，少数家庭安装水泵，通过水管把水引入厨房水缸。1995年，村里安装自来水，村民告别从井中打水的年代。1980年开始，防川用3年时间修筑水渠，引图们江水灌溉。1985年，修建图们江大堤，可以抵御一般洪涝灾害。

码头 清宣统二年（1910）五月，清朝开通图们江航运，设防川码头、渡口。珲春到防川的船只在码头停泊后，开往俄罗斯符拉迪沃斯托克，朝鲜罗津、清津、雄基，日本新潟等地。1923—1930年，防川码头繁忙，货物贸易量逐年增加。1938年“张鼓峰事件”后，日本侵略者封堵图们江口，防川码头停用。2013年，珲春市旅游局在防川风景名胜区内复建清代码头，添设游轮，游客可以乘坐游轮浏览中朝两国边界风光。

道路 1965年防川第2次建村时，交通闭塞，村民出行要向苏联或朝鲜借道，防川洋馆坪、桧忠源路段被称为“借道处”。1980年，防川村进行道路改造，村里修建3条砂

图们江码头（2017年）

村道（2017年）

石路。2008年，防川村投入100万元修建一纵两横水泥路，道路总长3000延长米，宽6米，村民出户即是水泥公路。防川村是203国道珲春南部端点，国道贯穿防川村全域。

桥梁 防川风景名胜区内圈河国境桥横跨图们江，距防川31千米，于1936年11月建成，总长518米、宽6.15米，中朝两国各占259米，钢梁钢筋混凝土板、双柱式14孔钢板桥，载重量60吨。圈河国境桥中端有明显红白标记分界线，是连接中国圈河口岸和朝鲜元汀里口岸的纽带。

◉ 村域经济

综合实力 据统计，防川景区门票收入约2100万元，餐饮住宿收入约500万元，农副业收入约600万元，村民进城和出国打工收入月400万元，累计收入约3600万元，在敬信镇14个行政村中排名第一。人均年收入在全市121个行政村中排名第一。住房建设、道路建设、生态建设、环境卫生各项指标均居全市之首。

圈河国境桥（2017年）

养蜂合作社（2017年）

生态黄牛养殖牧场（2009 年）

村民腌制绿色鸭蛋（2007 年）

木耳养殖基地（2015 年）

养鸭副业（2010 年）

旅游度假村（2017 年）

边城小筑餐饮服务中心（2017 年）

餐饮服务设施（2017 年）

农副业 防川有养牛专业合作社和农业合作社，专门从事农副品生产经营。农副业主要以捕鱼、养牛、养蜂、养猪、养鸭为主，其中绿色鸭蛋和图们江野生鱼等绿色农副产品深受消费者欢迎。

旅游业 防川风景名胜区是国家 AAAA 级旅游景区，每年到防川观光旅游的国内外游客达 150 万人左右。朝鲜族民俗村内家家户户开设旅店、饭店，各种朝鲜族美食应有尽有，为游客提供餐饮服务。图们江渔村可供游客乘船浏览中朝边境风光、品尝大马哈鱼、滩头鱼、梭鱼等野生鱼。防川土特产品市场十分火爆，各类山野菜、野生鱼、蜂蜜、咸鸭蛋、中草药材琳琅满目，供游客购买。

◉ 发展概况

教育　卫生 防川教育始于清朝末期。清光绪三十年（1904）四月二十六日，珲春韩民会会长黄炳吉在黑顶子创办东光学校，有学生 35 名，属私立学校。经费靠募捐、宗教团体资助、学田收入和学生家长出钱解决。光绪三十三年五月，何祥成、何廉惠等主张改革教育，经副都统陈昭常批准，在防川设立小学堂，招 1 个班，有学生 28 名，

20 世纪 50 年代洋馆坪小学

属公立学堂，由珲春副都统拨款。1915 年，根据《国民学校令》，防川小学堂改为防川小学校。1938 年“张鼓峰事件”后，学校停办。1965 年，防川村重建，创办防川小学，从边防部队抽调 2 名文化程度较高的战士担任教员。1966—1976 年“文化大革命”时期，学校“停课闹革命”，复课后将学制由 6 年制改为 5 年制。1978 年中共十一届三中全会后，学校步入正轨。1995 年，敬信镇对各村小学进行调整，防川小学并入敬信镇中心小学校。

中华人民共和国成立以前，防川没有卫生所，村民生病找郎中医治。1969 年，防川村实行农村合作医疗制度，建立合作医疗站，村里没有医生，由敬信乡卫生院定期派医生为村民看病。1981 年，防川开办卫生所，由赤脚医生承包，1990 年，卫生所停办，村民到敬信镇卫生院或珲春市人民医院看病。2000 年以后，防川村实行新型合作医疗制度，解决村民因病致贫、因病返贫问题。村民小病不出镇，大病不出市，就医条件明显好转。

社会保障 2000 年以后，随着国家社会保障制度的完善，防川社会保障覆盖范围迅速扩大。2016 年，全村基本养老保险、基本医疗保险、大病保险参保人数分别达到 30 人、65 人、70 人，比 2007 年分别增长 100.2%、80.8%、38.3%。

养老保险 2010 年以后，村民开始办理养老保险。2012 年，防川有 72 人办理养老保险，占人口总数 60%；2015 年，共有 80 人办理，占人口总数 67%。2016 年，有 24 人享受待遇。

社会救助 从 2014 年开始，防川每年都有一部分村民享受社会救助，随着国家社会救助制度不断完善，享受救助人数逐年增加。2014—2016 年，全村有 114 人享受救助金，合计 26000 元。

2014—2016 年防川村社会救助金发放一览表

表 2

年度	总金额（元）	享受户数（户）	享受人数（人）
2014	3000	11	31
2015	13000	16	38
2016	10000	17	45

生活保障 从 2013 年开始，村民开始享受低保，60 岁以上每月发放 200 元。防川村民最低生活保障标准高出全省平均水平 51.48 元，位居全省村屯之首。

2013—2016 年防川村生活保障金发放一览表

表 3

年度	总金额（元）	享受户数（户）	享受人数（人）
2013	10000	7	9
2014	27160	10	12
2015	26227	9	11
2016	29930	8	9

千年要道

历史上防川一带处于图们江与日本海江海交汇地带，为唐渤海国时期“海上丝绸之路”起点，被誉为东北亚地区“黄金水道”。

唐开元十五年（727）后一百多年中，唐朝东北地方政权经贸使团、日本使团通过防川至日本这条“黄金水道”进行47次商贸文化交流。五代十国时期，辽国将防川一带靺鞨人全部南迁至辽东，海上航线停止。

清宣统二年（1910），清政府辟建珲春河码头，商贸船只从珲春河码头进入图们江进入日本海，这条线路再次成为东北亚繁忙的“海上丝绸之路”。1938年“张鼓峰事件”后，日本侵略军封堵图们江口，中国出海船只被迫停航。

1990—1993年，中华人民共和国外交部、国家海洋局、吉林省人民政府成立联合考察组，先后在防川组织3次图们江出海复航考察。

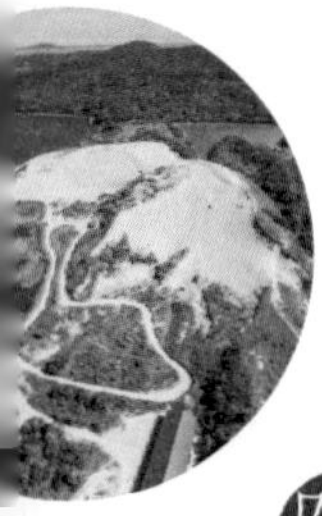

◉ 交通要塞

唐开元十五年（727），中国东北地方政权开辟“日本道”航线，分为陆路和水路，陆路分为前期线路和后期线路；水路分为北线、筑紫线和南海府线，唐开元十五年以后的一百多年中，中国使团出访日本 34 次，其中经筑紫线和南海府线路各 1 次，中日使团基本沿北线航行。船只通过这些线路到达日本京都（今奈良）附近各个港口。从唐元六十五年第 1 次到唐贞元十三年（797）第 13 次出访日本期间，因对海上季风气候缺乏认识，中国和日本很多使者多次发生海难，付出宝贵生命。中国使团首次出访日本时，高仁义等 24 人遇风暴，船漂流到北海道。日本天皇还不能控制北海道一带土著民族“虾夷人”，高仁义在内的 16 人被害。开元二十四年第 2 次出访日本时，“刚渡海，一只船被风浪打翻，大使胥要德等 40 人遇难”。唐大历十一年（776）第 9 次出访日本时，全团 167 人入海后“忽遭恶风，柁折帆落，漂没者多，整个团队仅剩 46 人”。贞元十一年第 13 次出访日时，使者们掌握日本海季风气候规律，冬去夏还，海难减少。据《渤海国志》记载，中国和日本双方在交往中殉难者达 200 多人。

陆路

前期线路 唐开元十五年（727）至天宝十四年（755），中国使团从敖东城（今吉林省敦化市东牟山城）出发，向东翻越哈尔巴岭余脉，沿布尔哈通河进入今南岗（延吉市）。再由延吉向东翻过城子山山城和龙古城进入珲春东京龙原府（今吉林省珲春市八连城），从东京龙原府到达防川一带入海口。此线路为陆路前期线路。

后期线路 唐天宝十四年（755）后一百多年，中国使团从上京龙泉府（今黑龙江省宁安市渤海镇）出发，溯马连河南下，越过哈尔巴岭，进入狭长嘎呀河谷，经春阳、天桥岭、大兴沟、汪清进入珲春，从珲春到达防川一带入海口。

水路

北线 是水陆第一条航线，即从防川一带波谢特港出发，向东横渡日本海，到达日本本土中部北海岸越前国（今日本福井）、能登国（今日本石川）、加贺国（今日本新潟）。唐乾元元年（758）秋，中国大使、辅国大将军、开国公杨承庆率团走北线到达越前国，这是中国出访日本第 4 个使团。唐宝应元年（762），第 6 次赴日使团经此线路到达日本，王新福等 23 人被安排赴越前国。中国使团第 13 次赴日以后，基本都沿北线航行，顺利到达越前国、能登国、加贺国一带。这条航线是东京龙原府到日本京城一带最近通道，海上距离约 800 千米，成为中国和日本使者往来的常用航线。

筑紫线 是水路第二条航线，即从防川一带波谢特港湾入海，沿朝鲜半岛东海岸南下，到达日本筑紫（今日本北九州）。据史料记载，中国第 5 次赴日大使高南申沿“筑紫线”到达日本难波江口（今大阪市）。

南海府线 是水陆第三条航线，即从南海府吐号浦出发，沿朝鲜东海岸南行，经对马海峡，到达筑紫。唐大历十一年（776），中国第 9 次赴日大使史都蒙“发自南海吐号府，西至对马竹室之津”。中国使者走筑紫线和南海府线到日本，需经日本西海岸南行，路途比北线远，花费时间更长。

唐开元十六年（728）至大顺二年（891）经防川一带出入经贸一览表

表 4

公元纪年	历史纪年	渤海国国纪年	领队者及人数	渤海国赠予日本国物品	日本国回赠渤海国物品	备注
727 年	开元十五年	仁安八年	高仁义、24 人	地方物品	—	高仁义遇害
728 年	开元十六年	仁安 9 年	高斋德	—	—	日本使团回访

续表 4

公元纪年	历史纪年	渤海国国纪年	领队者及人数	渤海国赠予日本国物品	日本国回赠渤海国物品	备注
729 年	开元十七年	仁安 10 年	—	—	—	日本使团回国
739 年	开元二十七年	大兴 2 年	胥要德、已珍蒙	绢 30 匹 棉 200 柜	—	40 人死于海难
740 年	开元二十八年	大兴 3 年	已珍蒙	—	—	日本使臣同返
746 年	天宝五年	大兴 9 年	1100 人	地方物品	衣服、粮食	—
752 年	天宝十一年	大兴 15 年	慕施蒙、75 人	地方物品	—	—
753 年	大兴十六年	—	慕施蒙	—	—	—
758 年	乾元元年	大兴 21 年	杨承庆、23 人	地方物品	赐女及 棉 10000 柜	—
759 年	乾元二年	大兴 22 年	高南申	地方物品	棉 300 柜	日本使臣到长安
760 年	上元元年	大兴 23 年	高南申	—	—	日本使臣同返
761 年	上元二年	大兴 24 年	—	—	—	日本使同返
762 年	宝应元年	大兴 25 年	王新福、25 人	地方物品	色衣 30 柜	—
763 年	广德元年	大兴 26 年	王新福	—	—	日本使臣同返
771 年	大历六年	大兴 34 年	壹万福、325 人	地方物品	丝 200 柜	—
772 年	大历七年	大兴 35 年	壹万福	—	—	日本使臣同返
776 年	大历十一年	大兴 39 年	史都蒙、187 人	地方物品	—	海难 46 人
777 年	大历十二年	大兴 40 年	史都蒙	—	—	日本使臣同返
778 年	大历十三年	大兴 41 年	张仙寿	—	—	送日本使团返回
779 年	大历十四年	大兴 42 年	高泮弼、369 人	地方物品	—	张仙寿返回
786 年	贞元二年	大兴 49 年	李元泰、65 人	地方物品	—	被杀 22 人
787 年	贞元三年	大兴 50 年	李元泰	地方物品	—	—
795 年	贞元十一年	正历元年	吕定琳、60 人	地方物品	绢 20 匹 棉 200 柜	—
796 年	贞元十二年	正历 2 年	吕定琳	—	—	日本使臣同返
798 年	贞元十四年	正历 4 年	大昌泰	—	—	—
799 年	贞元十五年	正历 5 年	大昌	—	—	—
809 年	元和四年	正历 14 年	高南容	—	—	—
810 年	元和五年	永德元年	高多佛	—	—	—

续表 4

公元纪年	历史纪年	渤海国国纪年	领队者及人数	渤海国赠予日本国物品	日本国回赠渤海国物品	备注
811 年	元和六年	永德 2 年	高南容	—	—	—
814 年	元和九年	朱雀 2 年	王孝廉	地方物品	—	—
815 年	元和十年	朱雀 3 年	王孝廉	—	—	王孝廉卒于日本
818 年	元和十三年	太始元年	慕感德	—	—	—
819 年	元和十四年	建兴元年	李承英	—	—	—
820 年	元和十五年	建兴 2 年	李承英	—	—	—
821 年	长庆元年	建兴 3 年	王文矩、101 人	地方物品	—	—
822 年	长庆二年	建兴 4 年	王文矩	—	—	—
823 年	长庆三年	建兴 5 年	高贞泰等	地方物品	—	—
824 年	长庆四年	建兴 6 年	高贞泰	—	—	—
825 年	宝历元年	建兴 7 年	高承祖、13 人	地方物品	—	—
827 年	大和元年	建兴 9 年	王文矩	—	—	—
828 年	大和二年	建兴 10 年	王文矩	—	—	—
841 年	会昌元年	咸和 11 年	贺福延、105 人	地方物品	—	—
842 年	会昌二年	咸和 12 年	贺福延	—	—	—
848 年	大中二年	咸和 18 年	王文矩、100 人	地方物品	—	—
849 年	大中三年	咸和 19 年	王文矩	—	—	—
858 年	大中十二年	虔晃元年	乌孝慎	—	—	—
859 年	大中十三年	虔晃 2 年	乌孝慎	—	—	—
860 年	咸通元年	虔晃 3 年	李居正、105 人	—	—	—
861 年	咸通二年	虔晃 4 年	李居正	—	—	—
871 年	咸通十二年	虔晃 14 年	杨承规、105 人	虎皮 7 张、官钱 40 万	—	—
872 年	咸通十三年	玄锡元年	杨承规	—	—	在日本互市
876 年	乾符三年	玄锡 5 年	杨中远、105 人	地方物品	—	—
877 年	乾符四年	玄锡 6 年	杨中远	—	—	—
882 年	中和二年	玄锡 11 年	裴廷、105 人	地方物品	—	—
891 年	大顺二年	玄锡 20 年	王龟谋、105 人	地方物品	—	—

◉ 百年口岸

清光绪八年（1882），清政府与朝鲜签订《商民水陆贸易章程》；光绪九年，又签订《吉林朝鲜商民贸易章程》，防川一带边境贸易量不断增加。宣统元年（1909），清政府在珲春设吉林省第一家海关——珲春总关，在防川一带设大肚川、吊龙牌（今敬信镇回龙峰）、九沙坪等分关，管理口岸通商事宜。

机构建置　清光绪三十三年（1907），清政府总税务司赫德任命德松·古里宁为吉林税务司，派其到珲春调查设立海关事宜。宣统元年（1909），以贺伦德为首的 17 人在珲春开设海关，始名为珲春总关。1913 年，在大肚川设立分关，由珲春总关税务司派人帮办管理口岸业务。

大肚川分关设稽查科、总务科。分关管辖防川、九沙坪、六道泡、吊龙牌、洋馆坪、回龙峰等村。1933 年，总关在敬信设吊龙牌、九沙坪等分关和监视所 5 处，掌管关税、港务、邮政、缉私等事务。

防川一带各分关隶属于珲春海关，在设立后的十几年间，国内外政治形势、经济状况发生很大变化。随着这一变化，海关组织机构和贸易情况也相应发生变化。1924 年，龙井分关升为龙井总关，珲春总关降为分关。

第一次世界大战期间，俄国国内物资紧张，禁止部分物资出口。部分商人为逃避防川一带分卡检查，直接将货物经图们江运到朝鲜，中俄贸易锐减。1918 年，中国政府

20 世纪 20 年代大肚川分所

20 世纪 20 年代吊龙牌分所

颁布货物禁令，运向俄国货物必须有协约国领事团出具的证明，防川分卡才可以放行。1917年，俄国十月革命胜利后，大量日货从朝鲜进口，再转手出口俄国，俄国开始抵制日货，封锁符拉迪沃斯托克，继而封锁整个边境线，导致交通运输停止，贸易中断。防川口岸对外贸易转向朝鲜雄基、清津两港。

清光绪三十一年（1905），日本在朝鲜清津至会宁铺设轻便铁路。宣统元年，清政府迫于日本压力，根据《关于间岛日清条约》，开放龙井村、局子街（今延吉市）、头道沟、百草沟等商埠。日本和朝鲜进口货物大部分利用清津到会宁轻便铁路运输，再从会宁经过火狐狸沟（今龙井市智新乡）运到龙井村。龙井村成为中朝、中日交通和贸易要道，并设立征收关税机关。珲春总关于宣统二年在龙井村设立分关。1924年，天宝山—开山屯轻便铁路建成通车，天宝山（老头沟），经铜佛寺、朝阳川、龙井村至图们江岸（今开山屯），龙井村对外贸易兴盛起来，以龙井村为中心，中、朝、日贸易显著增加。

1931年，日本帝国主义侵占东北，开始控制东北各地海关，派驻日本顾问，驱逐中国、朝鲜、苏联等国人员。1932年6月29日，日本军官宫本原槌带领日本士兵到龙井总关，以武力威逼龙井总关税务司华乐士交权，占领龙井、防川等地分关，防川分关后更名为防川分税关。

1932年年底，由于交通和贸易形势剧变，防川分关贸易量锐减，业务萧条。1933年5月，下甸子改名为图们，防川分关先后派人到图们筹建海关。7月25日，防川分关主要人员与物品全部移到图们，筹建开设税关准备工作。1933年8月，图们税关正式成立，珲春税关改称珲春分税关，防川分关改为分卡。

1934—1940年，在珲春境内图们江先后修建通往朝鲜、圈河、沙坨子、甩湾子、凉水公路桥。珲春分税关先后设凉水泉子、密江、上甩湾子、下甩湾子、沙坨子、九沙坪、河口、大肚川、吊龙碑、洋馆坪、下坎、防川等分卡和百草沟、三岔子、奉天岛、圈河等监视所。1937年，珲春飞机场被指定为税关机关，飞机起降须经税关关长许可。中朝铁路开通，绝大多数货物进出境依靠铁路。牡丹江、佳木斯、绥芬河、额穆一带货物都通过龙井村、图们两关进出，防川等分关进出口货物明显减少，进出口贸易额与图们税关相比，所占比重不到50%。

1945年8月，苏联红军进驻珲春各地海关无人管理。1946年3月，延边地区行政督察专员公署为支援解放战争，禁止粮食出口和鸦片输入，在延吉成立延边海关总关，在图们、珲春设税务局兼管。1948 年，海关从税务局分出成立延边关税局。

1950 年 2 月，图们关税局改称中华人民共和国图们海关，珲春关税分局改称珲春分关。珲春分关下设总务、关税、查私三股和甩湾子、沙坨子、二道泡分所，王家坨子、密江、西崴子、江北屯、九沙坪、小盘岭、回龙峰检查所。凉水泉子分所归图们关管辖。12 月，根据《关于设立海关原则和调整全国海关》指示，把缉私分所、检查所移交边防保卫处，在珲春境内只设珲春支关。1953 年，圈河渡口由边防站代管海关业务（1982 年关闭圈河渡口）。1955 年 11 月 1 日，裁撤珲春支关及其所属检查所。

1973 年 9 月 19 日，经吉林省革命委员会批准恢复珲春支关（后改称沙坨子支关）。1985 年 2 月 18 日，根据海关总署指示，“沙坨子支关”改称“中华人民共和国沙坨子海关”。

1988 年 5 月，国务院、海关总署批准恢复长岭子海关（科级）。是年，珲春市同俄罗斯滨海边疆区哈桑区进行接触，先后开展以边贸为中心洽谈。1989 年 2 月，派 3 名蔬菜技术人员到俄罗斯哈桑区育苗。达成劳务出口项目：市区间边贸事项、民房建筑业、修船工程、联合捕鱼加工、建造砖厂、互设商店和一日旅游等。

1911—1933 年防川一带设卡情况一览表

表 5

分卡	开设时间	备　注
大肚川	1913.10	今珲春市敬信乡大肚川村。1914 年 9 月因卡房被洪水冲毁停办
吊龙牌	1933	今敬信回龙峰村。后因中俄贸易中断
九沙坪	1933	今敬信镇九沙坪村
洋馆坪	1933	今敬信镇六道泡村

附 1：关税

1913 年防川一带分关征税规定：一是对经俄国、朝鲜两国边境运入中国的外国货物，除免税货物外一律按 1903 年制定的《通商进口税则》（以下简称《税则》）征收进口正税。对《税则》中未列名货物，依照海关估价征收 5% 进口正税。二是对运往俄国、朝鲜两国的中国货物，除免税货物外一律按 1858 年制定的《工商出口税则》征收 5% 出口正税。三是对完税进口外国货物，在3年照原样退运出境，予以退税。四是对交完进口正税的外国货物运销内地，征收2.5%入内地子口税。五是对国内经防川出口的土货，征收2.5%出内地子口税。六是对往来国内各通商口岸国内土地征收2.5%沿岸贸易税。根据上述规定，防川一带分关除对中朝贸易货物征收进出口税外，对从海路进出口俄国及其他国家的货物也征进出口税；对经海路图们江往来于国内各通商口岸的国内土货征收2.5%沿岸贸易税；对运往俄国的豆油、粮食、蔬菜等货物免征关税，对经防川图们江口出口的木材免税3年。防川一带分关在对外贸易往来中，利用关税保护促进和调节国民生产增加财政收入。这些分关对一般进出口货物不限制，对鸦片、吗啡、军装、子弹等物严加控制。进出上述物品没有中国政府允许的进口护照，一律严格禁止。私运人员交地方官厅惩办，违禁物品一律没收。

清末和民国时期，海关被日本人控制，防川关税不能自主，国内税受"每两加税不过其分"限制。洋商进出口货物，一次性交纳5%进口税，华商进出口货物"逢关纳税，遇关抽厘"。据《珲春县志》记载，1910—1929年经防川口岸进出口货物贸易额达266万关平银，防川一带海关征收关税总额11万关平银，中国关税是赔偿外债的主要资金，海关所得关税全部进入日本等国账户。

贸易物品 清宣统二年（1910），清政府在珲春图们江、珲春河设码头，经防川出口货物。据《珲春县志》载，1915年，经防川一带分关进行易货贸易的国家有：朝鲜、日本、俄国、美国、英国、瑞士、德国、印度等。进口货物品种：棉布、砂糖、海产品、煤油、火柴、钢铁、建筑材料、日用杂货等。出口货物品种：粮食、豆油、豆粕、家畜、家禽、木材、矿产等。运输方式以牛马车、人力车为主，以船运为辅。

◉ 边境通商

边境贸易 防川一带边境贸易起源于19世纪中叶。清同治元年（1862），清政府同俄国签订《中俄陆路通商章程》，其中第一款规定："两国边界贸易，在百里内均不纳税。其稽查章程，由两国各按本国规定办理。"19世纪60年代，沙皇俄国军民在沿海地区立足未稳，缺少粮食和日用物品，占据俄罗斯哈桑区波谢特和俄罗斯符拉迪沃斯托克的沙皇俄国官兵，提出要经防川进入珲春城里购买日用品、贩运粮食牲畜的要求，珲春协领不敢擅自决定，呈文请示吉林将军，得到批复后，准其通过防川进入珲春城内。是年7月，沙皇俄国官兵经防川进入珲春城购买物品，珲春商民也将杂货经防川运到俄境内贩卖。俄国人喜欢吃牛肉，高价购买黄牛，防川一带商人便将黄牛运到俄境内出售。

清光绪三年（1877）四月，额穆（今吉林省敦化市额穆镇）佐领报称："近日，商人牵赶黄牛由西面络绎不绝，三十或五十数目不等，甚至有百十余头一群，日胜一日东行，滔滔不绝。盘其去往，均称去海参崴卖给沙皇俄国兵民宰食。"光绪七年，珲春副都统依克唐阿查禁贩卖耕牛之风。光绪二十三年十二月，在中俄边境地区珲春境内防川村、大肚川、黑顶子开办集市，进行民间交易，每旬二七为集市，交易日杂用品、牲畜和各类粮食等。

19世纪80年代，清政府在符拉迪沃斯托克设商务委员，珲春同俄国边境贸易往来频繁，大批华人经过防川从水路到符拉迪沃斯托克经商，在符拉迪沃斯托克200多家店铺中，80%的商铺由中国人开设。李金镛在《奉札议复交涉禀》中记载："海参崴自通舟车以来，华民日盛，务农、务工、经商者计8000多人。"

20世纪初，防川一带出口货物额每年保持在300万两白银，在进口商品中，大量是俄国产品，部分是英国、美国、意大利、日本以及中国上海日用商品，防川居民如食盐、白糖、毛巾、肥皂、火柴、蜡烛、黑瞎布等日常用品都是从符拉迪沃斯托克转口进来。大批货物在符拉迪沃斯托克装船，在距防川百余里罕奇港卸货，用牛马车通过俄国境内大路，经过长岭子山口运到珲春城内货栈卸货。据《珲春副都统衙门档案》记载，清宣统元年（1909），从符拉迪沃斯托克运至防川一带码头大宗货物有花其布、灯、套布、鱼、海菜等，销往延吉、敦化等地。从防川运往俄境岩杵河、符拉迪沃斯托克一带货物有豆饼、豆油、小米、野鸡、家鸡、野鹿、狍子等。1923年7月，在中苏边境地区设集市，进行民间贸易。1923年年末，苏联关闭符拉迪沃斯托克自由港，封锁中苏边境线，防川一带边境贸易往来中断。

清宣统三年（1911）珲春经防川出口朝鲜商品明细一览表

表 6

品种（单位）	数量	品种（单位）	数量	品种（单位）	数量
家畜（头）	341	小麦（担）	594	土豆（担）	372
猪（头）	854	土布（担）	24	麻绳（担）	98
家鸭（只）	23202	鹿（头）	387	酒（担）	1625
豆粨（担）	68058	鸡蛋（个）	17883	松子（担）	363
豆类（担）	1402	麻（担）	33	靰鞡（双）	8915
麦麸（担）	254	大雁（只）	171	狐狸皮（张）	445
车轮（辆）	778	皮张（担）	183	熊皮（张）	83
高粱（担）	31	药材（两）	860	粟鼠（张）	3641
玉米（担）	68	黄油（担）	4590	软木板（块）	503
谷子（担）	10515	纸　（担）	102	蔬菜（担）	1634
燕麦（担）	460	野鸭（只）	25995	白面（担）	162

清宣统三年（1911）珲春经防川进口朝鲜商品明细一览表

表 7

品种（单位）	数量	品种（单位）	数量	品种（单位）	数量
各种布匹（米）	136528	衣类（件）	1767	石油窖罐（个）	27899
土布（码）	4960	生棉（担）	340	纸类（吨）	1924
天鹅绒（码）	132	染料（两）	305	白酒（斤）	3115
棉毛巾（匹）	2164	生鱼（担）	265	海带（担）	1333
浴匹（打）	2720	咸鱼（担）	903	羊皮（张）	1340
其他棉布类（码）	189537	果（生）类（担）	708	石碱（两）	1600
毛布（磅）	402	窗哨子（箱）	105	苏达（担）	715
其他毛织物（磅）	240	落花生（担）	212	酱油（担）	251
土布（担）	43	牛皮（担）	1051	红糖（担）	671
棒铁（吨）	954	水桶（个）	218	白糖（担）	371
亚铁箍（吨）	113	铁锅（个）	4914	米糖（担）	29
铅版（吨）	32	锹（个）	3945	叶烟（担）	217
麻袋（条）	4038	石灰（担）	212	怀表（只）	199

续表 7

品种（单位）	数量	品种（单位）	数量	品种（单位）	数量
蜡烛（担）	178	火柴（罗）	5587	猪（头）	46
大米（担）	1655	药材（种）	150	布袋（个）	4780
瓷器（个）	956	器械（种）	1938	豆粕（担）	103
卷烟纸（个）	481600	名酒（加仑）	30235	黄豆（担）	2199
书籍（担）	6	白面（担）	150	松子（担）	97
高粱（担）	123	枯草（担）	1140	鞋（双）	6057
大米（担）	251	缘香（担）	57	棉鞋（双）	3390
小麦（担）	3512	凉席（张）	524	红茶（担）	16
煤炭（吨）	334	豆油（担）	41	软木（担）	4567
爆竹（担）	47	野鸡（只）	1794	雨伞（个）	620
柴（担）	525	酒（担）	3792	邮包（件）	650
锡盂（罗）	70	各种缝针（千根）	416	牛（头）	7

航运公司 清宣统二年（1910），为加强东北亚国家和地区经贸合作，清政府在珲春河畔城区附近建航运码头，创建图（珲春）长（上海）航运公司，开辟内河至近海国际航线。是年 5 月，珲春正式开港，上海、青岛等多家海运公司利用珲春河码头等便利条件进行通海贸易，推动航运事业快速发展。1910—1924 年，先后在黑顶子、大肚川、九沙坪建立贸易市场，防川一带成为国际贸易货物集散地。大批火轮经常从图们江口防川出海，往来于日本海沿岸朝鲜元山、釜山和日本新潟、长崎等港，国内远达上海。

1926年，图们江航运公司有船只60艘，平均载重量15吨以上。据《满洲年鉴（1933）》[①]记载，出入防川码头船只：1929 年 1469 艘、24799 吨，平均 17 吨 / 艘；1930 年 847 艘、14422 吨，平均 17 吨 / 艘；1931 年 1394 艘、25123 吨，平均 18 吨 / 艘。货船主要装载木材和地方土特产品，在珲春河码头装货，经图们江进入防川，再从防川进入日本海，抵达朝鲜土里岭、西水罗里换装轮船，来往于日本沿岸各港和中国上海。《满洲年

① 由 1933 年伪满洲文化协会发行。

鉴（1933年）》记载："珲春地处苏联沿海州附近，清末民初与苏联海参崴[①]通航，近年又同朝鲜之清津港航运频繁。"1932年，日本先后修建敦图铁路（敦化—图们）、图牡铁路（图们—牡丹江），与朝鲜北部铁路线连接起来，增加了贸易货物运输量。图们至朝鲜北港罗津只有165千米，距朝鲜清津港170千米。从日本大阪经大连到长春，海路距离为2264千米，经朝鲜过防川到长春为1622千米，海陆距离缩短642千米，运输时间缩短20余小时。日本通过这条主要干线，把延边和东北各地物资，源源不断地运往国内。1933年，图们站货物输出中转量为79265吨，远远超过其他海关。

集市易货 防川同朝鲜一江之隔，历史上防川同朝鲜庆源郡一直保持着贸易关系。清顺治二年（1645），清政府同朝鲜签订条约规定，宁古塔（今黑龙江省宁安市）人每年到朝鲜会宁进行1次地方贸易，库尔喀人（今珲春市防川一带人）每年到朝鲜庆源进行1次地方贸易。两国交易时各派官员到场监视。中国方面，由礼部派朝鲜通事2人，吉林将军衙门派出章京、骁骑校、笔帖式各1人前往交易地方监视，严禁派出官兵私带货物。会宁集市一次贸易为7天，庆源集市一次贸易为5天。两地派往官兵限定20天必须返回。集市上貉獾皮、鹿皮、狗皮，准其交易；貂皮、水獭皮、猞猁皮等不准交易。珲春商民通常是以布匹、谷物、皮张等兑换朝鲜耕牛、马匹、纸张、食盐等。交易方式是易货贸易，不动钱钞。顺治八年，防川一带商民从朝鲜庆源易回耕牛150头、食盐1000石（1石=250千克）、白纸10000卷、铁锅2500口、亚铅版32吨、麻袋4038条。清康熙十年（1671），兑换牛120头、食盐920余石、釜74座、犁杖978个。互市贸易持续到清光绪十一年（1885）停止。

光绪九年七月，吉林将军派前刑部郎中彭光誉到防川一带，会同朝鲜议官鱼允中，勘议庆源、会宁通商章程。九月十日，双方达成协议，于朝鲜汉城签署《吉林朝鲜商民贸易地方章程》。当时中朝两国正为垦民越界问题进行交涉，边境贸易问题拖延至光绪十一年，吉林将军衙门才作具体安排。章程规定，在和龙峪设吉朝通商总局，在通往朝鲜庆源渡口设西步江分卡，吉朝通商总局兼办越界垦民事宜，局内设督办商务委员1名，随员1名，朝鲜通事2名，听差6名，另有总理、清丈委员、征租委员、课税委员等。西步江分卡，设委员、司事、朝鲜通事各1名、听差4名。两国商民自由往来贸易，交易货物必须报官验单，照章纳税，只缴纳正税一次，不重征子税。一

---

① 今符拉迪沃斯托克。

般货物税额按5%计征，红参、秧参按15%计征；蔬菜、瓜果、鸡、鸭、鹅、鱼以及瓦木零星用具，民间日用所需品，一律免征关税。西步江分卡从光绪十一年十一月开始征税，到光绪十三年六月止，共计20个月，征税白银1100余两。光绪二十年，撤掉西步江分卡，珲春与朝鲜边境贸易因中日甲午战争而一度中止。1910年，日本占领朝鲜后，珲春每年都有大批货物经防川从图们江口出入。

据1912年统计，经防川输出到朝鲜贸易总额为41.74万关平银，出口货物有粮食、豆油、木材及其他杂品。从朝鲜进口贸易额为9.7万关平银，进口货物有海产品、建筑材料及杂品。

1923年，中苏贸易中断后，防川一带对外贸易转向朝鲜雄基、清津两港，贸易往来较频繁。1924年，经由朝鲜雄基港输入日本与美国制面粉3.7万担，从防川输出品中木材和粮食为大宗。1925年，从朝鲜输入总额为528万关平银，往朝鲜输出总额143万关平银货物。输入品种以石油、面粉为大宗。1926年6月末，输出各种粮食97万袋，其中防川粮食14万袋。1929—1931年，先后从朝鲜进入防川一带港口贸易船舶98只次，货物999吨，向朝鲜出港船舶78只次，货物948吨。

1952年，黑顶子一带机关、学校、合作社和部分商人，与朝鲜边境地区进行小额易货贸易，发展为边境地方贸易。1953年，贸易货物经甩湾子口岸以渡船、牛马车、人工等方式进行。从朝鲜进口货物有海参、咸鱼、海带等，从珲春出口货物有粮食、大蒜、辣椒、土豆粉、中药材、日用品等。1954年，受国内政治运动影响，地方性小额贸易停止。

附2：中朝商民水陆贸易章程

朝鲜久列藩封，典礼所关，一切均有定制，毋庸更议。唯现在各国既由水路通商，自宜亟开海禁，令两国商民一体互相贸易，共沾利益，其边界互市之例，亦因时量为变通。惟此次所订水陆贸易章程系中国优待属邦之意，不在各与国一体均沾之列。兹定各条如下：

第一条　嗣后由北洋大臣札派商务委员前往驻扎朝鲜已开口岸，专为照料本国商民。该员与朝鲜官员往来均属平行，优待如礼。遇有重大事件未便与朝鲜官员擅自定议，则详请北洋大臣咨照朝鲜国王转札其政府筹办。朝鲜国王亦派遣大员驻扎天津，分派人员至中国已开口岸，充当商务委员。该员与道、府、州、县等地方官往来，亦以平行相待。如遇有疑难事件，听其由驻津大员详请北、南洋大臣定夺。两国商务委员应用经费均归自备，不得私索供亿。若此等官员执意任性，办事不合，则由北洋大臣与朝鲜国王彼此知会，立即撤回。

第二条　中国商民在朝鲜口岸如自行控告，应归中国商务委员审断。此外财产、罪犯等案，如朝鲜人为原告，中国人为被告，则应由中国商务委员追拿审断。如中国人为原告、朝鲜人为被告，则应由朝鲜官员将被告交出，会同中国商务委员按律审断。至朝鲜商民在中国已开口岸所有一切财产、罪犯等案，无论被告、原告为何国人，悉由中国地方官按律审断，并知照朝鲜委员备案。如所断案件朝鲜人未服，许由该国商务委员禀请大宪复讯，以昭平允。凡朝鲜人在其本国至中国商务委员处，或在中国至各地方官处控告中国人民，各色衙役人等不得私索丝毫规费，违者查出，将该管官从严惩办。两国人民若在本国，或在彼此通商口岸有犯本国律禁，私逃在彼此地界者，

各地方官一经彼此商务委员知照，即设法拿交就近商务委员，押归本国惩办。惟于途中止可拘禁，不可凌虐。

第三条　两国商船听其驶入彼此通商口岸交易。所有卸载货物与一切海关纳税则例，悉照两国已定章程办理。倘在彼此海滨遭风、搁浅，可随处收泊。购买食物，修理船只，一切经费均归船主自备，地方官第妥为照料。如船只破坏，地方官当设法救护，将船内客商水手等送交就近口岸彼此商务委员转送回国，可省相护送之费用。若两国商船于遭风触损需修外，潜往未开口岸贸易者，查拿船货入官。唯朝鲜平安、黄海道与山东、奉天等省滨海地方，听两国渔船往来捕鱼，并就岸购买食物、甜水，不能私以货物贸易，违者船货入官。其于所在地方有犯法等事，即由该地方官拿交就近商务委员按第二条惩办。至彼此渔船应征鱼税，俟遵行两年后再行会议酌定。

第四条　两国商民前往彼此已开口岸贸易，如安分守法，准其租地、赁房、建屋。所有土产与非干例禁之货均许交易。除进出货物应纳货税、船钞，悉照彼此海关通行章程完纳外，其有欲将土货由此口运往彼口者，于已纳出口税外，仍于进口时验单完纳出口税之半。朝鲜商民除在北京例准交易与中国商民准入朝鲜杨花津、汉城开设行栈外，不准将各色货物运入内地坐肆售卖。两

国商民欲入内地采办土货，应禀请彼此商务委员与地方官会衔给予执照，填明采办处所。车马、船只听该商自雇、仍照纳沿途应完厘税。如有彼此入内地游历者，应禀请商务委员与地方官会衔给予执照、然后前往。其于沿途地方有犯法等事，统由地方官押交就近通商口岸之商务委员照第二条惩办。途中止可拘禁，不得凌虐。

第五条　向来两国边界如义州、会宁、庆源等处例有互市，统由官员主持，每多窒碍，兹定于鸭绿江对岸栅门与义州二处，又图们江对岸珲春与会宁二处，听边民随时往来交易。两国第于彼此开市之处设立关卡，稽查匪类，征收税课。其所征税则无论出、入口货，除红参外，概行值百抽五。从前馆宇、饩禀、刍粮、迎送等费，悉予罢除。至边民钱财、罪犯等案，仍由彼此地方官按照定律办理。其一切详细章程，应俟北洋大臣与朝鲜国王派员至 该处踏勘会商，禀请奏定。

第六条　两国商民无论在何处口岸与边界地方，均不准将洋药、土药与制成军器贩运售卖，违者查出，分别严加处治。至红参一项，例准朝鲜商民带入中国地界，应纳税则按价值百抽十五，其有中国商民将红参私运出朝鲜地界未经政府特允者，查出将货入官。

第七条　两国驿道向由栅门陆路往来，所有供亿极为烦费，现在海禁已开，自应就便听由海道来往。唯朝鲜现无兵商轮船，可由朝鲜国王商请北洋大臣暂派商局轮船每月定期往返一次，由朝鲜政府协贴船费若干。此外中国兵船往朝鲜海滨游弋并驶泊各处港口以资捍卫，地方官所有供应一切豁除，至购办粮物，经费均由兵船自备。该兵船自管驾官以下与朝鲜地方官俱属平行，优礼相待。水手上岸由兵船官员严加约束，不得稍有骚扰滋事。

第八条　此次所定贸易章程姑从简约，两国官民均须就已载者一体恪守。以后有须增损之处，应随时由北洋大臣朝鲜国王咨商妥善，请旨定夺施行。

钦差署理北洋通商大臣太子太傅前文华殿大学士直隶总督部堂一等肃毅伯李，督同二品衔津海关道周馥，二品衔候选道马建忠会同朝鲜国奏正使赵宁夏，奏副使金宏集，问议官鱼允中议定。

光绪八年八月二十日

附 3：吉林朝鲜商民贸易地方章程

朝鲜久列藩封，勤修职贡，今于两国边界改互市旧例为随时交易，系中国优待属邦之意，拟立吉林朝鲜贸易章程，以各国通商章程两不相涉，开列各条如下：

第一条　两国边地以图们江为界。图们江北岸、东岸吉林所属之地，大半荒陬，向无村镇。敦化县城距江岸甚远，自应于会宁对江之和龙峪沿江一带设立税务局，准吉林商民盖房屯货，与会宁一江之隔，俾商民人等可以朝至夕归，往来甚便。由吉林派出督理商务之员征收税课、稽查匪类。珲春与庆源府相去甚近，应于珲春所辖之西步江渡口添设分局，另行委员收税，兼司稽查事宜。

第二条　如有商民欲入内地采办土货以及游历者，可照天津所定章程第四条办理，惟欲西入奉省较近祖宗灵寝重地及东入俄界者，概不准填给执照。并不准由本国地方私结他国商伴至开市地方。违者严惩。

第三条　从前宁古塔与会宁互市、库尔喀（今防川一带）与庆源互市一切旧例概行停止。此后贸易均照新定章程办理。吉林委员遇有公事前赴会宁府、庆源府等处，不得援照向章，致滋歧异。

第四条　吉林与朝鲜商民随时往来贸易，一切创办事宜、应派督理商务之员，由吉林将军咨北洋大臣会议酌派，请旨定夺，俟奉旨之日，再行定期开市。珲春西步江所设分局，由吉林将军另派妥员经理。朝鲜各城开市设卡事宜，自可就近由朝鲜地方办理，以归简易。

第五条　吉林既于图们江边之和龙峪、西步江两处设立税局、分局，朝鲜钟城之对岸亦系从前互市商民通行之路，自应酌设分卡，由总局派员稽查匪类及偷漏货物等弊。

第六条　吉林与朝鲜接壤地方就近开市，以便商民贸易。朝鲜之人不准在吉林开市地方建房设栈，亦不准将货物运入内地售卖。如有请照入境采办内地土货者，不准在境内转相售卖，吉林商民在朝鲜地方亦同此例。其赁房寄屯货物者，听从其便。

第七条　征收税课除红参外，均值百抽五，只交纳正税一次，均不重征子税。货物报官验单，照章纳税，不得于额外需索。商民出入验照放行，不准稍有留难耽延。

第八条　商民贸易使用金银，应与随身衣服、行李、笔墨、书籍、所骑马匹均准免税。但沙金、矿银入市销售，原同货物，与叶金、条金、金饰、金银、锭银、碎银等项为市间行用例得免税者不同，应按值百抽五，照章纳税，吉省亦照奉省所议办理。惟珲春及庆源各城民间购买货件，价雇佣保，多不用钱而用布，此项名为小布，亦系市间行用，与钱无异。如非车载、驮运每捆百匹者，应准免税以存古风。近亦有代以洋机布者，不准援照免税。

第九条　所有稽查匪类、征收税课等事，统由督理商务之员妥派司事弁兵随时认真办理。其钱财、罪犯等案，珲春、庆源自应就近归地方官审民，各按定例办理，并互相知照。如有关商务者，仍照会税务局备查。惟宁古塔、敦化县与会宁相距过远，非安东、义州、珲春、庆源相离较近情形可比。如吉省人民在朝鲜滋事或私逃在朝鲜境内者，应由会宁等城地方官拿交督理商务之员。其无须归案而罪上枷杖者及寻常词讼，由该员拟议发落，以省报累。徒罪以上，仍分别解交地方官审办。朝鲜人民在吉省滋事或私逃在吉省者，并由督理商务之员转令地方官缉拿，解由税局发交原报之朝鲜地方官治罪。倘有边界重大事件非朝鲜地方官所能擅长、税局委员所能核拟者，应由该委员详奉北洋大臣，吉林将军，督办大臣批示后，仍由督理商务之员照会朝鲜各该地方官遵批办理。朝鲜官员亦可转报朝鲜政府听命。

第十条　吉林朝鲜商民贸易与奉天情形相近，朝鲜商民欲入吉省采办土货，先由地方官发给执照，由督理商务之员按照盖用关防，更发给护照。吉林商人欲人朝鲜采办土货亦用此例。执照内均先声明何处地方、何项货物。如未能预定何货，俟采办齐全回到关卡地方，将实在货物报明，缴还原领执照，以凭查货征收换给税单。出关、入关时呈单查验，盖用戳记。如出入有携带私货未经报明，即属有意偷漏，查出货物人官。其寻常随时往来至开市处所贸易，应由地方官或税局给予关防印照，写明商人姓名，货物、牲畜数目，无照不许放行。只准由两国开市地方正路行走，不得肆意闲行，向民房借宿。由歧路捷径越绕者，各卡兵捕送到官，罚征正税三倍。

第十一条　吉林与朝鲜以图们江为界，交壤地段绵长，应于两国议定开市处所对岸渡口官造渡船，逐日稽查出入货物，不准商民于他处另造渡船，致有绕越偷漏之弊。封江之日，路径处处可通，尤宜严加巡缉。应由督理商务之员随时体察情形详细，派队择要驻扎巡缉。

第十二条　洋药、土药与制成军器，严禁贩运售卖。违者照天津章程办理。朝鲜红参例准带入中国，吉林民种秧参，亦经本省奏明与药材并准征收税课，运贩他处。此项秧参运贩出关，应与红参一律办理，按价值百抽千五以归划一。貂皮及猞猁狲等皮，为吉林、朝鲜皆产之物，市易旧例禁止以此项皮张易货，现在旧例罢除，应准开禁，以通一时有无。其余蔬菜、瓜果、鸡、鸭、鹅、鱼以及瓦木零星器具、民间日用所需，概照奉天所议，一律免征。

第十三条　两国边界，凡有人、畜、货物被人诱去偷取，一经指明，获犯即行给还。如无原物，向该犯追偿。倘该犯无力赔还，地方官不得代赔，各将该犯以本国之律严行究治。若无指明人名，又未获犯，俱不得清偿。凡私来搜索财产，携带军器来劫者，俱从严惩办。

第十四条　商民夜市自应禁止，亦不准设立经纪名目，估值悉听商民评价。虽吉林朝鲜向来贸易无此等流弊，自应照奉省所议章程予议立禁。其开市之处尺文、秤码亦应因地 制宜酌立定法，应候派定督理商务之员会同朝鲜地方官临时酌定。

第十五条　交涉事件来往文书照奉天所议应遵体制，朝鲜必须尊称“天朝”，或称“上国”字样，即属寻常文移，亦不得率书“中”“东”“中”“朝”等字，当照会典，用“中”“外”字样，以期简易。至吉林省边界官员，则称“朝鲜国”，或称“贵国”字样，以示优待。公牍往来，应用“照会”格式，悉照天津议定章程。两国闲散职员，复自为商，因钱财细故向两国地方官衙门投词结讼者，与民人一体用“禀”，用“呈”。

第十六条　吉林与朝鲜贸易事属创办，此次所定章程将来两国有欲增损之处，随时咨商酌改，由督理商务之员详请北洋大臣、吉林将军、督办大臣核示遵行，以期悉臻妥善。

光绪九年八月

◉ 文化交流

音乐 中国东北少数民族音乐源远流长，丰富了世界文化宝库。唐开元二十八年（740），中国访日大使已珍蒙在日本宫廷演奏东北民族乐曲。大历十一年（776），访日大使都蒙再次演奏地方民族乐曲，广受日本欢迎。唐朝初年，日本引入中国音乐，作为其宫廷雅乐。据《日本文化史》记载，日本现存舞乐中，大靺鞨、新乌苏、古乌苏、进走秃、退走秃、敷手、贵德、昆父八仙、地久等乐舞是从中国东北传入。日本多忠龙所著的《雅乐》记载，从中国传入"新靺鞨"经常被演奏。中国传入日本乐器有筝、卧箜篌、竖箜篌、琵琶、义嘴笛、笙、箫、腰鼓、齐鼓、檐鼓、贝、拍板等十几种。建中元年（780），日本曾派内雄到中国东北专门学习地方音乐，学成后回日本。

舞蹈 中国东北少数民族舞蹈具有浓郁地方特色。唐元和九年（814），在日本款待中国使臣宴会上，使者闻歌舞之声皆离座翩翩起舞。《王忻公行程录》描述中国东北靺鞨人跳踏锤舞情形：东北地方风俗，每年都要聚会作乐，"先命善歌善舞者，数辈前引，士女相随，更相唱和，回旋宛转"。踏锤舞是一种有领唱、领舞，歌伴舞的集体舞蹈。清代满族莽式舞，有领唱、领舞，易歌变舞，节奏感强，队列整齐，场面宏大，是东北古老靺鞨民族踏锤舞蹈传嬗。

诗歌 据《渤海国志长编》载，唐元和十年（815），中国使团在日本文化交流中，使者们思念家乡，现场吟诗作赋。中国使团通过"日本道"水陆航线将盛唐文化传到日本，具有中国浓郁地方特色的诗歌深受日本人喜爱。日本《文华秀丽集》《凌云集》《经国集》《续日本记》中保存大量中国使者诗篇。

附4：中国使者在日本宫廷文化交流作品

奉敕陪内宴

王孝廉

海国来朝自远方，百年一醉谒天裳。

日宫座外何攸见，五色云飞万岁光。

春日对雨得晴字

王孝廉

主人开宴在边厅，客醉如泥等上京。
疑是雨师知圣意，甘滋芳润洒羁情。

和坂领客对月思乡之作

王孝廉

寂寂朱明夜，团团白月轮。
几山明影彻，万象水天新。
弃妾看生恨，羁情对神动。
谁云千里隔，能照两乡人。

出云州书情寄两敕使

王孝廉

南风海路连归思，北雁长天引旅情。
赖有锵锵双凤伴，莫愁多日住边亭。

七日禁中陪宴

释仁贞

入朝贵国惭下客，七日承恩作上宾。
更见风声无妓态，风流变动一园春。

夜听捣衣诗

杨泰师

霜天月照夜河明，客子思归别有情。
厌坐长宵愁欲死，忽闻邻女捣衣声。
声来断续因风至，夜久星低无暂止。
自从别国不相闻，今在他乡听相似。
不知彩杵重与轻，不悉青砧平不平。

遥怜体弱多香汗，预识更深劳玉腕。
为当欲救客衣单，为复先愁闺阁寒。
虽忘容仪难可问，不知遥意怨无端。
寄异土兮无新识，想同心兮长叹息。
此时独自闺中闻，此夜虽知明眸缩。
忆彼兮心已悬，重闻兮不可穿。
即将因梦寻声去，只为愁多不得眠。

◉ 出海复航

20 世纪 90 年代初，中华人民共和国外交部、国家海洋局、吉林省人民政府为推动恢复图们江通海航行权，从防川图们江口先后 3 次入海，对图们江下游江段和日本海出海复航进行科学考察。

试航考察　1990 年 5 月 28 日，由中华人民共和国外交部、国家海洋局、吉林省人民政府、延边朝鲜族自治州人民政府、珲春市人民政府 64 名专家、工作人员组成图们江试航考察团，分乘 9 艘船从敬信镇防川村沿图们江出海，对时隔 52 年（1938—1990 年）未通航的图们江口进行出海复航考察。此次考察是吉林省人民政府组织实施，对图们江土字牌以下河道和出海口外 2 千米内海域进行第一次初步试航考察。中共吉林省委、吉林省人民政府成立以吉林省副省长李德洙为组长的图们江出海复航试航考察领导小组。考察技术工作主要由国家海洋局第一海洋研究所负责，吉林省派有关专家参加。考察前，中朝边境会晤比较顺利，朝方对这次试航考察表示给予大力协助。在中苏会晤交涉中，苏方也同意中方试航考察意见，表示尽力协助。1990 年 5 月 28 日，22 名考察队员乘 9 艘挂着中国国旗的考察船离开防川沿图们江驶向日本海（苏联派 2 名边防军人于苏朝大桥下登船随行）。图们江河口段江宽、水深、坡降小、流速慢，离河口 5 千米左右处，江面宽约 800 米，可直观朝鲜和苏联导航灯塔。是日 8 时整，考察船驶到图们江口，由于船小浪大，有 5 艘船进入日本海 200 ~ 800 米，完成预定考察任务；14 时 8 分，所有船只安全返航。

科学考察　1991 年 6 月 3 日，中华人民共和国外交部、国家海洋局、吉林省人民政府、延边朝鲜族自治州人民政府、珲春市人民政府等有关专家、工作人员第二次对图们江、日本海海域进行科学考察。图们江下游及日本海科学考察是继 1990 年 5 月 28 日图们江出海复航考察之后进行的一次规模大、时间长、项目多、内容广的科学考察，由吉林省图们江下游及日本海科学考察领导小组和国家海洋局共同组织实施。考察工作贯彻国务院《关于对图们江下游及日本海进行科学考察问题的批复》和吉林省政府 1991 年 4 月 4 日在北京召开的图们江科学考察综合开发会议精神，做到中央与地方、内政与外交、军区与边防密切配合，协同作战，科学考察工作进展顺利。

考察交流 1993 年 9 月 3—30 日，为促进图们江下游地区开发，加强吉林省与日本海周边国家经贸合作和友好关系，以吉林省委副书记、延边朝鲜族自治州州委书记张德江为团长，中国吉林省图们江地区开发交流团一行 65 人，乘国家海洋局北海分局“向阳红 9 号”科学考察船，对朝鲜咸镜北道，俄罗斯滨海边疆区，日本鸟取、岛根、新潟和韩国江原道等环日本海地区进行考察访问。沿途停靠 5 个港口，航程 3209 海里，历时 27 天，考察组所到之处受到三国代表热情接待，环日本海航行与访问活动取得圆满成功。

湿地大雁(2016年)

文物胜迹

防川一带历史上为东北少数民族聚居地，肃慎等古老民族曾在这里繁衍生息。村域分布5处历史文化遗址：六道泡遗址（原始社会时期文化遗址）、黑顶子遗址（唐渤海国时期历史文化遗址）、水流峰山城遗址（唐渤海国时期遗址）、玉泉洞越狱遗址（抗日战争时期遗址）、回龙峰革命洞遗址（抗日战争时期遗址）。

防川一带有吉林省重点文物保护单位土字牌、龙虎石刻；延边朝鲜族自治州文物保护单位彭玉堂墓碑、回龙峰革命洞；珲春市文物保护单位中俄边界记号、圈河古墓群（辽金时期古墓葬）等；形胜有吴大澂广场、东方前哨瞭望塔、龙虎阁等。

◉ 遗址

六道泡遗址 该遗址位于防川一带附近六道泡北1.5千米处平坦山冈上，西北1千米为五道泡子养鱼场，东南为一片开阔沼泽地，属防川湿地，在防川风景名胜区内，遗址南北长约400米，东西宽约300米。六道泡遗址多年闲置，杂草丛生。2016年，珲春市文物部门考察时发现大量褐色夹沙陶片和布纹瓦片。在渔场场部西约50米坎下，有一处窑址，当地人称之为“窑地”，遗物有红烧土、泥质灰、陶片及木炭等。

据附近农民介绍，1931年东北沦陷初期，六道泡遗址西南部曾有石器出土，被德国传教士拿走。1937年，日本人又到此地发掘，结果不详。1979年，吉林省文物普查队在六道泡遗址西侧30米处进行试掘，出土石器、陶器、装饰品等一批文物。石器均为磨制，其中有石矛3件、石锛2件、石刀3件、石镞1件、翠坠1件、黑曜石打片1件。陶器有陶罐、陶杯、陶纺轮等，多呈红褐色，含沙量大，其中一件陶罐残片，敞口口沿下部装饰两道横排窝纹。吉林省有关专家根据出土文物分析，六道泡遗址出土文物与珲春市哈达门乡一松亭遗址出土文物相似，应该是一处原始文化遗存。从出土瓦

20 世纪末黑顶子遗址

20 世纪末水流峰山城遗址

片、石器、陶器等文物表明，该遗址被唐渤海国和辽金沿用，六道泡遗址也是渤海国和辽金时期遗址，窑址已被破坏。

黑顶子遗址 该遗址位于防川一带附近黑顶子屯西南 300 米处缓坡上。正南是一片开阔平原和沼泽地，东、西、北被黑顶子山（另名三角山）和五家山环抱。遗址东西长约 180 米，南北长约 150 米。1971 年，吉林省文物考察队对黑顶子遗址进行挖掘，出土文物有渤海国时期瓦当和陶器口沿。辽金时期遗物较多，有兽面瓦当 2 件、滴水瓦 3 件、宋代龙泉窑冰裂纹瓦器残片 1 片、清代青花瓷残片 4 片。遗址已被破坏，从残存基石和散落建筑材料，能看出有 3 处建筑址，根据分析遗物和吉林省专家鉴定，黑顶子遗址始于渤海国，尔后被辽金沿用。

水流峰山城遗址 该遗址位于防川一带北水流峰东约 3 千米处山脊上，此处为中俄两国界山。城北为峡谷，谷内小溪向北流入敬信镇龙山水库，城南临宽阔山谷，东依巴拉巴沙山，西依水流峰山南部支脉。

城墙为东西方向，因山势变化略显弯曲，山城长 1.5 千米，城墙系石块建筑，樯基宽 5 米，高 2 ~ 3 米。四周有 2 米宽左右壕沟，为当时城内驻守士兵过往通道。城墙东南侧修筑直径 12 米圆形碉堡，高出城墙 0.5 米。据当地老人介绍，此城流传着渤海国时期“白马上书”故事。根据山城形制和民间传说，吉林省有关专家断定，该城为渤海国时期山城。

玉泉洞越狱遗址 该遗址位于防川北 10 千米处。遗址略呈长方形，地势西高东低，处丘陵地带台地上。遗址长度为 19 米，宽约 14.5 米。1930 年，日本驻玉泉洞警察分驻所建在玉泉洞遗址中心。1973 年文物普查时，日本警察分驻所门前一块混凝土台阶西南处有一座较完整的混凝土结构地下弹药库被发现。

玉泉洞越狱遗址（2007 年）

回龙峰革命洞遗址（2017 年）

1930 年，日本驻珲春领事分馆在玉泉洞设有伪玉泉洞警察分驻所。1932 年 2 月，伪玉泉洞警察分驻所逮捕朴志荣等 12 名抗日志士，抗日志士被逮捕后第 16 天早晨，在朴志荣领导下，打死值班警察成功逃脱。这次越狱斗争中，朴昌宪壮烈牺牲，4 人重新被捕，朴志荣等 7 人成功逃脱，抗日志士转移到苏联沿海州地区。1933 年，朴志荣等人参加抗日游击队。

回龙峰革命洞遗址　该遗址在防川附近回龙峰西沟漫坡上，由东往西依次分布 3 处天然石堆，东侧石堆是抗日战争时期有名的革命洞（革命石窟）。石洞内高 1.5 米，南北长 4.8 米，东西宽 1.8 米。革命洞是天然石洞，洞口部堆满乱石，只能容一人出入。革命洞地处半山腰上，因常年被雨水冲刷，土沙流入，洞内面积日趋缩小，据当地老人回忆，此洞可以容纳 30 多人。

1930 年 9 月，中共珲春县委派宣传部部长金奎凤到敬信回龙峰发展高学俊等 3 人加入中国共产党，建立回龙峰党支部，党支部接受中共珲春县委金区委员会领导。回龙峰党支部发动广大群众，开展反帝反封建斗争，中共金区党组织工作人员以此洞为据点，于晚上下山进行宣传，发动群众，白天回到洞里隐蔽，抗日队伍不断壮大。1932 年 2 月 10 日，日本警察和伪武装自卫团（以下简称“日伪”）疯狂讨伐回龙峰，30 多名中共地下工作者和革命群众与日军周旋之后进入革命洞。日军采用拉网式搜索，没有发现目标。1933 年 2 月，金区回龙峰再次遭到日伪大讨伐，党组织转移到烟区（今烟筒砬子）抗日游击队。中华人民共和国成立后，革命洞经村民几次修复；1985 年，珲春市有关部门与村民共同出资，刻字立碑纪念。2012 年，回龙峰革命遗址被批准为吉林省重点文物保护单位和爱国主义教育基地。

圈河古墓群遗址　该遗址位于防川附近圈河西山北端山坡上，对面隔一峡谷与沙包头山相对，南面是水流峰北坡崎岖山地。距北坡 50 米有一条通往村部公路，路北是莲塘九曲，宛转西流，注入图们江。圈河古墓群顺山势自北向南排成两行，总面积约 3000 平方米。因常年雨水冲刷，墓葬封土无存，山坡积土厚达 1 米，挖土便可见石棺墓。石棺大小不等，均面向南侧，墓壁用未加工的石块垒砌而成，多呈长方形，长 2.3 米，宽 1.5 米，上盖是平整石板。据调查，现址古墓 20 多座，长期闲置，1970 年，圈河五队村民取石垒圈，搭建养猪场，破坏古墓原貌。1979 年 5 月，吉林省考古训练班试掘 2 座古墓，出土 1 件陶葫芦饰件和 2 个陶罐：其中一个陶罐口微残，口沿下有一凹圈，宽 1 厘米，灰色泥质，轮质，平肩、平底，通高 7 厘米，口径 6.3 厘米，底径 9 厘米。根据石棺形制和出土遗物，吉林省考古专家认为其属辽金时期古墓群。

◉ 文物

土字牌　位于防川国家风景名胜区内、中俄边界卧峰上。清光绪十二年（1886），吴大澂重勘中俄东部边界时重立土字牌。土字牌东是俄罗斯哈桑镇，西临图们江，图们江右岸是朝鲜豆满江市洪仪里火车站。土字牌高 1.44 米，宽 0.5 米，厚 0.22 米，为花岗岩石质。中方一侧正中竖向刻有“土字牌”3 个大字，其左侧竖向刻有“清光绪十二年四月立”8 个小字，俄方石碑正中刻有俄文字母“T”。据《中俄查勘两国交界道路记》记载，“牌下入土深一俄尺，约中国二尺三寸，四周地基用碎石筑成，外掘深沟，填满碎石和混凝土灰浆”。土字牌一侧为中国领土，另一侧则为俄罗斯领土。2012 年以前，土字牌为中俄界碑；2012 年以后，中俄重新勘界，土字牌为防川旅游景点和吉林省重点文物保护单位。

20 世纪 90 年代土字碑

龙虎石刻　位于防川景区龙虎阁内。“龙虎”二字为吴大澂在 1886 年与俄方重勘中俄珲春东部边界后题写。石刻高 1.40 米，宽 1.38 米，重约 6 吨，为花岗岩质。石刻正面平整，用双钩法镌刻着“龙虎”篆字，左下端刻楷书“吴大澂书”四字。“龙虎”二字浑厚有力、气势磅礴，为“龙蟠

光绪九年吴大澂手书“龙虎”二字

虎踞”缩写，寓意誓死保卫边疆，维护祖国尊严和领土完整，龙虎石刻为吉林省重点文物保护单位。

20 世纪 70 年代出土的瓦当

20 世纪 70 年代出土的铁刀

20 世纪 70 年代出土的瓷壶

出土文物 1972 年吉林省文物普查时，从防川山城古遗址、遗迹中出土的文物有瓦当、筒瓦、板瓦、花沿瓦、花纹砖、绿釉瓦、文字瓦等建筑构件。这些文物多呈灰色或黄灰色，也有红褐色，板瓦里均饰布纹，有些板瓦表面有绳纹，瓦当中莲花纹者最常见。其中花瓣底部用一条花线与中部乳钉外圆圈相连接，较为特殊，与珲春市马滴达寺庙遗址出土瓦当相同。此处还有乳钉忍冬纹瓦当、复瓣莲花纹瓦当、忍冬纹瓦当等。这一类瓦当出土数量很少，形状特殊，十分珍贵。

乳钉忍冬纹瓦当呈红褐色，边缘宽，具有高句丽瓦当风格。复瓣莲花纹瓦当则与唐代瓦当花纹相似，筒瓦多带榫头，榫头上有两道横向脊，板瓦很大，两头宽，长 0.40 米，宽 0.26 ~ 0.30 米，在两端边缘上多见指压圈线纹。花纹砖，是在青方砖侧面施蔓革纹。绿釉瓦多见胎质呈红褐色，表面施绿色和绿黄色釉，瓦上文字多印头或表面，阳文、阴文均有，单字多、双字少，正字多、反字为汉字，其中有些属于特殊文字，亦见符号。

从该城中收集到文字瓦有 30 余种，还有铁刀、玉石饰件、钉等武器与装饰品等。防川山城中出土文物分别存放在吉林省博物馆、延边朝鲜族自治州博物馆及珲春市文物管理所内。

彭玉堂墓碑 该墓碑位于防川北黑顶子屯西北约 1 千米处有一个隆起山冈，山冈南端立有清代防川屯垦骑尉四品官员彭玉堂墓碑。西北面矗立着黑顶子山，相邻五家山起伏于东北部，山冈东侧有一条小溪向西南流淌，正南面是一片开阔田野，一直延伸到水流峰脚下。

墓碑正南向，该墓为封土墓，封土高约 1 米，直径 4 米。墓碑花岗岩质，碑身通高 90 厘米，宽 42 厘米，厚 19 厘米；碑座与碑身一体，未加工，宽 60 厘米，厚 20 厘米。碑文共三行楷书，右款："安徽口上县人从军屯垦卒葬于此"，中款："皇清例封武略骑尉彭玉堂之墓"，左款："光绪十三年珲春屯垦局立石"。

《珲春县志·武备》记载：靖边军专为戍边而设。清光绪六年（1880），吉林将军铭安与钦差大臣吴大澂奏请设立防军分驻宁古塔（今黑龙江省宁安市）、三姓（今黑龙江省依兰县）、珲春要隘，吴大澂为督办边防大员驻扎宁古塔。《吉林通志》记载：光绪十三年（1887），清政府实行屯垦，寓兵于农，防止沙皇俄国蚕食防川一带。靖边军把前路步兵一营，马队一哨改为屯垦队，彭玉堂率珲春屯垦在黑顶子试办屯垦，是年垦地 140 公顷。彭玉堂积劳成疾，于光绪十三年（1887）冬去世。彭玉堂墓碑为珲春市市级文物保护单位。

形胜

吴大澂广场 建于防川国家级风景名胜区内沙丘公园北侧沙草峰上，距市区 55.8 千米。吴大澂广场呈正方形，占地面积 1.8 公顷。1886 年，中俄重勘珲春东部边界时，吴大澂据理力争，将沙皇俄国偷立于沙草峰上土字牌移至卧峰（土字牌现址），中国边界线向日本海方向前移 8 千米，为中国争得图们江出海航行权。

2002 年，珲春市人民政府为纪念吴大澂历史功绩，雕刻吴大澂石像，石像用花岗岩雕琢，高 9 米，宽 11 米，厚 6 米，下方刻有吴大澂生平事迹。2004 年，珲春市人民政

吴大澂广场（2008 年）

东方第一哨（2013 年）

府将吴大澂石像搬迁到防川沙草峰，建造吴大澂广场。该广场为防川国家风景区内重要景点和爱国主义教育基地。

东方第一哨瞭望塔 位于中国防川与俄罗斯边界山冈上，吉林省最东端边防哨所院内，塔高56.4米，砖石砌成，直圆柱形状。塔身上方书写着“祖国利益高于一切”。中华人民共和国成立后，多位党和国家领导人登上瞭望塔视察边境。1991年1月8日，时任中共中央总书记、国家主席、中央军委主席江泽民视察防川时，为哨所题词“守东北前哨，扬中华国威”，把哨所命名为“东方第一哨”。1995年6月23日，江泽民第二次视察防川时，再一次为哨所题词：“当好国门卫士，固我中华边关”，哨所官兵和防川村民在哨所院内树立一块石碑，上面刻江泽民为哨所题词。瞭望塔观察哨顶层装有高倍望远镜，中、朝、俄三国风光尽收眼底，如果天气晴朗，日本海亦清晰可见。

龙虎阁 于2010年9月开始建设，2012年8月投入使用。占地4800平方米，建筑面积8674.94平方米，总投资7000万元，共13层，总高度64.8米，青砖城墙仿古建筑。

龙虎阁一层设计为珲春数字展览馆，二层为防川历史展览馆，三层设纪念品店、咖啡厅、电子影像合影空间、服务台及售票处、电梯等候厅等，四层东北虎展览馆，九层为休息区、商品展示陈列区、珲春防川纪念品展示陈列区、收银台及合影照片领取处，十层则为一眼望三国瞭望台、第一缕曙光观景台，十一层是360度室内观光区（设有电子望远镜、电子展板景点介绍）等，十二层是贵宾区。龙虎阁南侧为演艺广场、西侧为龙虎阁广场。防川景区综合服务区与龙虎阁图们江边上修建有红砖甬道，供游人步行游览。

龙虎阁（2012年）

龙虎阁历史展览馆（2017年）

铁血防川

防川地理位置独特，位于中、朝、俄三国交界地带，见证中国近代的朝代更迭和丧权失地。

唐渤海国时期，防川属东京龙原府盐州管辖，设水流峰山城要塞，派重兵驻守，大武艺发兵至此讨伐黑水靺鞨。

辽金时期，金完颜阿骨打统一东海女真各部，元孛儿只斤皇子贵由等灭亡东夏国，均发兵防川一带。

清军入关后，将防川一带视为军事重地，清康熙五十三年（1714），设珲春协领，派兵驻守。

清光绪二十六年（1900），沙皇俄国制造庚子事变，侵占防川一带，统治达6年之久。1931—1945年，日本侵略者占领防川，掠夺资源，制造“张鼓峰事件”。

防川南望恨如山，浩浩苍波连九天。
千里神疆余咫尺，志士洒血战凶顽。

◉ 边陲驻军

八旗兵 清康熙五十三年（1714），清政府在珲春设协领，协领管辖镶黄旗、正黄旗、正白旗，三旗官兵部分驻守边境地带。协领隶属于宁古塔副都统，下设镶黄旗佐领、正黄旗佐领、正白旗佐领，三个佐领拨 15 人驻守防川、九沙坪。康熙五十四年，驻防川一带兵丁总数达 30 名。康熙五十五年，从宁古塔移驻珲春兵丁 40 人，其中有 10 人拨驻防川，防川一带驻兵总数达 40 人。

光绪十一年（1885）驻守边防的八旗兵

清乾隆十七年（1752），从三姓（今黑龙江省依兰县）移驻珲春甲兵60名，其中有10人拨驻防川，防川一带驻兵总数达50名。

乾隆二十五年，裁减吉林、打牲乌拉两处兵丁，增加防川、回龙峰、二道泡缺额之兵150名，防川一带驻防兵丁总数达200名。

乾隆二十六年，再次裁减吉林、打牲乌拉两处兵丁，增加边境缺额兵丁50名，防川兵丁总数达到250名。

清道光六年（1826），从防川一带移驻阿拉楚喀（今黑龙江省哈尔滨市阿城区，当时归吉林将军管辖）、拉林两处缺额兵20名，驻防川一带兵丁减至230名。

清同治元年（1862），从防川一带三旗佐领中选拔20名年龄在20～40岁的余丁充当副甲，分拨给三个佐领，补充增设卡伦（清代在交通要道上设立哨所）兵额，防川一带兵丁总数达到210人。

同治九年，添设五旗，防川一带边境地区增添甲兵40名，防川一带兵丁总数达250人。

清光绪十一年，从吉林、伯都讷（今吉林省松原市宁江区）、三姓、双城堡等地，抽调前锋部队，拨防川一带15人，防川一带兵丁总数达265人。

步兵　马队　清光绪六年（1880），吉林将军铭安与吴大澂奏请清政府，增设防军，设“巩、卫、绥、安”四军及靖边军，其中卫字军驻扎防川，靖边军中路两营驻扎珲春。是年8月，调宁古塔副都统德平阿、宣化练军统领郭长云先后到珲春。是年9月，抽调省属分巡各城之步兵、马队官兵1000人驻扎防川等地。10月，调呼兰副都统依克唐阿带领从伊通招募的满汉猎夫500人驻扎防川等地。11月，从三姓调步兵、马队官兵204人。12月，调省城新军一营20人驻扎珲春防守。驻珲春部队共有卫字军步兵二营，马队二营，靖边军中路中、左、右三营，步兵50名。

靖边军　清光绪十年（1884），驻扎珲春的卫字军马步四营改为靖边军前路；从原有靖边军中路队二营、马队一哨50人中挑选部分官兵组成西丹步队一营，定名为靖边中路，驻守防川；挑选西丹步队二营、马队一营部分官兵组成为靖边右路，驻敬信大肚川；挑选西丹马队二哨部分官兵组成靖边亲军第三营三哨驻珲春。珲春靖边军共有步兵七营、马队三营三哨。

是年5月，清政府命珲春副都统依克唐阿协助吉林将军办理珲春、宁古塔、三姓等地边务事宜。在珲春设帮办行营，下设门防、边务、行营、机械转运局、俄文书院等机构，帮办行营设办事人员149人。光绪二十六年以前，历任珲春副都统均兼吉林边务帮办；光绪二十六年后，撤销珲春副都统吉林帮办头衔。

光绪十三年，珲春派靖边军步队一营在黑顶子屯垦。到光绪十六年七月，开垦熟地144.3公顷，后垦务停办。光绪十四年，驻珲春靖边军有中、前、右三路步队六营、马队二营一哨，总人数4122名。光绪十六年，驻珲春地方靖边军共有八营三哨，其中步队六营、马队二营三哨，共有官兵3399人。光绪二十六年，沙皇俄国入侵珲春，靖边军战败，枪械均被俄军掠走，裁撤驻防川靖边军。

吉宁军 为防川等边境地区剿匪而设，珲春副都统春升于清光绪二十八年（1902）在吉林编成练兵马步一营250人，设营总、笔贴式。其驻扎点如下：

头参领马队，设参领、防御、骁骑校，兵50名，驻防川及边境沿线。

二参领马队，设参领、防御、骁骑校，兵50名，驻防杨木林子。

三参领马队，设参领、防御、骁骑校，兵50名，驻南秦孟。

四参领马队，设参领、防御、骁骑校，兵50名，驻珲春城。

五参领马队，设参领、防御、骁骑校，兵50名，驻守密江。

光绪二十九年，练兵马步一营改编为吉宁军，驻守宁古塔统领孟富德管辖。珲春设管带官、办事官、识字官。其改编后情况及驻扎地如下：

中哨，哨官1名、哨长1名、什长（管理10兵丁名）8名、兵勇72名，驻扎珲春。

前哨，哨官1名、哨长1名、什长8名、兵勇72名，驻扎防川一带边境。

右哨，哨官1名、哨长1名、什长8名、兵勇72名，驻扎杨木林子。

左哨，哨官1名、哨长1名、什长8名、兵勇72名，驻扎东岗子。

后哨，哨官1名、哨长1名、什长8名、兵勇72名，驻扎密江。

吉强军 20世纪初日本占领朝鲜后，不断向中国东北扩张侵略，为加强中朝边界防川一带防务，吉林将军于清光绪二十九年（1903）添招吉强军四营，分驻防川边境地区，由吉林将军统辖。光绪三十二年，又调吉强军左营驻防川，隶属驻延吉统领节制。驻珲春左营有营管带官（兼中哨哨官）、办事官、字识官，下设中哨、前哨、左哨、右哨、后哨五哨，分驻于黑顶子、防川、哈达门、密江和东沟4处，每哨设哨官、哨长各1名，什长8名，兵勇72名。

巡防营 清光绪三十三年（1907）三月，东北实行建置改革，军队亦按关内体制改编。 驻防川一带吉强军改为巡防营，每营由五哨改为三哨，调延吉之巡防营前路第三营到防川驻防，营部设管带官、书记长各 1 名，司书生 2 名。每哨设哨官、哨长、司书生各 1 名，什长 10 名，兵勇 90 名，中哨驻大肚川，左哨驻杨木林子和哈达门，右哨驻大荒沟。

吉林二十九团 清光绪三十四年（1908）四月，吉林常备陆军第一协第一标二、三营到防川一带驻防。二营驻中朝边境黑顶子、九沙坪、密江、甩弯子、嘎呀河、艾苇甸子和蕨牌。三营驻中俄边界柳树河子、三道沟、二道河子、黑顶子、大肚川、玻璃洞、圈河和洋馆坪。是年 8 月，在珲春城北修建北大营营房，建砖坯瓦房 327 间，木板房 18 间，于宣统二年（1910）十月竣工。吉林派 10 名宪兵驻防川，隶属东三省陆军警察队第二营第三队。

1912 年，珲春陆军仍沿清末体制与驻防编制，由第三镇九十标第一营与第三营驻守。1913 年，第二营由外地调入防川，防川共驻扎三营陆军。1914 年春，调第二营到外地从征。是年 8 月，改标为团，驻珲春陆军为九十团第一、三两营。

1915 年 8 月 7 日，设延吉珲春镇守使，驻延吉，于珲春原副都统衙门旧址设行署，驻珲春陆军改编为吉林第二混成旅步兵第二团，团部及第一、三两营部，设在珲春城北大营，县城外驻地有黑顶子、三道沟、二道河子、大肚川、阳关坪、玻璃洞、甩湾子、密江、凉水泉子和嘎呀河。1917 年 10 月，调团部及第一营驻守吉林，留第三营驻守珲春。1918 年 3 月，调改编警备队第一营到防川驻防，7 月，全营调入省城，是年 11 月，调省工兵独立营到防川驻防。

1921 年 1 月，驻珲春陆军改编为东三省陆军步兵第二十九团。全团三营分驻全县各地，团部设在县城内原副都统衙门旧址。第一营驻守珲春县城，营部设在北大营。第二营营部设在春化乡西土门子，驻防春化乡东土门子、桦树嘴子、分水岭各一个排，五道沟一个连。第三营营部设在北大营，驻防纯义乡二道河子两个排，敬信乡防川一个连，勇智乡头道沟、哈达门各一个连，德惠乡大荒沟一个连。1926 年，珲春驻军改为东北陆军步兵第十三旅二十九团，直至 1931 年“九一八”事变。

保卫团 1912 年，为防匪患，承袭清代民团旧制，在防川一带设清乡团。1915 年，清乡团改为保卫团，设正副团总、保董、牌长等职（无脱产团丁）。1919 年，下设脱产团防队，其团丁全部来自农村。凡耕种自有土地 8 公顷以上，租种土地 15 公顷以上农户或种地虽不足额，但家有枪支者均出丁 1 名，如不愿出丁的人家被准予雇人顶替，其中家无成丁和老幼残及独生子女家免征。1920 年，将原有团防队改编为第一队，增设 1

名防团丁编为第二队。全团设总防长 1 名、队长 2 名、副队长 2 名、牌长 10 名、雇员 4 名，团丁 180 名。其驻扎地点及人数如下：第一队，防川 15 人、圈河 15 人、二道泡 10 人；第二队，县城 60 人、英安 10 人、大肚川 10 人、甩湾子 20 人、密江 20 人、五道沟 20 人。

1924 年 1 月，从各队团丁中抽编 1 人组成骑兵，设队长 1 名，骑兵 40 名，均自备鞍马，所需草料费用从队内粮饷中拨付。1921 年，设保卫附团。各户除独生子家庭外，凡有土地 5 ~ 10 公顷者出团丁 1 名，全县共设 300 名团丁，分 7 个防所，平时每所有 5 ~ 10 人值勤，其余人在家务农，遇有紧急事情召赴防所应役。1923 年，在县城设商团，从各商团挑选 84 名团丁，轮流培训、服役。1929 年，中苏边境形势紧张，建立临时乡团，全县共招募 220 名团兵，分布各乡重要地方驻守，于是年解散。

民兵抗日赤卫队 1931 年“九一八”事变后，防川村民在中共珲春党组织领导下组成一支赤卫队，与黑顶子、九沙坪保持联系。赤卫队是半军事武装组织，平时主要担负站岗、放哨、通信等任务，必要时可直接参加战斗。根据地以外地区发挥游击队作用，成为主要抗日武装队伍，金区（敬信乡一带）赤卫队组建较早，战斗力很强。1931 年秋，金区党组织领导赤卫队袭击圈河地主高千日家，高千日当场被击毙，赤卫队没收其财产，配合游击队袭击九沙坪地主庄院，缴获枪支，又到九道泡处决日本特务蔡日锡。

1932 年 5 月至年末，金区领导赤卫队打回龙峰海关、玉泉洞领事馆，铲除海关关长和日本特务金龙学，缴其枪支弹药。10 月，中共珲春县委派金奎凤、高学俊等到烟筒砬子西沟建立“烟区”，组建起烟区赤卫队。12 月 21 日，为抗击日本侵略军，大荒沟群众集结在北沟二岔子学校，成立苏维埃政府，组建赤卫队。1933 年 1 月，区苏维埃政府改为统一战线人民革命政府后，各地普建赤卫队。 1934 年夏撤销荒区、烟区主要根据地，抗日军民转到金仓开辟新区。1935 年 3 月，撤出新区，向南满、北满出击，群众疏散到敌占区，赤卫队组织在防川一带解散。

伪满国境监视队 1934 年，伪满国境监视队进珲春驻扎，由日本关东军负责操纵，队部设在城区（今县医院路北），下属四个连：第一连驻防川，第二连驻马滴达，第三连守卫队驻县城，第四连驻黑顶子；共计 600 多人，围剿抗日部队。

伪满混成七旅二营 1935 年 6 月，伪满第二军管区（吉林）所辖混成第七旅（延吉）二营奉命进驻珲春，与前驻曹瑞徵所率热河部队接交换防，营长孙富有率机枪连连长以下 44 名官兵驻黑顶子，机枪连中尉排长李兴海以下官兵 27 人进驻防川，二营六连上尉连长张绳武等 64 名官兵驻镇安保五道泡，六连一排中尉连长关富庆以下 30 名官兵为保该处“集团部落”临时进驻六道泡，二营四连上尉连长关镇藩以下 95 名官兵驻敬信保护边防。

抗日游击队 1932 年 1 月，在中国共产党珲春县委领导下，成立珲春县军事筹备委员会，统一指挥全县抗日斗争，大荒沟头道岭组织成立一支 15 人的反日别动队（以下简称“别动队”），主要任务是夺取日军武器，扩大抗日队伍。6 月，别动队发展到 30 多人。7 月，在防川一带成立别动队，后改编为金区游击队，下属两个中队，中队以下分编成几个小队。

1932年3月，中共烟区区委，成立烟筒砬子突击队。7月，改名为岭南游击队。11月，抗日游击队伍发展到 130 多人。根据形势发展需要，中共珲春县委决定，将岭南、岭北两支游击队，合编为珲春县抗日游击队，下设中队和小队。12 月，防川一带成立由中共珲春县委领导下群众团体，妇女会和少年先锋队。少先队作为抗日游击队预备梯队进行军事训练，执行传令、侦察、放哨等任务。

1934 年 5 月，珲春县总部设在大荒沟北沟，隶属于中共东满特委，少先队改编为东北青年义勇军，设政委、书记、队长、副队长、参谋各 1 人，下设 2 个中队，中队设政委、中队长和参谋。义勇军军旗写着“东北青年义勇军”7 个大字，队员佩戴“不怕死、不投降”白字红底袖章。每个小队配备手枪 1 支，子弹 6 发，别尔弹长枪 5 支，弹药 50 发。以防川一带山林为根据地，站岗放哨，保护革命群众，筹集粮饷等军需物资，伺机袭击日伪警备机关夺取枪支，无战勤任务时进行军事训练。

解放军 1958 年 4 月，建立珲春边防总站，辖凉水泉子、孟岭、甩湾子、沙坨子、二道沟、防川 6 个分站及 1 个警卫连，隶属延边军分区。12 月，根据沈阳军区、吉林军区命令，将边防总站和分站交公安部门管。1962 年 10 月，以珲春县公安局边防股和边境派出所为基础，成立中国人民公安部队吉林省总队珲春中苏边境工作总站。1963 年，先后建有青龙台、分水岭等 11 个边境工作站和通信、边防两个连，全员 616 人。

1969 年 6 月，根据中央军委和沈阳军区指示，由二十三军、三十九军，沈阳军区后勤部、装甲兵及部分野战部队兵员组建成中国人民解放军沈阳军区步兵某团。1970 年，中国人民解放军沈阳军区步兵某团改称中国人民解放军吉林省军区某团，在防川驻防 1 个连。1983 年 1 月，改称吉林省军区边防团，仍为原代号。

解放军（2012 年）

20 世纪 80 年代预备役

预备役 《中华人民共和国兵役法（草案）》规定："陆、海、空三军，服满现役后转为预备役"。1956 年 8 月，全县普遍进行预备役军士和士兵登记工作。"文化大革命"期间被迫停止预备役登记工作。

1982 年 4 月，根据省军区〔1982〕56 号文件精神，恢复预备役登记工作。

为加强边防建设，应对突发事件，有利战时增加兵员，珲春县人民武装部于 1987 年 3 月 7—28 日，组建成立吉林省军区珲春预备役独立营。以现役军官为核心，转业、退伍军人为骨干，基干民兵为基础，组成中国人民解放军编制序列后备部队，由延边陆军预备役守备师代管，珲春县人民武装部部长许炳奎任独立营营长，政委翟运新任独立营政治教导员。

◉ 边陲民兵

民兵自卫队 1946 年秋，防川一带在土地改革工作队领导下，于 10 月组建防川民兵自卫队。全村 50 多名普通民兵和自卫队队员接受珲春县土地改革工作队检阅。12 月，金区普遍建立起民兵自卫队组织。1947 年 6 月，防川重新组建民兵自卫队组织，16 ~ 45 岁者，除地主、恶霸、日伪宪警特不吸收外，不分性别、民族、宗教信仰，均可登记编入自卫队，按居住情况编成大、中、小队，持红缨枪执勤。1949 年 4—5 月，按吉林省军事工作大纲，全村组建 80 人模范自卫队取代民兵和一般自卫队。以村居民组为单位，分别编成中队、分队和小队。1950 年，朝鲜战争爆发，珲春的中朝边境进入战争状态。11 月，东北军区指示：人民武装工作当前主要任务是大力组训民兵，动员民兵时刻准备参军参战。防川村模范民兵自卫队发展到 100 多人。

1949 年 5 月，在中央“逐步地、适当地改变民兵制度”精神指导下，自愿参加民兵组织制度变为普遍参加民兵制度。防川建民兵中队 4 个、分队 8 个、小队 12 个。

1950 年 6 月，根据吉林省政府指示，珲春县以基层人民武装组织为中心，在模范自卫队中进行动员，扩军 172 人支援人民军队建设，防川有 18 人应征入伍。

1965 年 7 月 23 日，防川村掀起抗美援朝参军参战热潮。

基干民兵　1968 年春，为响应毛主席“全民皆兵，大办民兵师”号召，防川一带发展武装基干民兵工作进入高潮。1969 年 4 月，防川组建基干民兵连。

1975 年 1 月 15 日，珲春县民兵总指挥部成立，与县人民武装部合署办公。总指挥为县人民武装部部长张魁刚，副总指挥为武装部副部长吕祥、李成福和县公安局局长谭明德、县工会主席朴元俊；政治委员为县人民武装部政委金东满，副政治委员为武装部副政委崔汉英、李东浩。下设组训、政工、秘书组。工作任务是组织基干民兵参加社会阶级斗争，检查指导民兵执勤、巡逻，领导防川等直属值勤分队开展工作。

1979 年 9 月，珲春县民兵基干团组建。

1981 年 8 月，缩小参加民兵年龄范围，防川男性由 16 ~ 45 岁改为 18 ~ 35 岁。其中基干民兵降为 18 ~ 24 岁，女性民兵参照基干民兵年龄定为 18 ~ 23 岁未婚青年，民兵干部年龄适当延长。

20 世纪 60 年代民兵

20 世纪 60 年代基干民兵大会

◉ 边陲战事

忠义军抗俄 清光绪二十六年（1900）七月，沙皇俄国趁八国联军侵略中国之际，企图独占东北，集中辽东半岛和黑龙江乌苏里江沿岸军队17万人，以“保护铁路”和“剿匪”为借口，从南线、北线和西北3个方向，分兵7路向中国东北进攻。

面对沙皇俄国疯狂侵略和迫害，防川人民英勇不屈，进行顽强反抗，刘永和率领忠义军就是其中一例。当俄军大举进犯东北全境时，刘永和只身从防川潜入海参崴地区，发动铁路工人和无业游民，组织起一支抗俄队伍，不断袭扰沙皇俄国侵略者，烧毁其军用仓库、兵营和豪绅住宅。刘永和队伍得到当地华人支持迅速壮大。俄军进犯防川时，刘永和率领100多人，把聚集在敬信五道泡300多名难民护送到南岗（今延吉）。中秋节前后，刘永和率领100多名士兵到南岗小营子，部队驻扎在陈家大院，操练士兵，准备抗击俄军。

忠义军使用的武器大部分是抬枪，抬枪一次装一斤铅弹，射程远，威力大。刘永和队伍英勇善战，打仗时队伍分成前后两排轮流装弹放炮，令沙俄侵略者望而生畏。为加强防御，刘永和联络当地百姓组成团练会，在平顶山部署兵力，狙击磨盘山方面进犯俄兵。珲春副都统英从珲春撤下靖边队，散驻在依兰沟等地，按兵不动。刘永和队伍与团练会在防川一带孤军作战二十多天，迎头痛击来犯之敌。团练会是当地老百姓组织起来的队伍，每户出1名壮丁，由官府配发洋炮等简陋武器。头目称老总，老总下面还有若干头目，团练会老总叫金光闪，是个目不识丁的农民。光绪二十六年七月，金光闪带领40多名团练会成员，同刘永和忠义军在防川一带山上修筑工事，狙击俄兵。

珲春副都统在防川一带驻有500名官兵，俄军侵略时，副都统官兵一枪不发，不战而退。吉林将军长顺下令调走架在北山上的火炮，破坏爱国军民武装抗俄斗争。刘永和队伍与团练会孤立无援，寡不敌众，转移到吉林、桦甸、磐石等地。吉林将军长顺投降俄军，对靖边军和新军实行裁撤，激起官兵愤慨。刘永和部队与清军决裂，不受官饷，不归其节制，自树义旗，改称忠义军。进入通化地区，与宁安镇东军杨玉麟和海龙、通化、朝阳一带义和团刘联合。各队推举刘永和为首领，提出“御俄寇，复国土”战斗口号，同沙皇俄国和清军展开斗争。到海龙后，刘永和队伍发展到40个营、20万人左右。忠义军英勇奋战，引起俄军恐慌。俄军勾结盛京将军曾祺从盖平、怀德、海城、夏州调马步兵十队，向忠义军发动疯狂进攻，忠义军各部浴血奋战，俄军损失惨重。

救国军抗日 1932 年 4 月，防川一带组建抗日救国军，各界爱国人士纷纷加入队伍。为解决枪支弹药。

1932 年夏，救国军十三团二营五连连长关富庆奉命袭击珲春城。关富庆从连里挑选出 60 多名精壮战士，从五道沟秘密出发，沿三道沟里去大荒沟，绕到青沟子进行休整后，派出 2 名侦察员，摸清珲春城里日伪军警的活动规律，同伪保卫团起义士兵联系，决定在夜幕中突袭珲春城日军。天刚擦黑，队伍从青沟子出发，行 40 多里路程、3 个多小时到达目的地。在关富庆的指挥下，救国军士兵进入珲春城西门外，突袭日军，缴收其武器，队伍进西门外警察分所，缴收日伪警察枪支弹药。救国军带上武器进西门折向牛马行，途中救国军把鞭炮放进空铁筒中点燃，日伪军晕头转向，不知城里来了多少部队，缩在营房里胡乱放枪。救国军队在南门里同保卫团 30 多名起义士兵会合，带着战利品顺利返回防川驻地。

防川救国军士兵所用武器，均为民国时期统一配发。后加入救国军爱国志士，使用武器是缴获而来，有大抬杆、老洋炮、套筒、别拉弹、连珠等，其中有一种火炮，是清军废弃的前膛炮，人称“母猪炮”。1932 年 7 月 12 日，防川救国军得到日军要讨伐的情报后，在防川路旁山头，架好前膛炮，装上药包，炮口里填满铅丸和碎铁砂，做好伏击准备。中午，救国军看到日军身影，约有 100 多人，日军指挥官骑着马，挎着刀，脖子上挂着望远镜，几匹马驮着机枪和小炮，夹在队伍中间。当日军进到伏击圈后，救国军指挥员下令点炮，炮手用火绳点燃炮捻儿，随着一声巨响，铅丸铁弹射向敌群，日军指挥官当场毙命，士兵死伤 30 多名。日军一阵慌乱，盲目向救国军阵地放枪开炮。救国军士兵中有很多是打猎出身，枪法很准，弹无虚发，接连又打倒好几个日军士兵。日军见形势不妙，逃回珲春城。翌日，救国军又用“前膛炮”击毁日军 1 架低空飞行侦察机。

1932 年 8 月 11 日，天刚放亮，400 多名装备精良日军摸到防川，向防川救国军营地发起进攻。驻守在防川一带一营救国军，实际人数不足 200 名，枪支弹药不足，寡不敌众，仅凭借熟悉地形，有利地势，向沟里突围转移。

日军侵略防川 1932 年 2 月 9 日凌晨，日军讨伐队在汉奸金奎炳带领下，扑向敬信乡防川村，把村内男女老少全部赶到柳光根家后院，在后院草堆上燃起熊熊大火。金奎炳和几个日本士兵从人群中拽出抗日志士及其家属高顺爱（女）、金奎勇、金奎善、金京珍等逐一拷问。日军讨伐队以为能逼供出防川党员、党组织活动情况，却一无所获。讨伐队用尽各种手段进行严刑逼供，抗日志士宁死不屈，最后日军用刺刀将金京珍、金奎勇、金京桂、金奎善等杀害。

敬信乡九沙坪村几个亲日派秘密勾结日本客商，准备采伐九沙坪村一带林木。1932年3月24日，村民在九沙坪小学校召开群众大会，揭发亲日分子的阴谋。亲日汉奸怀恨在心，将大会情况密报到珲春领事分馆。3月25日夜，日本驻珲春领事分馆派出警察，伙同敬信乡玉泉洞武装自卫团，合围九沙坪村。徒手村民被日军捕去50余人。在珲春县城审讯后，30余名村民被押送到朝鲜汉城、清津监狱。这些无辜群众被监禁4~15年。

1932年4月5日，日军侵占珲春。为镇压珲春各族人民的反抗，巩固法西斯殖民统始，日军向珲春各地派驻守备队、宪兵队，设立特务机关、协和会、特别工作班、宣抚班等特务组织，设警察署、分驻所、森林警察队、国境监视队、武装自卫团等，残酷地镇压各族人民。

1932年4月11日拂晓，黄云鹤勾结防川武装自卫团与珲春领事分馆警察包围敬信乡防川村，村民全被集中到小学操场里。日军把金昌勋等7人押到山上，行刑。

1932年7月20日，敬信乡六道泡村召开党支部会议，混进党内汉奸金炳律派人向日军告密，10多名荷枪实弹的日本士兵包围会场，金昌建、金华实、李珍变、石长哲等党员及几名抗日志士被杀害。

1932年9月18日夜晚，敬信乡防川村地下党支部，召集各抗日团体开会，声讨日军侵占防川罪行，讨论如何开展反日斗争工作。会议消息泄露，翌日凌晨，日军在张鼓峰架起机枪，把村民集合到一起。汉奸元戴舜在日本军警面前将金时俊、朴今柱、崔汉旭、崔允瑞、姜锡铉、崔龙益、金炳国、郑仁伍、金江女、崔仁淑、崔汉赫11人押到山前用机枪扫射。

1933年3月，日军讨伐队在敬信乡玉泉洞武装自卫团配合下，由汉奸金日带路，包抄敬信乡防川村。中共党员洪龙得、抗日志士金昌烈、金斗万、金基龙等被捕，日军当即点燃柴草，把几位抗日志士推进火堆。

1934年5月，日军为切断防川一带村民与抗日游击队联系，把有共产党员活动或便于共产党员活动的村屯，强行搬迁到集团部落里。1934—1935年，日伪统治者在珲春县建烟筒砬子、骆驼河子、马家店、黑顶子、金塘、五道沟、河东、葫芦鳖、雪带山等15处集团部落。各部落四周用土坯子堆砌起来。墙四面安装铁门。越墙出入者即以“通匪”论处。大门前设岗哨昼夜值勤，随时检查过往行人。外来人出入要搜身、登记造册。部落人外出，须经部落长、警察所长批准，登记后方可外出。1936—1938 年，相继建成敬信乡四道泡、小盘岭，板石乡火龙，马川子乡依力、南山、电线，春化镇大六道沟、小六道沟、兰家趟子、杜荒子，英安镇大荒沟乡密江、中沟、三安、中岗子，中心等 18 处集团部落。建成的集团部落由军、警、特务及下属自卫团控制。集团部落是日本侵略者巩固其法西斯殖民统治的重要组成部分之一。1933 年 6 月，成立庆源宪兵队珲春分遣队，隶属朝鲜庆源郡宪兵队领导。是年，在敬信乡设宪兵分驻所。1935 年，宪兵分遣队升格为宪兵分队，对防川一带百姓进行残酷统治。

1938 年“张鼓峰事件”后，日本侵略者为加强对中苏国境警戒，在防川、九沙坪、大肚川等地增设宪兵分驻所。宪兵队主要任务是：协助日军指挥警察进行“讨伐”，监督防川一带日伪军警，暗中发展特务，搜集各方面情报，进行法西斯殖民统治。防川是边境特殊地带，日本宪兵队以此地为中心，建立特务组织，建立完整情报网。在防川、九沙坪、大肚川、玉泉洞、四道泡、回龙峰等有村民居住地方安排密探特务。在敬信各个村屯屠杀爱国军民。

人民自发抗日战事 1910 年 8 月，日本帝国主义吞并朝鲜后，把侵略魔爪伸向中国东北。1916 年 3 月，日军在防川一带设立巡警局。巡警局以维护地方治安为借口，征收各种苛捐杂税，敲诈勒索、盘剥百姓。防川村民对巡警局的暴行义愤填膺，采取多种方式同巡警局进行顽强斗争。1916 年 4 月 5 日夜晚，村民趁哨兵睡觉，纵火将巡警局房子烧毁，把巡警局逐出防川。

1917 年俄国十月革命胜利和 1921 年中国共产党成立，极大地鼓舞了防川人民反日斗争气势。1919 年，日军在玉泉洞设立特务组织，疯狂镇压防川人民反日斗争。2 月 21 日，驻朝鲜庆兴郡的日军讨伐队向防川进行讨伐。此次“讨伐”因叛徒吴基云告密，金弘锡、金世吉、韩奎良、朴仁权、朴铉奎、金胜世等 7 名抗日志士被捕，并关押在金塘私塾。日军对抗日志士进行严刑拷打，但没有得到任何情报，最终残忍地将 7 人杀害，制造了“七人惨案”。2 月 25 日，日军讨伐队又把防川村 15 岁以上的群众强行赶到玉泉洞领事馆院子里进行逼供，防川村民面对日寇的严刑拷打坚贞不屈，讨伐队没有证据将村民放回。

1931 年夏，村民崔在明发现一个能容纳 30 多人的天然石洞。村民利用这个石洞，召开各种秘密会议，印发传单，进行抗日活动，巧妙地同日军周旋，躲避日军一次次讨伐。1933年春，金区区委主要领导人安尚吉（又称安吉），为组建中共党支部到防川，患上传染病，被安置在石洞里。安尚吉白天躲在石洞里养病，晚间召集金斗岩、金奎燮等干部召开秘密会议，研究组建党支部事宜。村民们在区委的领导下积极开展抗日活动，越江到朝鲜联系金德顺，从柳亨根、柳胜根开设的商店购进布匹、鞋、纸张等物品，从医师金仁洙处购入药品送给抗日游击队，支援前线抗日斗争。妇女和儿童们冒着生命危险，想方设法把秘密信件藏在发髻、破棉袄处，巧妙地避开日伪军的监视和搜捕，将信件送给抗日游击队，顺利完成传递任务。防川党支部广泛发动群众，开展减租减息斗争，没收汉奸金桂凤、金河京、地主韩道义的粮食，分给贫苦农民。

1932年秋，防川游击队突袭玉泉洞领事分馆派出所，处决汉奸保善。是年10月，又袭击五家子，处决汉奸金龙学。1933年1月，游击队在西架山和防川，处决地主朴公飞和汉奸董用男、金河珍，打击日伪军嚣张气焰，大长反日群众革命气势。从1932年开始，日军向金区进行疯狂“讨伐”，杀害抗日干部和反日群众。1933年2月9日凌晨，日寇纠集龙井讨伐队和玉泉洞武装自卫团，在叛徒金奎炳带领下，向防川讨伐。日伪军一进屯，便焚烧房屋、草垛，挥舞刺刀把全村老百姓强行赶到柳光根院子里，将抗日干部及其家属金奎用、金奎善、金京珍、高顺爱等关在屋里进行拷打审问，寻找党员行踪和组织秘密，金奎用等人被打得遍体鳞伤，在日伪军面前仍临危不惧，视死如归。日军无计可施，把金奎勇、金奎善、金京珍3人绑在牛车上押到西沟杀害。当天，金成男、金男善、金致益等准备到秘密石洞去躲避，在半路与讨伐队相遇不幸被杀害。日军讨伐队又在防川一带制造“六人惨案”。

中共领导组织抗日战事　1928年2月，中共吉林省派工作人员到延边建立党组织。9月，在中共东满区委领导下，以珲春县立第一小学为中心设珲春支部。1930年8月，成立珲春区委，书记为崔昌福。10月，中共珲春县委在大荒沟清水洞正式成立，书记为刘建章，下设4个区委，陆续成立多个反日团体。在1931年“秋收”斗争和1932年“春荒”斗争中，珲春党组织得到发展。5月，成立中共金区委员会、盘区委员会，在中国共产党领导下，防川人民掀起反对日本帝国主义侵略斗争热潮。20世纪30年代，在抗日斗争的艰苦岁月里，防川村朝鲜族人民同各族人民团结一致，并肩战斗，前赴后继，进行艰苦卓绝的斗争，为抗日战争胜利付出巨大的代价。

1930年秋，中国珲春县委宣传部部长金奎凤受党组织派遣到防川开展斗争，首先把高学俊、金奎权、柳兴京3人发展成为中共党员，在防川一带建立中共珲春县金区（敬信区）区委，由高学俊担任区委书记。金区区委下设组织部、宣传部、妇女部、通信处等机构，另设青年团、反日会、农民协会、儿童团等群团组织。区委成立后，相继发展 70 多名中共党员，先后成立西支部（防川支部）、南支部、北支部、东支部 4 个党支部，西支部书记是金奎权。防川人民在中国共产党领导下，开展轰轰烈烈的反帝反封建斗争。

1931 年秋，金区区委书记高学俊到防川召集秘密会议，传达中共珲春县委关于夺取武器、扩建抗日武装队伍指示，研究从日伪军手里夺取武器装备计划。区委发动群众进一步掌握整个金区区内地主、汉奸们手里的枪支情况，用木枪代替真枪，乔装打扮冒充宪兵队、自卫团等，智取伐登税关“七星子”手枪，夺取陈姓地主德制盒子枪、步枪、猎枪和侨民牧师金太旭步枪。1931—1932 年，共夺取长短枪 25 支，建立金区游击中队，中队长为朴志荣。金区游击队在朴志荣指挥下，利用夜间偷袭玉泉洞，处决汉奸 5 人。

1932 年 9 月，驻珲春城日军派出一个联队，由大佐军衔联队长带领讨伐防川。日军在途中遭受突然袭击，人员伤亡惨重，溃散逃回。

解放防川 防川自古为中国东北边疆沿海村落，唐代为东北亚“海上丝绸之路”起点。清咸丰十年（1860），沙皇俄国通过不平等条约《中俄北京条约》，割走防川全部沿海地带，防川变成内陆边境。光绪年间，沙皇俄国在此设军事设施。光绪十二年（1886），吴大澂东部勘界谈判，通过据理力争，收复失地。光绪二十六年，沙皇俄国发动庚子事件，统治防川六年多时间。

1931 至 1945 年 8 月，日军占领防川 14 年之久，掠夺资源，压迫人民。1945 年 8 月 9 日，苏联红军进入防川一带，日本宣布无条件投降，防川光复。1945 年 11 月 15 日，中国共产党领导的珲春县政府成立，防川解放。

◉“张鼓峰事件”

起因 二战前，德国、日本是欧亚两大战争策源地，在亚洲，日本将侵略矛头指向中国。甲午战争以后，日本对中国发动侵略战争强化了日军的侵略意识和“建功”思想。在日本军界内部，存在南进中国和北攻苏联两派不同意见。在欧洲，苏联一方面防范德国入侵，另一方面在亚洲时刻注意日本动向，捍卫其远东利益。日苏之间围绕着各自在中国东北的利益，不时纠缠和博弈，20 世纪 30 年代中后期，日苏在中苏边界不断发生冲突。1932—1934 年在中苏边境，日军与苏军发生 152 起纠纷，双方纠纷规模和强度越来越大。

张鼓峰历来是中国领土，清咸丰八年（1858），沙皇俄国在与清政府签署《中俄瑷珲条约》时，故意借条约不同文本偷偷把这一地区窃取。条约中文文本显示，按条约中划定国界，张鼓峰是中国领土。条约俄文文本则把张鼓峰划归沙皇俄国版图。光绪十二年（1886），沙皇俄国与清政府签订《中俄珲春东界约》，边境线通过张鼓峰东侧山麓。宣统元年（1909），沙皇俄国珲春边务处同驻洋馆坪中国军队共同绘制地图，边境线也是通过张鼓峰东侧张其峰（俄国山名为长池）以东地区，走向是由南到北。宣统三年（1911），俄国参谋部绘制 1:84000 地图，边境线与宣统元年（1909）地图标注边境线相同。1915—1920 年，东三省陆军测绘局发行地图，边境线比《中俄珲春东界约》订立边境线略为偏东。20 世纪 30 年代初，张鼓峰和沙草峰作为中国领土，被划入珲春县界内，主要根据为：①按照《中俄珲春东界约》，边境线通过张鼓峰东侧山麓。②按照俄军同驻洋馆坪中国军队共同绘制地图，边界线通过位于张鼓峰东侧长池（哈桑湖）以东地区，走向是由南到北。③宣统三年，由俄国参谋部调查并绘制地图，缩尺 1/84000，边境线和上述②中边境线相同。④在 1915—1920 年东三省陆军测量局发行的地图中，边境线是通过比上述①中边境线略为偏东处。俄方却不提俄国参谋部绘制的地图，而主张按《中俄珲春东界约》规定边境线通过哈桑湖西侧，认为张鼓峰属于苏联领土。

1935 年 6 月 3 日，11 名日本侦察队士兵与 6 名苏联国境警备队士兵在珲春县杨木林子发生枪战。1936 年 3 月 15 日，9 名日军侦察队士兵在珲春县长岭子中苏边界巡逻时，遭到 8 名苏联国境警备队士兵突然袭击，日军 3 人负伤、2 人失踪。在中苏边界地段发生过绥芬河北观月台事件、密山金厂沟事件、东宁县乌蛇沟子事件、东宁县张殿英事件、干岔子岛事件等。这些边境武装冲突，导致苏军、日军各有伤亡。

1937 年 8 月 21 日，苏联与中国南京政府签订《中苏互不侵犯条约》，日本怀疑苏联为牵制日军在中国作战，可能在苏、中边境地带挑起武装冲突。1938 年 6 月 13 日，苏联远东地区内务人民委员会委员（内务部长）格利希·萨莫伊奇·留西科夫为逃避苏联“大清洗运动”，从中苏边界珲春县长岭子地段进入中国境内。留西科夫先后被日本驻朝鲜第十九师团押解到汉城（今首尔）、东京、新京（今长春）等地。留西科夫叛逃中国东北引起苏联政府的高度重视。苏联决定加强中苏边境战备，苏日两国在中国东北

20 世纪 30 年代日军炮击张鼓峰

边境进行紧张的军事对峙，给中国领土主权和人民生命财产安全带来严重威胁和损害。

1938 年 6 月底，苏联边防军占领张鼓峰，开始布置铁丝网。7 月 9 日，有 10 余名苏联军人在张鼓峰构筑工事。7 月 12 日，有数十名苏军士兵到张鼓峰北面沙草峰构筑工事。日军对苏军越界侵犯行为非常警觉，将情况上报日本国内政府。日本先在外交上提出抗议，后动用武力予以驱逐。苏军根据《中俄珲春东界约》认为，边境线在张鼓峰山顶 149 高地。日军认为苏联与东北领土边界应在张鼓峰东侧。

导火索 1938 年 7 月 15 日，日军宪兵伍长松岛朔二、军曹伊藤等 3 人化妆成当地百姓，在防川村少年金海南、高云八带领下，到苏军作业现场，在张鼓峰附近边界线一带对苏联境内边防设施进行观察和拍照，遭到潜伏在那里苏联士兵突然袭击。松岛朔二当场毙命，其余二人慌忙逃走。此事成为“张鼓峰事件”的导火索，双方不断向张鼓峰一带边境线增兵，战争一触即发。

1938 年 7 月 16 日，日本向苏联递交照会，要求苏军撤出张鼓峰，否则将采取措施，苏方则声明日军侵犯苏联领土。是日，日本驻朝鲜屯军司令官中村孝太郎命令驻罗南十九师团长尾高龟藏准备出兵，控制国境线，部署步兵 4 个中队、山炮兵 2 个大队和野战重炮兵 1 个大队，在国境线张鼓峰一带构筑工事、修筑碉堡。苏军也在张鼓峰一线增加兵力，在距离张鼓峰 30 千米波谢特湾开进 30 多艘军舰。

开始 1938 年 7 月 29 日，日军以突然袭击方式进攻苏军，占领张鼓峰，苏军增援部队夺回张鼓峰阵地。7 月 30 日，日军趁黑夜从朝鲜渡江到防川集结，日军一个大队于凌晨 4 时 40 分攻占张鼓峰，另一个大队在炮火掩护下于 6 时攻占沙草峰。日军又向哈桑湖方向发起进攻。从7月30日起，日、苏双方展开对沙草峰、张鼓峰等高地的反复争夺战，双方不断增加兵力和部队。7月30日傍晚，日军偷渡图们江，集结于防川村，疏散当地村民，留下18 ~ 45岁男性为日军战斗部队挑水、劈柴和运送弹药。

1938年7月31日24时，日军在朝鲜洪仪里向张鼓峰开炮。是日，苏军第一一八团和一一九团发起反击，在沙草峰激战到深夜。同日，苏军远东军区司令员布留赫尔元帅命令苏军第三十二师、第三十九师、第四十师和机械化第二旅、第五十九边防总队，编为第三十九军争夺张鼓峰。同时，苏军炮兵和航空兵对张鼓峰和沙草峰日军进行持续不断炮击和轰炸。3个大队日军没有重炮和航空兵支援，在苏军强大炮火轰击下，日军被动挨打，战斗失利，调派援军，将第七十三联队剩余部队和山炮十五联队1个大队调到张鼓峰战场。

双方兵力 8月1日战场情况：苏军步兵10个营，战车150辆，火炮60门，空军部队参战约30架次；日军步兵4个大队，火炮17门（山炮13门、150毫米榴炮4门），飞机和坦克未参战。8月2—6日，“张鼓峰事件”进入激烈决战阶段。

8月2日，苏军出动10架飞机轰炸张鼓峰、沙草峰和庆兴、古邑等地。苏联远东军区司令员布柳赫尔将第四十师主力集中到波谢特湾西部地区，将步兵第三十二师和机械化第二旅调入哈桑湖地区，布柳赫尔在波谢持湾指挥战斗。同日，苏军第四十师集中所有兵力在坦克重炮支援下对张鼓峰日军发动进攻。苏军2个营步兵对日军1个中队（七十五联队第十中队）防守52高地率先进行攻击。沙草峰方面，是日上午，苏军利用空军对沙草峰进行轰炸，1个营在坦克掩护下进攻，与日军七十六联队第一大队连续激战，双方激战到晚间，苏军毫无进展，损失很大。

20世纪30年代“张鼓峰事件”现场

20世纪30年代苏联红军占领高地

8 月 4 日，苏军仍以火炮、战车掩护步兵对张鼓峰地区日军的不断攻击，炮兵火力密集攻击 52 高地、张鼓峰、沙草峰等要点。苏联远东军步兵三十二师和机械化第二旅坦克营从南侧向 52 高地进攻，步兵从南、北两侧向张鼓峰进攻。

8 月 5 日，苏军开始大规模进攻，在战场上苏军约有 22 个营、火炮 85 门，战车约 200 辆；日军有 8 个大队，山炮 23 门，15 毫米榴弹炮 4 门。战斗中，苏军第三十二师及 1 个坦克营从北面攻占沙草峰；第四十师及 1 个坦克营，从南面攻占 52 高地，这两个师从南北攻占张鼓峰，苏军炮兵火力全开，216 架苏军飞机呼啸着飞临战场进行轰炸扫射，压制地面日军。随后苏军坦克冲出集合地引导步兵发动冲锋，苏军大炮摧毁大部分日军工事，苏军冲进阵地，日军进行反击。战斗到深夜，双方打成僵持状态。

战情焦灼 8 月 6 日 16 时，苏军猛烈轰炸张鼓峰和沙草峰，傍晚夺回张鼓峰。日军出动全部兵力参战，发动夜袭，赶走苏军，重新占领张鼓峰，双方围绕张鼓峰和沙草峰等高地展开争夺战、拉锯战。

8 月 6 日，苏军第二机械化旅向张鼓峰发动进攻，步兵第一一八、一一九、一二〇团和独立侦察营负责进攻和切断日军联系。苏军很快冲上高地，与日军进行激烈近战。双方使用步枪、刺刀和手榴弹近距离交火。在战斗中，苏军坦克被击毁数辆，依靠众多兵力占领大部分阵地。苏军在张鼓峰阵地休息时，日军第七十五联队第一大队对张鼓峰发动夜袭，苏军占领的阵地大部分被日军占领。在东南坡，战势成僵持状况，苏军强大的兵力和火力超出日军预先估计，双方战斗艰难激烈。

8 月 7 日，苏军加强攻势，对防川边境地带投入大量炮兵、装甲部队和航空兵火力。日军防守高地七十五联队第三大队及防守张鼓峰南坡第九中队，遭到苏军从早晨开始持续到中午轰炸和炮击，损失严重。下午，苏军坦克引导步兵发动冲击，东南坡日军中队遭到苏军重创后，于下午放弃阵地撤退。

8 月 8 日，苏军对张鼓峰山顶日军阵地开始炮击，沙草峰高地陆续遭到苏军炮击和轰炸。日本师团长尾高龟藏利用新调来的第十九师团七十四联队顶住苏军攻击。

8 月 9 日，苏军进行连续攻击，日军连续发动反击。

防川战场地势沿江濒海，狭长，对日军增派兵员和输送给养十分不利，苏联拥有强大的海陆纵深和迂回补给战场支持，兵力和给养充足，愈战愈强。由于连日暴雨、洪水暴涨，桥梁被冲毁，朝鲜清津至罗津港铁路、公路被轰炸，日军运输中断。苏军又占领水流峰，通往朝鲜圈河大桥被苏军控制，苏军太平洋舰队在日本海严密封锁着图们江

20 世纪 30 年代防川村民逃难

1938 年“张鼓峰事件”中战火涂炭的防川村

口。在 5 天激烈交锋中，日军受到苏军飞机、坦克和步兵沉重打击，伤亡惨重，被包围在张鼓峰上，兵力物资得不到补给，陷入绝境。

停战谈判 苏军太平洋舰队封锁图们江出口，日军无法打通航道，所调战艇被苏军击毁。驻扎珲春日军在朝鲜铁路被炸，无法增援，江河涨水，日军补给只能依靠庆兴桥从朝鲜运入，条件十分有限，海陆后勤补给通道瘫痪。苏军方面，张鼓峰后路输送线安全畅通，占据了防川村以北中国境内军事高地水流峰，扼住日军从珲春县城和朝鲜方向对防川战场的支援通道。1938 年 8 月 11 日，根据日方建议，双方停止战斗，苏军占领张鼓峰、沙草峰，日军撤退到图们江西岸朝鲜境内，签署停战协定。

结果和影响 “张鼓峰事件”以日军战败结束。苏军在停战后占领张鼓峰，将其在防川村洋馆坪、桧忠源一带控制区向中方境内推进，直抵图们江边，防川村通往中国内地仅剩一处狭窄的沿江通道。20 世纪 60 年代初，因江水冲刷侵蚀导致公路被毁，陷落图们江中，防川村一度成为一块孤悬“飞地”，与内地往来需借道苏联或朝鲜，交通非常不便。

“张鼓峰事件”后，日军将防川一带辟为禁区，强行将洋馆坪、防川、桧忠源和沙草峰 140 户村民向珲春内地驱逐，防川又一次变成无人区。为防止苏军从图们江口进入，日军在防川村图们江下游打下木桩阻碍航行，中国图们江出海权被迫中断。

吴大澂与防川

防川村能够延续和发展，吴大澂起到关键作用，这位晚清爱国大臣两次督办吉林边务，两次到防川，实施开禁政策、奖励农工、兴军固防、会勘疆界、收复失地、设局招垦，立牌防川、勘界谈判，开边通海等举措，为收复国家领土、保障边防安全、发展地方经济建立不朽功勋。

清政府长期封禁东北，防川一带人烟稀少、土地荒芜、防务废弛。吴大澂对边防政策做出重大调整，实施“招屯户以实边土，购利器以讨军实，通道路以便商旅”等办法，废除“封禁”制度，兴办“劝农所”，设立“抚垦局”“韩民专垦区”，防川由满族村落变为朝鲜族村落。

碑存龙虎志，丹心映日红。
复疆舒浩气，拓海挽长弓。

◉ 吴大澂生平

生平 吴大澂（1835—1902），清江苏吴县（今苏州）人。字清卿，号恒轩，又号愙斋，同治年间进士。初授编修，出任陕甘学政、河北道，曾随吉林将军铭安办理边防。清光绪七年（1881）授太仆寺卿，会办北洋军务。光绪十年，授左副都御史。次年，赴吉林会同副都统依克唐阿与俄使勘界，据理力争被侵占的珲春黑顶子地区。光绪十二年，授广东巡抚，反对总理衙门与葡萄牙订约将澳门归葡萄牙辖。光绪十四年，擢东河总督，堵塞黄河决口。光绪十八年，授湖南巡抚。中日甲午战开始，自请率湘军出关御敌。光绪二十一年，辽东战败，被革职留任。精于金石学和古文字学。曾搜集钟鼎、玺印、陶器、货币等，撰《说文古籀补》，为古文字学重要著作；撰《字说》，考释文字，颇有创见；又集录所藏各种彝器铭文拓本为《愙斋诗文集》；以古物证历代权衡度量制度，成《权衡度量实验考》；另有《恒轩所见所藏吉金录》《古玉图考》《愙斋诗文集》等。

光绪二十八年，于苏州病逝。

微服视察 清光绪十三年（1887）八月，郑州十堡黄河决口泛滥，为害严重。河南山东河道总督李鹤年、河南巡抚倪文蔚主持堵口，清政府复派礼部尚书李鸿藻到现场督修。

吴大澂照

光绪十四年五月，黄河决口，几任河督都功败垂成。李鹤年等均被革职。7 月，光绪皇帝任命吴大澂为河南山东河道总督，接办堵口事宜，吴大澂于是年 8 月到任。河工堵口收发料物弊端甚多，吴大澂只身微服，混杂在送料民工中，进行私访。发现材料短缺，克扣工钱，吴大澂有意率众与管料官员争吵，该官员正拟将大澂推下鞭杖时，随从立即站出高呼："该人是朝廷命官，谁敢动手？"吴大澂喝令对管料官员予以杖责，披甲带锁在工地示众，以儆效尤。

治理黄河　吴大澂对堵口工程筹划有方，措施得当。对工地官吏分工明确，严限其完成。在场人员日连夜赶，大坝于清光绪十四年（1888）十二月合龙，工程为清政府节约 60 余万两白银。吴大澂任河督时对郑州、中牟、开封一带险工极为重视。他说："中河厅头堡大王庙顶冲之石堤……八堡之人字坝、托头坝（中牟境），下南厅七堡之顺二坝，十九堡之盖坝（开封境）均甚紧要，是防御省城之门户"。提倡用水泥砌筑砖石坝，加固工程，是黄河使用水泥修工程之始。光绪十二年，曾奏请用新法测绘黄河图，河南省阌乡县（今灵宝境）金斗关到山东利津铁门关海口，测量河道长 1021 千米。翌年图成，呈光绪帝浏览，命名其《御览三省黄河全图》。郑州十堡大工完成后，因河势南趋，行将塌至堤身。吴大澂审时度势，在荥泽八堡（今郑州李西河一带）老滩前，筑石坝一座，工竣立一石碑，碑文："老滩土坚，遇溜而日塌，塌之不已，堤亦渐圮，今筑坝，保此老滩，滩不去则堤不单，守堤不如守滩。"阐明固滩保堤治河思想。光绪十四年，吴大澂治河成功，实授河道总督，赏头品顶戴。

吴大澂画像

暮年兵败　清光绪二十年（1894），甲午战争爆发，吴大澂时任湖南巡抚，八月十五日、十七日两次连电，奏请统率湘军赴海城督战，获清政府允准带勇北上，授帮办东征军务。

光绪二十一年一月，吴大澂率新老湘军二十余营出关，二月十一日到达田庄台，与黑龙江将军依克唐阿、吉林将军长顺及宋庆等部合军，第四次反攻海城。吴大澂集中在海城附近清军共一百余营、三万余人。兵力虽多，系统复杂，互不统属，有湘军、楚军、淮军和东北军队，缺乏统一指挥。吴大澂名义上为帮办军务，无法指挥全军。诸将多“拥兵据要害，徘徊观望，乍却乍前，不能出死力以决一胜”。归吴大澂节制军队只有湘军二十营，率领出关湘军将领被调遣后迟不赴命。日军利用清军弱点，采取“佯攻辽阳，实取牛庄”声东击西战术。三月三日，派第三、五两个师团进犯牛庄。牛庄防务空虚，一日之内被日军攻陷。清政府以吴大澂“徒托空言，疏于调度”于三月十七日下令撤去其帮办军务职，交部议处，革职留任，寻命开缺。光绪二十四年，复降旨革职，永不叙用。

光绪二十八年，吴大澂辞世，时年 68 岁。蛰居虞山翁同龢得知吴大澂去世消息，遣人送去挽联：“文武兼资，南海北海；汉宋一贯，经师人师”。横批：“一卧沧江”。

◉ 忠国靖边

吴大澂是晚清爱国大臣。关注东北人烟稀少、边备松弛状况，对东北边疆屡遭沙皇俄国侵扰十分忧心，多次上书谏言，固土实边。清政府采纳吴大澂建议，派其到吉林为帮办军务。

四进珲春　清光绪六年（1880）至光绪十二年（1886）七年间，吴大澂两度到吉林，四次巡察珲春。第一次供职吉林是 1880—1883 年，任都察院左副都御使兼帮办吉林边务，1881 年转为督办边务。1883 年，吴大澂调天津任北洋会办。第二次供职吉林是 1885—1886 年。

光绪六年十二月，吴大澂第一次到珲春，督办边务兼屯垦。途经凉水泉子（今图们市凉水镇）时，看到珲春因朝廷封禁人烟稀少的景象，命人建屋数间，设“劝农所”，亲自手书匾额，招民垦殖。到珲春后，吴大澂查阅副将郭云长训练的卫字军马队和步兵。

光绪七年十一月，吴大澂第二次到珲春。由吉林启程到防川检查边务，同珲春副都统依克唐阿和副将郭梯阶等巡视中俄边境，踏勘选定阿拉坎（今炮台村）和外郎屯（今春景村）东西炮台基址。从北京散州（今北京通县）购进德国克虏伯炮厂新十五生大炮

6门，架设在中俄边境东西炮台上。

光绪八年十一月，吴大澂第三次从宁古塔启程到珲春，同胡传检查防川一带中俄边境，经详细记录，绘制图表，掌握第一手材料后，与珲春副都统依克唐阿、副将郭梯阶、简斋等一同到俄境同米廓萨尔辩论边界之误。

光绪十二年四月，吴大澂第四次到珲春。二月二十日，吴大澂从天津启程，经山海关、奉天省城（今沈阳）、伊通州（今吉林省伊通满族自治县）、吉林城（今吉林市），宁古塔（今黑龙江省宁安市）。于四月四日至珲春凉水泉子（今图们市凉水镇），四月五日到密占（今吉林省珲春市密江乡密江村），下午抵达珲春。

是年四月四日，吴大澂路过凉水泉子，旧地重游，当晚留宿赋诗："我初度地凉水泉，六十里中无人烟。膏腴一片空捐弃，临江四顾心茫然。命工起构屋数椽，曰劝农所三字悬。屋成之岁辛巳年，作者七人始来田。朝出耦耕荷锄便，夜归一饭解衣眠。从此垦辟相蝉联，满沟满车歌十千。自我移师北海边，两年跋涉忧心煎。梦魂不到蟠岭巅，重来一宿有前缘。但见西陌与东阡，鸡犬家家相毗连。五尺童子衣争牵，瞻望使君犹拳拳。遥指一屋小如船，手书篆额犹在焉。嗟我风尘未息肩，白云飞鸟何时还？安得买山古渎川，相忘耕凿唐虞天！"吴大澂描述前后到珲春看到不同景象，诗中记录珲春乡村垦荒实边场景。

吴大澂第四次进珲春，谈判解决除中俄《中俄瑷珲条约》《中俄北京条约》外，沙皇俄国侵占的中国领土包括黑顶子和防川村一带领土，总面积100多平方千米，通过谈判收回。

再兴防川　清同治年间（1862—1874），沙皇俄国逼迫清政府签订《中俄北京条约》，防川一带成为中国边界，清政府解除封禁后，防川逐渐汇集成以朝鲜垦民为主的聚落。光绪年间，沙皇俄国侵扰活动不断增加，清政府边备松弛，防川村落随之日益凋敝。吴大澂到吉林督办边务，收回防川失地，推行招抚朝鲜越界垦民政策，吸引大批到此垦田流民，防川村才再度兴起，防川村延续和发展与吴大澂东疆治边、开禁招垦密不可分。

光绪七年，吴大澂奏请朝廷将封禁200多年的南荒围场（清代指珲春一带）用于招垦开发。是年10月，吴大澂和吉林将军铭安上奏朝廷："臣等查吉林与朝鲜毗连之处，向以图们江为界。今朝鲜贫民所垦闲荒在江北岸，其为吉林辖境无疑。边界旷土，岂容外籓任意侵占？唯朝鲜寄居之户，垦种有年，有数千余众。若照例严行驱逐出界，恐数千穷民同时失所。殊堪怜悯，拟请饬下礼部，咨明朝鲜国王，派员会同吉林委员查勘明确，划清界址。所有其国民人，寄居户口，已垦荒地，每公顷缴押荒钱2100文，每垧地租钱660文，由臣铭安饬司给领执照，限令每年冬季应交租钱，就近交至珲春，由放荒委员照数收纳。或其国铸钱不能出境，议令以牛抵租，亦可备吉省垦荒之用。”[①] 封禁政策废除、实施招垦政策后，大批关内流民、朝鲜垦民和俄境华民涌入防川，开垦荒地。

在推行移民实边过程中，吴大澂多次派人到山东省登州、莱州、青州各属，招民垦荒。先从招远、金州招垦民18户、61口人，5年后，垦民增加到1000多户。

光绪七年，吴大澂经过实地勘查，确定珲春和三岔口所属边地为招垦区，在珲春设立珲春招垦总局，下设五道沟、南岗（今吉林省延吉市）和后来黑顶子招垦分局，实施招垦。当时招垦对象范围广泛，主要包括：一是当地越界“偷垦者”，对这些人予以承认，留其定居原地继续垦种；二是从山东、辽南所招移民；三是乌苏里江以东地区“愿迁移内地，自立村屯”华民；四是关内闯关东流民；五是在京闲散旗人等。对这些外来移民，不再沿用“封禁”“遣送”“刷还”政策，想方设法妥善安置，使其享受土著民待遇，安居乐业。

光绪十年，清政府在珲春副都统管辖和龙峪（今龙井市智新乡）和光霁峪（今龙井市光开乡）设立越渡局。1885年，越渡局改为越垦局。1894年，越垦局改为抚垦局，专司朝鲜垦民事务，公开接纳朝鲜垦民，把图们江北岸沿江长约700里、宽约50里地带划为朝鲜人专垦区。专垦区针对朝鲜垦民推行新地税法：规定新垦之地，3年内不缴地租，3年后每公顷地缴税一钱八分即有耕种权。

吴大澂在开禁招垦过程中，改变过去对待朝鲜垦民一律遣返的做法，代之以设立朝民专垦区，“登记入籍，依田纳租。”对朝鲜垦民越界垦荒实行有效管理，解决朝民非法越境、犯界开垦问题。

吴大澂推行开禁抚垦政策，使越过图们江到中国垦荒的垦民逐步汇聚到防川，防川村再度兴起，逐步形成以朝鲜族居民为主的村落。

实业兴边 吴大澂制定优惠招垦政策：领地垦民免交“押荒银”以舒民力，5年后再纳租，其余官钱均不摊派。吴大澂派专人到朝鲜商民会市购回耕牛1000头，按半价

① 赵尔巽主编：《清史稿》（第48卷），中华书局，1927年版，14599—14600页。

分给新招垦户，余额3年内缴清。政策规定开荒田地可以个人承包，试办屯田，将垦民10人组成1棚，3棚组成1屯，有些垦区设有“垦荒社”，政策还规定开荒“不但不收荒价，又复接济建房银两，加以牛犋籽种”。按此规定，垦民2人给牛一头，每棚给车3辆，每人每月发口粮银2两，还修筑粮仓，储粮备荒，以丰补歉，灾年供给垦民。垦民也称屯兵。屯兵“于冬春农隙之时，派员教习刀枪阵法。无事则各安其业，有事则守望相助，亦古人寓兵于农之义”。

清光绪七年（1881），吴大澂奏请清朝后，克服调员、建厂、选匠、购器及转运等困难，生产出以枪弹、炮弹和火药为主军需物资，供给黑龙江、吉林两省防务需要。机器局还自行研制新式枪炮、试造轮船，在清朝最先采用机器铸造银圆，创办吉林机器局，开创东北最早近代机器工业，最先开创近代洋务军工厂。

吴大澂在垦区屯兵驻防，维护治安，清除匪患，保护垦民生命财产安全，派人在驿道每隔30里或40里之间搭窝棚数间供招民居住。“每间给津贴八两，每处约十间为度”。给垦民、商旅和军队提供方便。吴大澂推行“移民招垦”“屯民实边”政策，防川一带人口数量剧增、垦地面积扩大、粮食产量大幅提高。

强军戍边 清光绪六年（1880），吴大澂诏授三品卿衔，随吉林将军铭安办理宁古塔、三姓、珲春等东陲边务，授太仆寺卿。是年四月，吴大澂赴吉林随同铭安帮办一切事宜，改为“督办”；六月，行抵吉林与吉林将军铭安商酌防务事宜，整顿军吏、兴边固防。

吴大澂与吉林将军铭安于吉林建立边防军队。改原有八旗兵为靖边军，废除世袭制，改为招募制，共建防军马步13营、5000人。翌年，防军增至9000人，统称靖边军。经过严格训练“悉成劲旅”，在珲春开始修筑东、西炮台。为防御沙皇俄国从水上入侵，创建图们江、松花江水师营。设立招垦局，下设五道沟和南岗分局，移民垦荒，推行实边政策。经过实地勘查，确定以珲春和三岔口所属边地为招垦中心，招垦范围广泛，且规定许多优惠政策，给垦民、商旅和军队提供方便。光绪六年年底，吴大澂修筑从宁古塔至吉林长达600里及北、东线大道，增建百余座木桥，增加8处驿站，加强边疆防务力量。

吴大澂把在吉林组建靖边军分五路，每路设一统领。驻珲春靖边军为前路和中路，共9个营。前路6个营驻防珲春和黑顶子，统领郭云长。中路3个营驻防烟集冈（今延吉）。

为防止俄军由海上经图们江入侵，吉林靖边军还增设图们江水师营。光绪十五年，图们江水师营初具规模，拥有3板船1只，4板船2只，各载“噶尔萨”炮1门。该营驻扎西步江（珲春河与图们江汇合口一带），负责巡逻西步江到防川图们江段，配合靖边军作战。到光绪二十六年，珲春靖边军发展到一万多人。

提升政级 防川一带清初属宁古塔昂帮章京，后属宁古塔将军。

清康熙五十三年（1714），设珲春协领，属宁古塔将军，统辖宁古塔以北，乌苏里江以南，西至哈尔巴岭，东到日本海广大地区。

雍正七年（1729），珲春协领改属宁古塔副都统。

咸丰九年（1859），珲春协领升为副都统协领。

咸丰十年，珲春协领管辖广大沿海地区被沙皇俄国强占，珲春协领辖区缩小，成为内陆辖区。

光绪七年（1881），吉林帮办吴大澂会同吉林将军铭安上奏清政府升格珲春协领为副都统，以利于招垦实边巩固边疆，清政府准奏，珲春协领辖区从宁古塔辖区分出，珲春副都统，属吉林将军管辖。

龙虎阁历史展览馆内吴大澂勘界桐像（2007年）

◉ 勘界谈判

勘界 清咸丰十一年（1861），清政府派遣户部侍郎成琦、吉林将军景淳和沙皇俄国代表勘察吉林东部防川中俄边界，双方签订《中俄勘分东界约记》。按条约规定，在中俄边界竖立八个界牌，界牌一面书写俄文，一面书写汉文，即耶、亦、喀、拉、那、倭、帕、土。

清政府会勘官吏昏庸，沙皇俄国借此次勘界，将大半兴凯湖及其相连领土据为己有，将图们江沿岸一带本属中国的领土纳入俄国版图。

光绪初年，沙皇俄国偷移界碑，不断蚕食鲸吞中国领土。

光绪六年（1880），吴大澂第一次到吉林随同吉林将军铭安办理边务。周历边隘，始知珲春黑顶子地方久被俄国侵占。吴大澂奏请清政府："派员来珲春照会俄官，定期履勘，按照旧图所定红线，将沿海地段划清界址，限令俄官将侵占珲春的领土一律交还。图们江口 10 千米以内仍为珲春管辖之地，俄界与朝鲜不复连接。"光绪九年中法战争爆发，吴大澂奉调"会办"北洋防务，对俄交涉宣告暂停。吴大澂就沙城侵略边境问题反复奏请，清政府感到问题严重，光绪十一年四月二十八日，光绪帝再次命会办北洋

吴大澂与沙皇俄国官员谈判蜡像（2007 年）

事宜大臣吴大澂到吉林，会同珲春副都统依克唐阿与沙皇俄国滨海省省长兼驻军司令巴拉诺夫交涉边界。吴大澂在与巴拉诺夫会商中，亲自勘察边界，发现在宁古塔内倭字牌、那字界牌均被沙皇俄国移动。为维护主权，吴大澂寸土不让，迫使沙皇俄国同意将新刻倭字石牌立于瑚布图河口原处，错移的那字界牌也按约移回原处。

吴大澂此次会同俄使巴拉诺夫会勘边界首要任务是重立土字牌，让俄归还黑顶子要隘之地。会勘期间，吴大澂拿出成琦所换地图，界限已出，俄使狡辩。咸丰十一年（1861），原立土字牌界碑址，吴大澂拿出大小图稿，一牌有一牌之图，俄在沙草峰所立土字牌无据。查咸丰十一年所换地图内，英尺一寸是俄国二十五里、中国五十里。图上界限末处与海口相距几及一寸，是俄二十里，以中国里数计算四十五里。吴大澂反驳说：“惟咸丰十年条约内云，两国交界与图们江交汇处及江口相距不过二十里。”经过吴大澂据理力争，土字牌得以向前移 16 里，清政府收回一百多平方千米领土，争回图们江出海权。

谈判 清咸丰十一年（1861），中俄联合勘界珲春东界，对两国边界具体走向未实际踏勘，仅按俄方提供地图签订约款，派员设立木质界牌。按《中俄续增条约》规定，自松阿察河源到图们江口应设界牌 12 个，本已稀少，而设牌时又少设几个，设置不尽合理，清政府边防松弛，给沙皇俄国入侵防川造成可乘之机。

19 世纪 70 年代以后，乌苏里江流域及其以南中俄边境移民骤增，沙皇俄国军队经常越境到中国境内，抢掠杀害中国边民。俄军哨所逐渐向中国边境推进。光绪三年（1877），吉林将军铭安，得知有些界牌腐朽或被水冲没，残留者字迹模糊，曾派出宁古塔三姓副都统及珲春协领，会同俄方代表就近查办，换置新牌，新牌仍为木质。边界模糊不清及俄国人不断犯边侵占，危及东北边疆安全和稳定，引起清政府重视。光绪九年一月二十八日，吴大澂将沙皇俄国侵占珲春黑顶子事宜上奏清廷，建议照会俄政府派员勘边交涉，归还黑顶子，得到清政府支持。

光绪十一年四月二十八日，清政府委任吴大澂为中俄勘界大臣，到珲春会同副都统依克唐阿与俄方交涉勘界。光绪十二年年初，吴大澂受命任钦差大臣前往吉林同珲春副都统依克唐阿会勘吉林东界。光绪十二年六月一日，双方勘界会谈在俄境岩杵河举行，吴大澂决心重新争回丢失领土，会同珲春副都统依克唐阿重勘中俄东部边界，与俄国勘界代表、俄东海滨省巡抚兼理军务将军巴拉诺夫展开一场历时 5 个多月的艰苦谈判，史称“岩杵河勘界会议”。中方谈判代表有吴大澂、依克唐阿等 4 人；俄方谈判代表有滨海省军政长官巴拉诺夫及舒利金、克拉多、马丘宁等。会谈勘界范围从兴凯湖至图们江口边界一线。经 8 次会谈和现场勘察，10 月 15 日，双方勘界会谈结束。

吴大澂、依克唐阿再三辩驳，据理力争，达成协议。光绪十二年十月十二日，中俄签订《中俄重勘珲春东界约记》（即《珲春东界约》）和《中俄查勘两国交界六段道路记》。

在中俄勘界会谈第一次会议上，吴大澂提出补立图们江口土字牌一事。俄方代表巴拉诺夫坚持图记标明界牌，应在距江口 40 千米处补立，吴大澂以条约及分界记文为据，要求在海口往里 10 千米补立。双方争执不下，巴拉诺夫以需请示俄国政府为名，要求停议。第二次会议，双方同意改变土字牌位置，由沙草峰沿图们江向日本海方向前移 8 千米，立在山南沿江高岭下平原尽处，距海口 15 千米。双方根据 1860 年签订的《中俄续增条约》，同意增立蒙古街至珲春交界处拉字牌；于阿济密（今俄罗斯岩杵河）和珲春交界处增立萨字牌；在原拉字牌西南中俄交界处增玛字牌，校勘更换，增立和补立“拉”“萨”“那”“倭”等界牌。

◉ 收复失地

收回黑顶子失地　黑顶子位于珲春城东南 26 千米黑顶子山下，为中俄边界重镇，始建于清康熙五十三年（1714）。光绪十年（1884），珲春在此设有黑顶子招垦分局。清政府在防川一带虽有驻防，然山径分歧，河港交错，属有设无防之地。

光绪六年，吴大澂帮办吉林边务，调查中俄边界，得知自珲春河至图们江口 500 余里竟无一个界牌，黑顶子濒江一带久为俄人侵占，俄方在此添设卡兵，接通电线，有久住不归之意。光绪九年，吴大澂派人屡与俄员照会交涉，索还被占之地，迭次据约辩论，俄人却一味支吾拖延。

光绪十一年五月六日，吴大澂在珲春城与俄使巴拉诺夫会谈界务时，提出归还黑顶子问题，因按以往界约规定，黑顶子在红线内，属中方领土。俄使巴拉诺夫无言可辩。双方达成协议：中国界内黑顶子地方旧有俄国卡伦民房，议明“于一千八百八十六年六月（即光绪十二年五月）迁回俄境，两国界各派委员前往该处交接明白”后，由依克唐阿派员前往接收，使黑顶子地方归还中国。

光绪十二年五月二十日，吴大澂到达防川，在图们江左岸重立土字牌。在中方吴大澂、俄方巴拉诺夫等两国政府代表共同主持下，双方在离图们江口 15 千米处，补立土字牌。中俄边界土字牌从沙草峰俄方侵占处向日本海方向推进 8 千米，立于山南沿江高岭下平原尽处，即土字牌现址。至此，黑顶子等失地在内被俄国侵占总面积达一百多平方千米的土地重归中国。

争回图们江出海权 在中俄双方第二次会议上，吴大澂提出将图们江口作为中俄两国公共海口，遭到巴拉诺夫拒绝。图们江原系中朝界河，两国均可行船。但土字牌设在江口以上，俄方借此剥夺中国船只出入江口权利。吴大澂曾在谈判中提出将图们江口作为公共海口要求，巴拉诺夫声称不敢擅自决定，须报请俄国政府批准。清政府曾多次令吴大澂同俄方交涉，交涉期间，俄代表妄想用海军战舰恫吓中国谈判代表。吴大澂和依克唐阿不畏强暴，请北洋水师 6 支战舰开往海参崴助阵，俄代表见中方如此强硬，请示俄外交部。清光绪十二年（1886）十月十二日，在中俄双方全部勘界工作结束前，俄国外交部来电答复中方，同意中国船只由图们江口出入，不可阻拦，并将照会列入附件中。

钱恂在其著《中俄界约勘注》中说："溯自咸丰八年（1858）至光绪十年（1884），凡中俄立约勘界，无不削地，唯此一次为展界。"把补立土字牌展括 10 余千米、索还黑顶子地方、争得图们江口中国船只自由出入权，为吴大澂三大功绩。

◉ 吴大澂作品选

吴大澂一生勤于治学，是清朝著名的书画家、文字家、金石学家，文化艺术造诣深厚。在光绪年间（1885—1886）重勘中俄边界期间，吴大澂笔耕不辍，留下大量诗词歌赋和艺术作品。以下摘编自《吉林勘界记》《皇华纪程》部分内容。

《吉林勘界记》 清光绪十二年（1886），奉命会勘吉林边界事宜。四月十九日从珲春启程，前赴俄境岩杵河会商界务。四月二十二日、二十六日两次会谈，将大略情形电告直隶总督李鸿章，转电总理各国事务衙门。五月十三日钦奉五月五日谕旨："所议展界、竖碑、补记、绘图各节，均尚妥协，即著照议画押。钦此。"

窃思珲春与俄国交界地方有界限不清之处。因咸丰十一年，前户部侍郎成琦会同俄员建立木质界牌八处，其末处土字牌最关紧要，不知何年毁失，遍询土人，无从查究。

珲春辖境处与俄接壤，副都统依克唐阿到任后，查阅边界，自珲春河源至图们江口五百余里，竟无一个界牌。黑顶子山濒江一带，久被俄人占领。屡与吴大澂照会俄员索还占地，并迭次面商，据约辩论。该俄员等一味支吾，竟于黑顶子地方添设卡兵，接通电线，有久假不归之意。旋经吉林将军希元专派协领穆隆阿、双寿等同俄员会勘，仅至沙草峰，为俄人所阻，未经勘毕而回……土字牌补立后，至“那”字牌中间数百里，自应添设封堆记号，以清界址。7 月 8 日回珲春，将各处应换石碑绘成界图，按图画押盖印。

《皇华纪程》 皇华，使臣之意。《皇华纪程》系吴大澂于光绪六年至光绪十二年两度供职吉林，四次光顾珲春活动日记。是研究吴大澂东部治疆和中俄勘界谈判第一手资料。《皇华纪程》用日记体裁记录吴大澂从盛京（今辽宁省沈阳市）赴吉林珲春沿途见闻及与沙皇俄国代表屡次谈判详细经过。《皇华纪程》里吴大澂数十首诗词，选录京城前往东北边关作品："下岭难，上岭难，如登天山三十盘。一车八马心胆寒，脱骖并驾犹嫌单，万牛流汗常不干。上岭难，下岭难，如下寒江十八滩，陡崖冰滑云漫漫，一落千丈不可拦……"。

书画 吴大澂在吉林期间书写大篆《孝经》和《论语》。许慎《说文解字》引用汉代壁中所出古文《论语》，吴大澂篆书《论语》附录《说文解字》所引《论语》。

清光绪十二年（1886），吴大澂在俄签订《中俄珲春东界约》后，被清政府授予广东巡抚一职，光绪十三年二月到任。其间，吴大澂书法兴趣已转向黄庭坚行书，收藏兴趣转向铭文古玉。光绪十六年，吴大澂因丧母在苏州守孝两年，花费很多精力研究绘画，留下大量画作。

吴大澂更为成熟玉筋篆见于同治五年（1866）为吴云所著《虢季子白盘铭考》题端。这一书名写得十分精彩，笔画转向时，线条保持粗细一致，收笔处没有加重后出

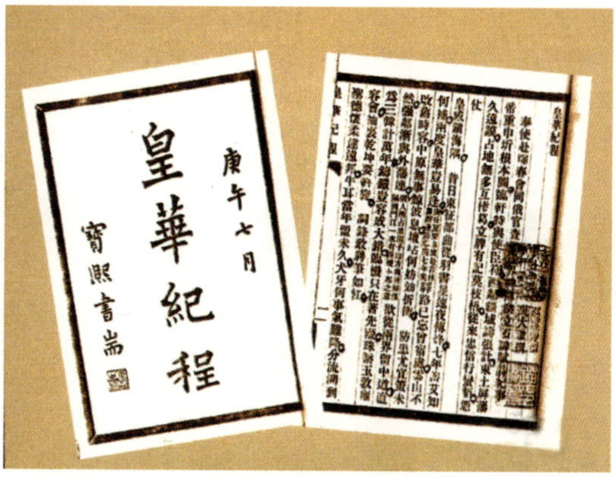

光绪六至十二年吴大澂勘界时期作品

锋，用笔非常均匀流畅。吴大澂玉筯篆书风延续到同治九年左右。同治九年春，吴大澂在湖北入李鸿章幕僚，随李鸿章淮军入陕，在华山莲花峰留下两个大字“莲峰”，是标准玉筯篆。

龙虎石刻 吴大澂在会同俄官查勘中俄边界期间，多次手书“龙虎”二字。在回京复命途径凉水时在图们江边一块方石上篆刻“龙虎”二字，并将石刻立于岸边。

龙虎石刻为花岗岩质，高 1.40 米，宽 1.38 米。石刻正面用双勾法镌刻“龙虎”二字，左下端阴刻楷书“吴大澂书”四字。“龙虎”二字，浑厚有力、刚劲磅礴，寓意为龙盘虎踞、保疆卫土。

长岭子铜柱铭 中俄国界唯一铭文铜柱，立于珲春市板石镇太阳村驻地东南中俄边界第 8 记号处，称长岭子铜柱。清光绪十二年（1886），勘界大臣吴大澂勘界结束时设立铜柱。铜柱高 4.15 米，宽 1.03 米，其上刻有吴大澂撰铭文 14 字：“疆域有封国有维，此柱可立不可移。”在铭文前有序文 42 字：“光绪十二年四月，都察院左副都御史吴大澂、珲春副都统依克唐阿奉命会勘中俄边界既竣事，立此铜柱。”光绪二十六年，沙皇俄国入侵珲春，将铜柱碎为两段运抵伯力（今俄罗斯哈巴罗夫斯克）博物馆。长岭子铜

光绪十一年吴大澂书法

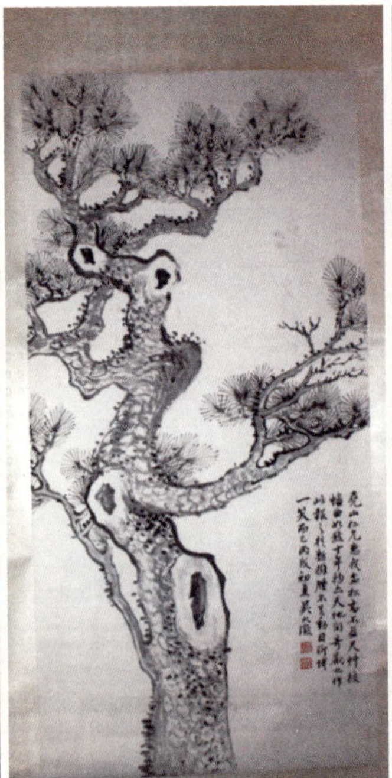

光绪十一年吴大澂字画

光绪十二年吴大澂作品

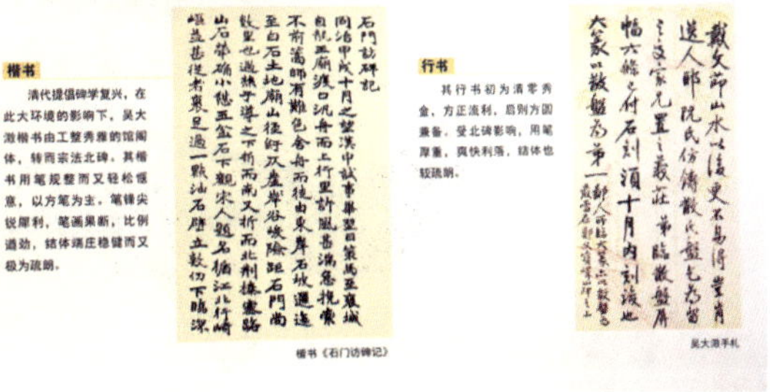

光绪十一年吴大澂作品

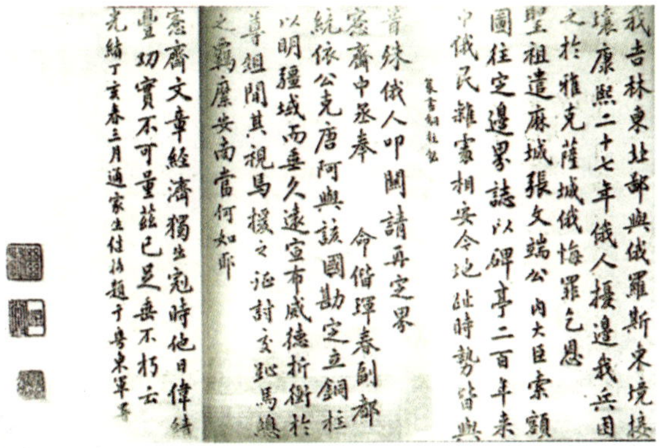

光绪十一年吴大澂作品

柱台基保存完好，整齐无损。台基是用人工雕琢石块垒砌正方形石坛，边长 1.6 米，高 0.5 ～ 0.7 米。2013 年，珲春旅游局复制长岭子铜柱，立于防川龙虎阁历史馆。

艺术特色　吴大澂精于鉴别和古文字考释，亦工篆刻和书画。吴大澂书法以篆书最为著名。篆书很有特色，将小篆古籀文结合，即平时书法常用工整精绝篆字为之，规矩整齐。吴大澂早年从陈硕父学篆书，中年以后又参以古籀文，书法益进，开始学秦代小篆刻石，书法酷似李阳冰。后受杨沂孙启示，将小篆与金文相结合，用这种方法书写《论语》《孝经》以及信札，篆书大小参差、渊雅朴茂。吴大澂对金石文字精深研究，开拓了对先秦文字广阔视野，从篆书中获取不少启发。吴大澂写篆书，喜用隶书书款。隶书横平竖直，亦取法汉碑。行书学曾国藩，颇有黄庭坚趣味。吴大澂又以诗词及散文著称。著有《愙斋诗文集》《说文古籀补》《字说》《愙斋集古录》《古玉图考》《权衡度量试验考》《恒轩所见所藏吉金录》《吉林勘界记》《十六金符斋印存》等十余种。

吴大澂对古玉颇为有识，著有《古玉图考》。他喜欢紫砂壶，曾请过当时制壶名家黄玉麟到自己家里造壶，其壶底有阳文“愙斋”落款，壶形古朴，黄玉麟善画山水、花卉，精于篆书。

白尾海雕（2016 年）

旅游

防川江河贯穿，河湖连片，三国风情独特。2002年，被国务院批准为国家重点风景名胜区。

2013年，防川风景名胜区被国家旅游局批准为国家AAAA级旅游景区。2014年，被国家民委评为“中国少数民族特色村寨”。2016年，被中华人民共和国农业部评为“中国美丽休闲乡村”称号。

经过20多年的开发建设，防川旅游形成边境风光旅游景观和爱国主义教育景区，集风光游、民俗游、边境游、历史游、跨国游于一身，走出一条独具特色旅游发展之路。防川以其秀美风光和深厚文化底蕴吸引着国内外游客到此旅游观光、休闲度假。

登临龙虎楼，三疆眼底收。
异国山川揽，欧亚风情留。

◉ 旅游景点

防川风景名胜区 位于吉林省东南部，珲春市敬信镇，地处中、俄、朝三国鼎足地带，总面积 139 平方千米，全国省唯一“一眼望三国”景区。2012 年，国务院批准防川为国家重点风景名胜区。风景区东南与俄罗斯哈桑镇接壤，西南与朝鲜豆满江市隔江相望。素有“雁鸣闻三国，虎啸震三疆，花开香三邻，笑语传三邦”之美誉。

防川风景名胜区（2012 年）

中、俄、朝三国交界处（2009 年）

防川国家级风景名胜区由防川景区、龙山湖景区、圈河景区组成，景区内分布着 20 余个大小景点。具有代表性景点有龙虎阁、一眼望三国、土字牌、图们江、防川民俗村、张鼓峰、沙丘公园、吴大澂雕像、洋馆坪大堤、莲花湖公园、圈河口岸、中朝圈河口岸大桥、龙山湖等，为国家 AAAA 级旅游景区。

一眼望三国　位于防川风景名胜区内中、俄、朝三国交界处，距市区 61 千米。站在观景台上，顺江远眺，江海相连，南望图们江及俄朝友谊铁路大桥；远眺西南，朝鲜豆满江市境内群山起伏；俯视东南，俄罗斯哈桑镇近在眼前，平坦辽阔的濒海平原和湖泊、沼泽尽收眼底；平原尽头，日本海与天际相连。在防川观景台上，游人可以饱览山原相间、江海相连的美景，感受海纳百川、包罗万象的边境风光。

土字牌　位于防川中俄边界卧峰上。清光绪十二年（1886），中俄重勘珲春东部边界时重立。咸丰十年（1860）以前，珲春是日本海沿岸地区；咸丰十年，沙皇俄国通过《中俄北京条约》，割占乌苏里江以东中国约 40 平方千米领土，珲春失去沿海地区，成为“望海之地”。界碑土字牌应立于距图们江口 10 千米地方，被沙皇俄国立于离图们江口 23 千米防川沙草峰处。

土字牌（2014 年）

光绪十二年（1886），吴大澂重勘中俄珲春边界，与沙皇俄国据理力争，将土字牌移至现址，争回中国从图们江出海权。2012 年后，土字牌不再作为界碑，中国重新设立中俄“423”界碑。土字牌作为吉林省文物保护单位、吉林省级爱国主义教育基地和国防教育基地供游客观瞻。

康熙五十三年（1714），设立珲春协领，其辖区范围在图们江以北，乌苏里江以南，西至哈尔巴岭，东到日本海广大地区，防川只与朝鲜有界，不与俄国相邻。

咸丰十年（1860），沙皇俄国乘英法联军发动第二次鸦片战争之际，强迫清政府签订不平等《中俄北京条约》，割占乌苏里江以东广大地区，从珲春辖区内割去大部分中国领土，珲春失去沿海地区，始临俄国，双方有共同疆界。

咸丰十一年，清政府派成琦会同吉林将军景淳，抵兴凯湖，与俄国全权代表卡札凯维奇和副代表布多戈斯基等人举行勘界谈判，双方签署交换由俄方炮制《中俄乌苏里江至海交界记文》（以下简称《记文》）。《记文》规定自乌苏里江口到图们江口设立“耶”“亦”“喀”“拉”“那”“倭”“怕”“土”八个界牌。土字牌立于距图们江口 20 华里地方。最终土字牌立在离图们江口 23 千米沙草峰上。沙皇俄国“暗窍潜移”“马驮界牌”，公然在黑顶子山设卡、屯营，侵占沙草峰以北图们江地区。清政府于光绪十一年（1885）派吴大澂为钦差大臣到吉林督办边务。吴大澂率中国代表与俄国代表进行勘界谈判，光绪十二年七月，吴大澂和沙皇俄国签署《中俄珲春东界约》，吴大澂据理力争，收回黑顶子，重新确定边界界碑、记号，使土字牌立于沙草峰以南山麓尽处，争得图们江出海权。

土字牌花岗岩质，高 1.44 米，宽 0.5 米，厚 0.22 米。中方侧竖向刻有“土字牌”三个大字，其左侧竖刻有“光绪十二年四月立”8 个小字，俄侧刻有“T”字。土字牌碑体完整，字迹清晰。

吴大澂雕像（2017 年）

吴大澂雕像　雕像位于防川风景名胜区内，沙丘公园北侧。距市区 55.8 千米，雕像花岗岩质，高 9 米，宽 11 米，厚 6 米，下方刻有：“吴大澂，江苏吴县人，字清卿，又字止敬，号恒轩，又号愙斋，别号白山云樵，生于清道光十五年（1835），殁于清光绪二十八年（1902）。历任散馆编修、河南河北道、左副都御使、河道总督、北洋会办、湖南巡抚等职，曾受命督办吉林军务，督办吉林、宁古塔、珲春防务兼屯垦。吴大澂善诗文、作

龙源公园内的龙虎亭（2009 年）

画、作篆，是著名古文字学家和金石学家，平生撰有《说文古籀补》《字说》《愙斋集古录》《恒轩所见所藏吉金录》《古玉图考》《毛公鼎释文》《秦汉名人印辑》《续百家姓谱》《愙斋先生诗抄》《北征日记》《皇华纪程》等著作。”

2002 年，吴大澂雕像立在珲春市政府行政广场。2004 年，珲春市政府将吴大澂雕像迁至防川村沙草峰。

龙虎石刻 位于防川风景名胜区龙虎阁，石刻高 1.40 米，宽 1.38 米。在花岗岩上并排阴刻篆书“龙虎”二字，左下竖刻“吴大澂书”。据《珲春乡土志》载：“光绪十二年（1886），会勘中俄边界大臣吴大澂曾篆书龙虎二字，刻于石上留作纪念，俗称龙虎石。”

龙虎石刻（2017 年）

清咸丰十年（1860）后，沙皇俄国侵吞中国黑龙江以北、乌苏里江以东、图们江以北一百多平方千米领土。光绪年间（1880—1886），吴大澂奔走于吉林、珲春、宁古塔间，抵抗沙皇俄国入侵。光绪十二年（1886），吴大澂与沙皇俄国签订《重勘珲春东界约记》，于图们江畔防川村重立土字牌界碑，在珲春中俄边界添设啦字牌、萨字牌 2 块界碑和 16 个边界记号，在中俄边境长岭子山口第 8 记号处竖立铜柱。

光绪初年，由于沙皇俄国入侵，烧杀抢夺致使凉水泉子村民们民背井离乡。光绪七年，吴大澂查边至此，帮助边民整修房屋，设立劝农所，组织边民抗击沙皇俄国，凉水泉子日益兴盛。为报答吴大澂恩德，凉水泉子村民求书于吴大澂。吴大澂奋笔疾书，以“龙盘虎踞”缩写，写下“龙虎”二字，意在表明华夏民族作为龙的传人，龙虎生威，誓死保卫边疆，捍卫祖国。“龙虎”二字系钟鼎文（金文），近象形字，笔力遒劲。凉水泉子百姓选用花岗岩材质，将“龙虎”二字刻在石上。

龙虎石刻原坐落在珲春市凉水镇东南图们江边，因 1940 年修路向东北方向迁移 300 米；1980 年，国家专款修筑清代风格龙虎石刻亭榭；1986 年 5 月，因重修图珲公路，龙虎石刻迁至珲春市库克纳河北岸；1998 年 10 月，龙虎石刻迁至库克纳河南岸龙源公园北侧；2013 年 4 月，龙虎石刻迁至防川风景名胜区龙虎阁。龙虎石刻为吉林省文物保护单位。

东北虎之乡生态体验馆 位于防川龙虎阁内，于 2013 年 5 月开放。展区面积 450 平方米，设有三大展区：一是东北虎动物类展区，二是湿地候鸟类展区，三是吉祥物、纪念品、昆虫类、植物、矿产矿石类展区等。珲春东北虎国家级自然保护区是中国第一个以东北虎、远东豹为保护对象的自然保护区。该生态体验馆浓缩防川生态文化、自然风貌、地理结构、生态食物链等内容，集体验、观赏、教育、保护于一体，打造防川自然、文化、生态、旅游、科研综合基地。

莲花湖公园 位于防川风景名胜区内沙草峰东南麓，水域面积 50 多万平方米，东西宽 480 米，南北最长处可达 1000 米。莲花湖公园生长着距今有 1.35 亿年种类历史的

东北虎生态体验馆（2017 年）

生态体验馆（2017 年）

莲花湖公园（2017 年）

莲花湖（2007 年）

图们江红莲。莲花湖东依群山，三侧环林，潭水澄澈，环境清新，每年 7—9 月，天然生长出满池图们江红莲竞相开放，红、白、粉三色荷花明艳照眼，相映成趣，凌波翠盖，美不胜收。莲花湖生态环境完善多样，水域中生活着多种名优鱼类，湖面常有秋沙鸭、海鸥、丹顶鹤、白鹭嬉戏其间，别有一番情趣。相传这里荷花仙子极为灵验，每年观赏一次，可保家人身心康泰，四季平安。

莲花湖湖光山色，碧波荡漾，景色优美。景区内服务齐全，设施完备，有提供田园风味农家院，安居舒适宾馆，是回归自然，享受绿色生态，品尝野生鱼和参与捕捞、休闲度假理想场所。清末诗人韩文全有题佳句“幽谷如临君子国，深山得睹美人仙”盛赞此景。

沙丘公园　沙丘公园位于防川风景名胜区内张鼓峰北坡，面积 240 万平方米，距市区 56.1 千米。

沙丘公园是图们江沙岸经大陆和海洋季风吹拂，不断堆积形成。大片金色沙丘掩映在一片青山绿水之中，形成绿洲沙漠奇特景观。冬季海风把图们江岸浮沙吹上山坡；夏季大陆风又把沙砾吹回江里，年复一年，出现了沙漠绿洲奇观。

沙丘公园欢乐谷（2015 年）

沙丘欢乐谷（2017 年）

洋馆坪路堤（2002 年）

沙丘公园由湿地、湖泊和沙丘形成。海拔高 30 米，沙质细腻平滑，含金属。沙丘内有一弘湛蓝湖水，被誉为“塞外仙人湖”，水深约 20 多米，水面面积约 32 万平方米，湖水清澈，碧蓝如镜。游人可以在沙丘进行沙浴、滑沙，可以乘坐游艇饱览美景、乘坐快艇感受速度与激情，在半岛上垂钓，也可以体验滑索、卡丁车、骑马，欣赏绿洲、沙丘、湖泊天然一体的自然美景。沙丘公园设有餐厅，餐厅可容纳 400 余人同时就餐。

洋馆坪路堤 位于珲春市敬信镇通往防川村公路上，距珲春市区 52.8 千米，是防川村通往外地唯一边境通道。东与俄罗斯接壤，西隔图们江与朝鲜为邻。洋馆坪路堤是中国最狭窄领土，该路堤被誉为“天下第一堤”。1957 年，图们江暴发洪水，图们江河床改道东移，防川村对外通道堤岸道路坍塌损毁，“洋馆坪”“桧忠源”两处道路陷于江水之中，防川村与内地大片领土连接中断，成为一座陆地“孤岛”。防川老百姓只能长期借走苏境与朝境。洋馆坪、桧忠源成为防川村民“借道处”。1982 年 4 月，珲春市政府投资 780 万元在图们江修筑洋馆坪大堤，经过投石填江，铺土筑路，在图们江中国疆域上修筑一条长 880 米、宽 8 米江堤公路，防川村民结束“借路”出行历史。

望海阁 望海阁景点位于防川哨所东侧，建筑面积 650 平方米，共 3 层，高 14 米。

望海阁（2013 年）

张鼓峰事件纪念馆（2012 年）

龙虎阁（2017 年）

站在望海阁上可眺望朝鲜豆满江市和俄罗斯哈桑镇正前方的一片湖泊沼泽濒海平原。“望海阁”匾额为时任中央军委副主席刘华清题写。

张鼓峰事件纪念馆 张鼓峰事件纪念馆坐落于防川村，位于中俄边界张鼓峰山脚下。

张鼓峰事件纪念馆建于 2005 年，是吉林省首家民办博物馆，建筑面积 400 平方米。纪念馆分为“张鼓峰事件”展厅、防川及图们江历史展厅、放映厅、观山亭四大部分，馆藏展品 2896 件。该馆于 2008 年被评为延边朝鲜族自治州爱国主义教育基地；2011 年，被评为吉林省爱国主义教育基地；2012 年，被评为吉林省国防教育示范基地。

龙虎阁 位于防川风景名胜区中、俄、朝三国交界处。其主体建筑底部为堡垒式设

龙虎阁广场（2017 年）

计，体现国之边关，顶部为仿古式建筑，体现中华民族传统建筑风格，寓意边关堡垒坚不可摧。龙虎阁总用地面积 14931 平方米，建筑面积 8675 平方米，为仿古建筑，共 13 层，总高 64.8 米，停车场设有大型车停车位 18 个，小型车停车位 96 个，是集餐饮、购物、休闲于一体的综合服务场所。

龙虎阁纪念品商店（2017 年）

龙虎阁 2 层为防川金三角历史展览馆。3 层为防川自然环境馆。4~12 层为服务功能区和观光功能区。游客可在 10 层观景台上饱览三国边境风光，是“一眼望三国”最佳观赏点，是迎接新年第一缕曙光最佳观景台，每年元旦，吸引大量国内外游客到此迎新祈福。

满族剪纸　2012 年，防川龙虎阁建成之后，珲春满族剪纸艺人在龙虎阁展区内为各地游客现场展示剪纸手艺。

2008 年 6 月，珲春满族剪纸被列为吉林省非物质文化遗产名录，剪纸是古老的民间艺术，在防川得到传承发展。剪纸是在纸上剪画，将剪好图案贴在门框、窗子、桌子、

满族剪纸（2006 年）

朝鲜族洞箫表演（2009 年）

柜子上等，表达自己的喜乐感情及生活感受，又称“剪画”或“窗花”。防川满族剪纸作为满族传统文化中一个重要部分，不同于南方民间剪纸纤巧秀逸的风格，体现了古代北方游牧民族（满族）特色。

防川满族剪纸历史悠久，风格古朴，具有造型简练、典雅、粗犷豪放、浑厚之特点。从 1987 年起，为使民间艺术世代传承，珲春县文化馆将满族剪纸作为定项管理项目，派专人负责，在松林村办班辅导，从最初几个民间艺人发展到全村，普及到全乡，乃至全市。2012 年，剪纸民间艺术在珲春市普及，有骨干艺人 1000 多人，最大年龄 81 岁，最小年龄 7 岁。

经过多年培育和发展，杨泡满族剪纸被列入吉林省省级非物质文化遗产名录，剪纸队伍进一步发展壮大。民间艺术由松林村民间活动发展到杨泡乡、珲春市。2016 年，珲春市剪纸协会有会员 36 名，其中国家级会员 2 人，省级会员 4 名，传承人蔡景珍等艺人为传承剪纸文化艺术，进入防川景区为游客现场剪纸。

朝鲜族洞箫 2012 年，防川龙虎阁建成之后，密江乡洞箫表演队进驻景区，常年为各地游客进行演奏。

洞箫是朝鲜族古老的民间乐器，在珲春已有近百年历史。据高丽史《乐志》记载，洞箫属中国唐代乐器，在唐世宗时期，从西亚经中国传入朝鲜半岛。自 14 世纪开始，箫被改良成洞箫用于音乐实践，洞箫便成为朝鲜民族传统乐器。20 世纪 30 年代，韩信权和很多朝鲜族边民从朝鲜咸镜北道到珲春县密江村。携带一支洞箫和一个朝鲜族大鼓，与邻村另外两个老人组成三人民乐队，经常在一起进行箫鼓合奏，韩信权因此得名“韩洞箫”，成为珲春第一代洞箫艺术代表人物。1947 年，15 岁少年金官淳向韩信权拜师，经过 7 年刻苦学习，成为洞箫第二代传承人。村里有 20 多位洞箫爱好者，组建第一支洞箫队。1983 年，李吉松从延边大学毕业后，被分配到密江乡中心学校当音乐老师，经过刻苦钻研，成为密江洞箫第三代传人。

近年来，珲春市高度重视洞箫艺术传承和保护工作，将其作为民族文化大力推介，积极培养洞箫表演艺人，通过举办洞箫文化艺术节、组织洞箫交流等方式，把洞箫这一艺术从田间地头搬上舞台，这一古老洞箫艺术得以传承和发展。

自 2006 年 8 月珲春市成功举办首届密江洞箫文化旅游节以来，密江朝鲜族洞箫得到进一步发展壮大，洞箫已经成为珲春市民俗文化中具有鲜明特色的民俗乐器，先后接受中央电视台、韩国津浦市 MBC 电视台等多家国内外媒体集访。2000 年以来，珲春市对洞箫文化产业发展进行整体规划，使朝鲜族旧居参观、民俗展览、洞箫表演等有机结合，推动洞箫文化产业转型发展。加强洞箫文化传承，发展洞箫产业，注重后继人才培养和表演形式，进一步提升珲春洞箫知名度与表演水平，带动以洞箫表演为品牌的民俗文化旅游业发展。

密江洞箫经过多年保护和发展，2008 年 6 月，朝鲜族洞箫音乐被列入第二批国家级非物质文化遗产名录。是年 12 月，珲春市密江乡被授予“中国民间文化艺术之乡”称号。2009 年 4 月，珲春市密江乡又被授予“中国朝鲜族洞箫艺术之乡”称号。

朝鲜族民俗村 位于防川风景名胜区南部、张鼓峰山脚下，最低处海拔仅 5 米，是吉林省海拔最低点。防川村是以朝鲜族村民为主边境村屯，处中、俄、朝三国交界地带，距珲春市区 61 千米，总面积 24.8 平方千米。防川前临图们江，后傍仙人湖，群山环抱，景色优美，新建村民房舍是朝鲜族民俗建筑风格。全村现有村民 40 户，总人口 120 人，村内所有居民都是朝鲜族，现仍保留着传统文化气息和民族特色，是中国少数民族特色村寨。

防川村东面是俄罗斯哈桑族，西南面隔图们江与朝鲜豆满江市相望，俄朝由图们江一座铁路大桥相连接，是联结俄朝陆路贸易的唯一纽带。从防川沿图们江 15 千米可以进入日本海。从防川沿图们江出海到俄罗斯谢特港 16 千米，距符拉迪沃斯托克 180 千米。历史上，防川是东北亚“海上丝绸之路”起点。

生态湿地 防川湿地处于敬信平原范围之内，江河贯穿，湖泡连片，被称为“防川湿地”，亦被称为“图们江下游湿地”。湿地主体连片面积 5874 公顷，是吉林省重点保护湿地之一，湿地内动植物资源丰富，是中国唯一大果野玫瑰生长地。据资料记载，湿

朝鲜族民俗村（2013 年）

丹顶鹤（2017 年）

黑水鸡（2016 年）

天鹅（2017 年）

白尾海雕（2017 年）

虎头雕（2017 年）

地有鱼类 32 种，其中，大马哈鱼、滩头鱼、日本七鳃鳗等 5 种，是珍贵的经济鱼类。据统计，湿地有 199 种鸟类，其中有丹顶鹤等国家一、二级保护鸟类 18 种。森林里有海豹、水獭、马鹿、猞猁、黑熊 5 种国家二级保护兽类及 24 种野生动物。防川冬暖夏凉、温和湿润的气候适合植物生长。据统计，分布在湿地的野生植物有 76 科、336 种，占吉林省野生植物种类 15.2%。湿地辽阔湿润、环境多样，成为众多鸟类迁徙、繁衍和栖居地，每年春、秋季节，数十万只候鸟到此觅食、嬉戏。为常人所熟悉的珍禽有：白尾海雕、虎头雕、秃鹫、短耳鸮、翠鸟、鸳鸯、海鸥、秋沙鸭等，候鸟受到当地村民保护，品种和数量年年递增。

张鼓湖 位于张鼓峰西侧 1 千米处，长 800 米，宽 700 米，湖水碧蓝如镜，清澈宁静，其四面环山，清秀幽雅。这里青山、湖水与沙丘结合，堪称大自然神奇造化之地，是防川重要的旅游资源之一。

张鼓湖（2017 年）

大果野玫瑰（2017 年）

“张鼓峰事件”遗址（2015 年）

张其峰 亦称为无名高地，海拔 144.2 米，与张鼓峰相毗邻，站在张其峰峰顶之上可以清晰远眺图们江对岸朝鲜著名景点——西蕃湖。

野玫瑰 在防川一带，有大面积沙地，生长着成片野生玫瑰，花色艳丽，果实硕大，花与果均可食用，是防川独有品种。野生玫瑰在开花与挂果期间，具有良好的观赏性和药用价值。

植物园 位于防川村西北部，该园 2001 年始建于防川岛沙洲上，从“观光农业”和绿色环保出发，园中种植美洲与澳洲多品种薰衣草；按照“采摘农业”模式，种植红枸杞、黑枸杞、黄枸杞、蓝莓、黑加仑、红加仑、红树莓、蓝靛果、钙果、灯笼果、刺五加、野生猕猴桃等可食用浆果藤蔓物种；种植南国梨、苹果梨、海棠等果树品种；植物园中种植人参、绞股蓝和对心脏有保健功能的费菜等经济作物；种植黄秋葵、牛蒡、芥菜（辣根）、黑土豆、砍瓜、蛇瓜、面瓜、懒瓜、变色瓜、苹果瓜、迷你小西瓜、各种颜色的番薯等高附加值粮食作物。

园内还开辟小型苗圃，种植有竹柳、垂暴 109（柳树）、银中杨等树种，其春天不产生飞絮，将作为绿化树种替代现有城市的柳树、杨树和红豆杉等。

为使园内植物真正绿色环保，种植除虫菊杀灭害虫，不用任何农药。植物园还饲养许多种动物，诸如野鸡、孔雀、火鸡、珍珠鸡、雁鸭、野兔、贵妃鸡、绿壳蛋鸡等，用其粪便为园内植物施肥，不使用任何化肥。

“张鼓峰事件”遗址 1938 年 7 月 31 日凌晨，日、苏两国在此爆发“张鼓峰事件”，称“张鼓峰事件”遗址。位于敬信镇防川村北 1.5 千米处中俄界线上，图们江口上溯 20 千米东岸，海拔 155.1 米。山东面和北面是俄罗斯哈桑湖和波谢特草原，西北与沙草峰相连，西南与 144.2 高地相望，南面是防川村驻地，东南 2.5 千米处是中、朝、俄三国边界交接点。

图们江畔防川渔村（2017 年）

张鼓峰因“张鼓峰事件”而闻名，在其山坡上仍有被炸毁的军事碉堡及子弹壳、炮弹皮等当年战场遗物。

防川渔村 防川村位于图们江下游，自古为东北少数民族聚居地，古老民族过着渔猎、游牧生活。1965 年，防川图们江边还保留着渔民居住过的“窝棚”“地窖子”。2013 年，珲春市人民政府整合旅游资源，为从事捕鱼的防川村民建 13 栋彩钢房。政府给每户渔民提供 10 万元政策性补贴，用于更新捕捞工具。防川渔村是重要旅游景点，为游客在渔村体验“渔民生活”提供条件。

◉ 旅游线路

防川旅游产业起步于 1990 年，经过二十多年不懈努力，先后开发出边境游线路、历史文化游线路、山水风光游线路。

边境游线路 游客乘车到洋馆坪可沿途饱览中、俄、朝边境风光，至图们江码头乘水上快艇可尽情饱览中朝风光，经东方第一哨所，登上望海阁或龙虎阁，中、俄、朝三国边境风光尽收眼底。

历史文化游线路 游客乘车从吴大澂广场开始，可参观吴大澂雕像，听导游介绍吴大澂生平及在珲春的历史功绩。驱车至张鼓峰事件纪念馆，了解“张鼓峰事件”始末，参观“张鼓峰事件”遗址。游客驱车至龙虎阁和土字牌，了解吴大澂招垦、实边、勘界、谈判、立碑等历史文化。

山水风光游线路 游客可从洋馆坪出发，途径联合国公园、防川湖、沙丘公园、莲花湖、防川民俗村、图们江古码头、图们江渔村、龙虎阁，最后至土字牌，饱览防川山水风光，感受民俗风情。

晨曦雁舞（2013 年）

◉ 旅游节庆

祈福节 据南京紫金山天文台教授何玉囡测定，由新华社发布消息：吉林省延边朝鲜族自治州珲春市是 21 世纪中国大陆第一缕曙光首照地，日出时间是 2001 年 1 月 1 日 6 时 41 分。

从 2010 年起，珲春市将每年 1 月 1 日定为“新年祈福节”，在防川龙虎阁组织“望三国、观日出、迎新年”祈福活动，大量内地及海外游客汇聚到“一眼望三国”龙虎阁，与当地居民喜迎新年第一缕曙光。

许多游客在每年元旦的前一天到防川风景区“一眼望三国”龙虎阁观光塔，欣赏日出美景，许下新年美好心愿。还有很多游客分别奔赴俄罗斯哈桑镇与朝鲜豆满江市，观

新年祈福节书法家书写福字赠游客（2017 年）

迎接第一缕曙光升旗仪式（2017 年）

俄罗斯游客参加祈福（2007 年）

看防川村、哈桑镇、豆满江里市三地齐放焰火活动。迎新祈福已经成为国内外游客到防川迎接新年主要节庆活动，参加这项活动的外来游客逐年增多。

赏雁节 防川一带生态环境良好，森林覆盖率达到85%，湿地沼泽纵横。水域沼泽面积800余公顷，是我国候鸟三大迁徙停留地之一。每年3—5月，9—11月，防川湿地上有18种国家一级、二级保护鸟类和其他鸟类在此停留栖息。国家珍禽有：白尾海雕、虎头雕、秃鹫、短耳鸮、翠鸟、鸳鸯、海鸥等，景象极为壮观，全国各地摄影爱好者争相前往湿地拍照，防川成为名副其实的候鸟天堂，生态宝地。为弘扬保护候鸟和湿地环保理念，促进人与自然和谐共处，从2011年起，珲春市政府于每年3月18日在防川湿地组织赏雁节活动，开展反猎捕法治宣传、救助投食等关爱珍禽行动，对防川江河湖泊治理投资数亿元，使生态防川天更蓝、山更绿、水更清。

白尾海雕（2016年）

短耳鸮（2016年）

候鸟迁徙（一）（2016 年）

候鸟迁徙（二）（2010 年）

各地摄影爱好者参加赏雁节活动（2017 年）

志愿者为候鸟投放粮食（2016 年）

莲花节洞箫表演（2007年）

莲花节游客（2010年）

莲花节 生长着有1.35亿年种类历史的图们江红莲，开花时节红、白、粉三色相映成辉，湖面青山碧水、红花绿叶、犹如仙境。从2008年起，珲春市每年8月中旬在防川莲花湖举办观赏图们江红莲活动。

冬捕节 冬捕是防川一种古老的渔猎方式，早在一千多年前，古老的女真人就在这里以渔猎为生，女真人每次冬捕都在图们江冰面举行原始而神秘的祭湖·醒网仪式。这种仪式是集民俗、宗教、文化于一体的藏传佛教祭祀活动，场面非常壮观。2015年起，珲春市政府为发展旅游资源和冬捕文化，由珲春市政府主办，定于每年1月1日在防川开展冬捕节活动，每次捕捞各类野生鱼一万多千克，头鱼约十五千克，当场拍卖。

东北虎文化节 珲春森林覆盖率高，自然资源丰富，防川一带时常有野生东北虎出没。为提高人们保护东北虎意识，从2008年起，珲春市每年9月下旬举办东北虎国际文化节活动。

国际美食节 自2015年起，每年7月，珲春国际美食节即东北亚文化旅游美食节

冬捕文化节仪式（2015年）

东北虎文化节（2010年）

在防川举办。防川不仅拥有“一眼望三国”独特景致，同时也交织了多国的饮食文化。美食节为期四天，集中展示中国、俄罗斯、韩国、日本、蒙古五国美食，给参加美食节的国内外游客带来不一样的感受。

美食节以“相约三疆名城、共享五国盛宴”为主题，集中展现防川独具特色的民族文化，美丽怡人的山水风光，风味多样的中、俄、韩、日、蒙五国美食。活动内容主要包括美食节文艺演出、旅游宣传、儿童专场文艺演出、群众互动游戏、美食体验、五国商贸美食、国内外特产展销、工艺品展览等。在美食节可以品尝到的美食小吃有板蟹、拌明太鱼丝、帝王蟹、海螺肉、毛蟹等海鲜，还有韩式烧烤、冷面、石锅拌饭、米肠、水果捞、寿司、烤玉米等多达几十种民族小吃。

近年来，防川在弘扬民族文化、打造精品旅游线路和开发生态美食等方面取得了显著成效。防川凭借独具特色的多元饮食文化，将旅游、文化与美食有机结合，通过举办东北亚文化旅游美食节，着力打造东北亚特色旅游品牌，提升防川的国际知名度。

民俗旅游文化节　2014 年 5 月 1 日，珲春市委、市政府在防川村举办首届民俗旅游文化节。文化节活动有朝鲜族传统歌舞表演、朝鲜族传统体育比赛、朝鲜族民间游戏、朝鲜族传统美食体验、文艺和摄影作品展、黄牛选美比赛等，每年都会吸引上万游客前来。首届旅游文化节邀请了参加第十届全国少数民族运动会的运动员进行民族运动项目表演；民俗广场举办荡秋千、跳板活动；防川自驾车营地举办朝鲜族传统摔跤比赛和敬信黄牛选美比赛；防川村中心广场举办象帽舞表演、敬信风情图片展和民俗互动游戏活动——甩豆；防川村木栈桥旁 200 米长的民俗美食街上，举办民俗美食体验活动，烤牛肉串、打糕、米肠、朝鲜族泡菜、紫菜包饭及其他特色小吃吸引了大批游客蜂拥品尝和购买；珲春歌舞团表演了具有朝鲜族民族特色的歌舞，密江乡洞箫协会演奏了优美动听的洞箫合奏，让游客们感受到了浓郁的民族风情。

敬信防川美食节

民俗旅游文化节

为推进防川旅游业的发展，珲春市委、市政府于每年 5 月在防川举办旅游文化节。旨在传承防川的民族传统文化，打造防川民俗旅游的品牌。

◉ 旅游项目

滑索 滑索是沙丘公园中一个游乐项目，惊险刺激，属于极限运动。乘客穿戴柔性护具，以斜拉两根钢绳为轨道，利用重力，从高处向低处飞速滑下。滑索运动充满速度感和刺激性，可以轻松跨过山谷、河流、湖面等，让游客体会凌空飞渡新奇感受，深受青少年游客喜爱。

快艇 水上摩托快艇是防川沙丘公园中一个游乐项目，集惊险刺激于一体，摩托快艇在仙人湖上飞速前行，时而跃起，时而落下，浪花沿着快艇两边飞起，成“Y”字形射向远方，惊险刺激。

跑马 建于 2010 年，占地面积约 3000 平方米，跑道周长 800 米，有性情不同的马二十余匹。整个跑马场地势平坦，环境怡人，空气清新，是沙丘公园独具一格风景线。游客可骑上性情温和的马，悠然自得地享受大自然的宁静；亦可乘上性情刚烈的马，驰骋于跑马场地，感受惊险刺激。

滑沙 是沙丘公园内一个游乐项目，沙丘上建有 2 条滑道，每条滑道长 100 米，坡

摩托快艇（2012 年）

沙丘公园内跑马场（2017 年）

度为 45°。滑板用木质、竹子、塑料等材料制成，游客乘滑板下滑时随着惯性加大，瞬间冲到山下，在有惊无险中体味滑沙运动的刺激与快感。

卡丁车 场地位于沙丘公园南侧，占地面积约 8000 平方米。卡丁车最高时速可达每小时 60 千米卡丁车结构简单、操作灵活、安全性好，游客可体验沙丘赛车的刺激与快乐。

◉ 旅游服务

综合服务区 2009 年始建，2011 年投入使用。防川景区综合服务区总投资 1700 多万元，占地面积 14961 平方米，主楼共 2 层，为仿古建筑，建筑面积 1433 平方米。1 层为服务大厅，设纪念品店、购物区、休息室、快餐区、食品店和公共厕所。2 层为餐饮区和办公区，设餐饮包房、大众餐饮间、贵宾休息室等。停车场约 8000 平方米，采用环保透孔地砖铺设，长满绿草，远看是一块大草坪。场内有入口和出口 2 个通道，能同时停放 10 辆大客车、20 辆中巴车和 50 辆小型车辆。停车场西是图们江，江边有图们江第一码头，游客可乘船游览图们江美景。

综合服务区（2017 年）

游客到达综合服务区后，所有车辆一律停放在停车场内，游客购买门票后乘坐中巴车前往龙虎阁和土字牌景点参观，可饱览中、朝、俄三国风情。

边城小筑农家院 防川村内特色餐饮店，建筑面积 735 平方米，其中餐厅面积 400 平方米，主要经营防川朝鲜族特色菜肴。有木屋式朝鲜族民房 10 间，每间面积 12 平方米，内有火炕，供聚餐和住宿。边城小筑农家院南面是鱼塘，占地约 0.053 平方千米，放养鲤鱼、鲫鱼、草鱼、鲢鱼等鱼种，鱼塘边有 100 平方米木制平台，就餐游客可以在此垂钓。

韩香园饭店 木屋式建筑，建筑面积 700 平方米，附带鱼塘约有 2667 平方米，栽种图们江红莲，养殖有鲤鱼、鲫鱼、草鱼、鲇鱼等鱼种，在鱼塘水面散养鸭子，鸭子和土鸭蛋都成为餐厅绿色食材。饭店设有家庭旅馆，内设火炕和电热炕。院内附带俄、朝货直营店，主要经营俄罗斯、朝鲜食品、服饰、化妆品以及工艺品。

沙丘餐厅 位于张鼓峰南坡的沙丘公园内，建于 2012 年，为木板别墅，由有 3 个贵宾餐厅、1 个水上餐厅组成，可以容纳 400 余人就餐。餐厅提供绿色山野菜、有机蔬菜及沙湖鱼。沙丘餐厅汇集世间美味、环境幽雅，可以感受自然、享用美食、领略独特饮食文化。

自驾车营地 于 2015 年建成，占地面积 4 万多平方米，设有足球场、朝鲜族秋千、摔跤场、儿童乐园。别墅式酒店，建筑面积 1445 平方米；每幢独栋小别墅约 60 平方米，内设电热炕，自驾营地设停车场数百平方米，可供停车，也可供自驾游客搭建帐篷休闲。

养蜂合作社 位于防川村部办公室，养蜂合作社由村书记金万革和 7 名村民组成，采集防川蒲公英、荆条等植物花粉，以及周边林木中各种花粉，生产出纯天然蜂蜜、蜂胶、蜂王浆等产品，每年参加东北亚博览会供全国各地游客购买，并销往全国各地。

俄货商店（2017 年）

垂钓园 位于防川村西侧，建于 2001 年，两个鱼塘面积共约 5.3 公顷，池塘中内养有鲤鱼、鲫鱼、草鱼、鲇鱼等鱼种，吸引许多来自珲春和外地游客到此垂钓。

俄货商店 设在张鼓峰事件纪念馆内，面积 180 平方米，主要经营俄罗斯、朝鲜食品、服饰、化妆品以及工艺品等。

村民生活

20 世纪 60 年代，防川经济落后，村民生活条件艰苦。中共十一届三中全会后，村民生活条件有所改善，多数村民拆掉草房，修建砖瓦民居。

1992 年改革开放后，防川观光旅游人数逐渐增加。随着防川对外开放不断深入，村民收入日益增长，公共事业投入显著增加，各类基础设施逐步完善，乡村面貌日新月异，村民生活质量明显提高。

21 世纪，防川风景名胜区为国家 AAAA 级旅游景区，防川村凭借得天独厚的旅游资源，取得改革开放成果，2014 年，被国家民委评为“中国少数民族特色村寨”；2016 年，被中华人民共和国农业部授予“中国美丽休闲乡村”称号。

民族政策惠边疆，古老边地换新妆。
和谐民主康庄路，幸福之路万年长。

◉ 衣

朝鲜族人喜欢白色服装，自古就有“白衣民族”之称。随着纺织工业化不断发展，朝鲜族女性服装颜色绚丽多彩、款式不拘一格，唯有短衣长裙风格没有改变，体现朝鲜族古老服装的特点。

传统女装 朝鲜族传统民族女性服装搭配为短衣和长裙，根据朝鲜族女性的年龄和出席场合，选用不同颜色的面料制作。女子婚前一般穿着鲜红裙子和黄色上衣，衣袖上有色彩缤纷的条纹；婚后则穿红裙子和绿上衣。老

朝鲜族传统民族服装（2017 年）

年妇女喜欢穿素白衣裙，并习惯用白绒布包头，到冬天加穿以毛皮为里、绸缎为面的坎肩。中老年妇女多穿缠裙不穿筒裙。缠裙带宽腰带，有许多细褶，长及脚跟，是分叉裙子。穿时把下身裹一边后，把裙子下摆的一端提上来掖在腰带里。穿这种裙子，必须在里面加穿素白色的衬裙，筒裙是缝合的筒式裙子，但与其他民族筒裙不一样，腰间有许多细褶，上端还连上一个白布小背心，前胸开口纽扣，穿时从头部往下套。这种裙子长过膝盖，利于劳动、步行。因此，妇女劳动时多穿筒裙。朝鲜族姑娘和年轻妇女的衣裙，可以说得上五彩缤纷鲜艳夺目，具有浓厚的民族特色。

传统男装 朝鲜族男子一般穿素色短上衣，外加坎肩，下穿裤腿宽大的裤子。外出时，多穿以布带打结的长袍。成年男子上衣较短，斜襟、宽袖、无纽扣，前襟两侧各钉有一飘带，穿衣时系结在右襟上方。朝鲜族男子喜欢黑色外套或其他颜色带纽扣“背褂”，即“坎肩”，坎肩在朝鲜语中叫“古克”，一般套在短衣外面，多用绸缎作面，用毛皮或布料做里，有三个口袋、五个扣。朝鲜族男子爱穿“灯笼裤”，这种裤子裤裆肥大，盘腿坐在炕上十分舒服，在炕上盘腿而坐是朝鲜民族的传统习惯。

传统儿童服装 朝鲜族的传统童装，不论男女，以颜色绚丽为特色。童装的款式同大人的基本相同，童装的衣料多选用粉、绿、黄、蓝等色彩鲜艳的锦缎。周岁幼儿上衣的袖筒多用“七色缎”（七种颜色相配的绸缎）做料，穿在身上好像身披彩虹一般，因此这种衣服被称作是“彩虹袄”。朝鲜族认为彩虹是光明和美丽象征，意在让儿童幸福成长，使孩子们更加聪慧、活泼可爱。

现代衣着 朝鲜族服饰丰富多彩，不拘一格。进入现代后朝鲜族着装依然保留一

朝鲜族传统儿童服装（2017 年）

些传统服饰特点。20 世纪 60 年代后，朝鲜族传统服装逐渐被现代服装取代。改革开放后，朝鲜族也开始穿休闲装、西装。盛大节日，朝鲜族女人仍身着民族服饰参加活动。

◉ 食

朝鲜族饮食可分为家常饭和特制饮食。家常饭包括米饭、泡菜等，米饭以大米、小米为主。特制饮食有糕饼、米酒、糖果等。

主食 以米饭、冷面和米糕为主。盛夏，朝鲜族村民家家都吃冷面，即使是冬天冷面也受到村民的青睐。冷面一般是用荞麦粉和淀粉轧成，有时也用白面或大米面为原料。面条压成后，直接放到开水里煮熟，用凉水浸凉，捞出后加上牛肉、蛋丝、辣椒、芝麻、香油、苹果梨丝等，再浇上一些牛肉汤。吃起来甜里有酸，香里透辣，清凉爽口。

米糕种类很多，有打糕、切糕、片糕等。打糕是朝鲜族逢年过节，红白喜事招待宾客时不可缺少的主食。打糕，顾名思义，就是用手工打出来的糯米糕。打糕具体的制作方法是，先把糯米蒸熟，用木槌在木槽里打成糕团，由两个人同时打，一般要打上半小时左右，取出切成片状，放上红小豆沙面，再蘸上蜂蜜或白糖，吃起来口感津道。

副食 以泡菜为主。辣白菜深受朝鲜族人民喜爱，是冬季主要副食品。每年冬天，大白菜收回后，家家开始制作辣白菜。少则几十斤，多则上百斤。辣白菜清香爽口，有解腻解酒、助消化、增食欲之功效，不仅是平日家中常备菜，还可以摆上各类宴席，成

朝鲜族打糕（2017 年）

粮食加工工具碾子（2013 年）

粮食加工工具石磨（2013 年）

为朝鲜族日常饮食中不可缺少的一道咸菜。改革开放以后，人民生活水平提高，狗肉、牛肉、小鱼汤等美食也经常端上防川村民餐桌。

粮食加工工具

碾子 20 世纪 60 年代以前，加工原粮主要靠碾子。中华人民共和国成立前，大户人家都有自己的专用碾子，一般也供邻居使用。1965 年，防川村重建后，村民使用村里碾子。推碾子配套工具有碾棍、笤帚、簸箕、笸箩、箩、箩床等。

石磨 一般用于磨麦子、玉米等。历史上一般是用人推磨或用毛驴拉磨，为防止毛驴偷吃粮食，将其嘴套铁箍子，用布遮住其眼睛。

电磨 20 世纪 60 年代防川通电后，村里安装了一台电磨，电磨加工粮食快捷，省时省事，碾子和石磨逐渐被淘汰。

粮食加工方法 玉米面的加工方法较为简单，一般推碾两遍即可。用碾子碾掉玉米碴子表皮，将玉米粒过水沥干或拌点水，在碾子上轧至表皮脱落即可，玉米碴子皮面分离后，皮给猪、鸡当饲料，玉米碴子再推两遍即可食。20 世纪 60 年代困难时期，上碾子直接将玉米粒碾碎，过箩筛出面，再推一遍剩余的渣子，达到标准大小粒子即可食用，但口感没有刨皮加工过的细腻。碾磨出来的玉米面做贴饼子或窝头等，玉米渣用来熬粥。由于罗孔较粗大，推棒子最省事。稻谷加工、小米面加工和面粉加工方法都一样，20 世纪 60 年代前，村民原粮加工都用碾子。过节过年要加工年货，碾子不够用，各家使用碾子需排队，以致深夜还有村民推碾子。

20 世纪 60 年代后，室内碾坊安装电灯，供村民晚上推碾子照明。70 年代开始使用电磨，村民推碾子相对减少。用碾子加工粮食省钱，适合少量加工。由于碾子加工粮食味道纯正，村里用碾子碾米一直延续到 70 年代末。

古村落民居（2017 年）

20 世纪 60 年代民居

现代民居（2017 年）

◉ 住

住房建设 自古以来，朝鲜族一般选择背山临水的空地建造房屋，房子坐北朝南，盖在朝阳山脚下。朝鲜族住宅主要为土木建筑，一般以木材搭架，屋顶四个斜面，用稻草、谷草或瓦片覆盖。墙壁多为泥墙，墙面粉刷白灰。改革开放后，随着生活水平提高，砖瓦结构房屋日益增多。

朝鲜族住房，有单独式大屋，还有复合式房屋，复合式房屋相连厨房、上房、下房、厢房、廊房等，住房唯一的取暖设施就是火炕，火炕上铺垫子（席子）或糊一层油纸。

朝鲜族房屋结构有正房、仓房、碓房、牛棚、门廊等。碓房相临主房，是朝鲜族传统住宅特点。历史上朝鲜族房屋和牛棚只有一墙之隔，是朝鲜族在长期农耕生活中对牛有着特殊情感所致。

朝鲜族房屋屋脊中间平坦如行舟，两端翘起似飞鹤，形成优美的曲线。墙壁刷上白灰，显得非常干净整洁。改革开放以来，防川村民翻盖新房，全部为砖瓦结构，十分美观。

取暖设施 村民的取暖设施主要有火炕、炼炉、土暖气。改革开放前，主要靠烧火炕取暖，冬季晚上村民的重要家务就是烧火，用碎柴烂草将炕烧热。20 世纪 60 年代村民主要使用煤球炉，在屋外生好火后，待火烧旺时搬入屋内，用于烧饭兼取暖。晚间主

20 世纪 80 年代民居

20 世纪 90 年代民居

要靠火炕取暖。20 世纪 70 年代后期，防川有了用铁皮制作的烟道筒，烟可从铁皮筒子排出，炉子被固定安在室内，不用搬进搬出，方便省事取暖效果较好。20 世纪 80 年代后期，开始出现土暖气，蜂窝煤土暖气最为普遍。2000 年后，人们生活条件提高，微型锅炉进入村民家庭，可供 50 ~ 100 平方米房屋取暖。

生活能源

防川村民的生活能源主要取自柴草、液化气、电能。

柴草 20 世纪 60 年代前，防川村主要燃料是秸秆柴草。燃料秸秆主要包括玉米秸、麦秸、高粱秆、豆秸、稻草等。高粱秆用处广泛，一般不作为燃料。生活用柴接济不上时，则割野地里荒草青稞晒干或上山捡拾秋后树叶干枝等。

火炕

液化气 20 世纪 90 年代，国家城镇居民开始使用液化气，村里个别城镇户口居民家庭也开始使用液化气。凭票供应。2000 年以后，市场开放，购买液化气不受限制，液化气成为居民主要的生活能源。

电能 1965 年，防川村安装电灯，告别煤油灯时代，部分村民怕耗电花钱甘愿点蜡烛，个别村民使用电子管收音机。20 世纪 90 年代后，电视、冰箱逐渐普及，电成为防川村最重要的能源。2002 年 9 月，各户安装磁卡电表，实现一户一表，村民自己到电管站持卡买电。2009 年，供电部门将各户原来 20 安培老电表统一增容到 40 安培。随着生活水平提高，洁净无污染电炊具开始进入村民家庭，电饭煲、电磁炉、电火锅等越来越多。

20 世纪 60 年代煤油灯

20 世纪 60 年代防风煤油灯

照明方式

油碗灯 防川朝鲜族迁入初期，晚间照明用油碗灯，油碗灯是用棉花制作一个灯芯，把柴油、煤油、豆油、麻油放在碗里，点燃即可照明。

煤油灯 葫芦形玻璃灯罩，高脚灯座，中部空间装着灯油，以小齿轮控制灯光亮度。20 世纪 30 年代，成为防川村照明用具之一。日军占领防川时期，煤油作为军用物资，禁止老百姓使用，老百姓照明只能用豆油、麻油。20 世纪 40 年代后期开放使用煤油，学生上晚自习，往往自制油灯，在墨水瓶盖上钻一个洞，插入棉花捻，瓶内装入煤油，点上即可。煤油灯多在村部、学校等公共场合使用，具有防风照明功能。

电灯 1965 年，防川村和驻军部队联合建设小型柴油发电站，防川村民安上电灯。因发电站设备经常出现故障，停电现象时有发生。20 世纪 60 年代，每户仅有 1 个白炽灯照明。有些人家怕耗电花钱，甚至甘愿点蜡烛。2000 年后，白炽灯、荧光灯、节能灯、壁灯、吊灯等各类电灯安装在村民家庭。

◉ 行

牛车 20 世纪 30 年代至 60 年代初，防川村一带道路不畅，交通工具落后，人们出行主要坐牛车，牛车速度慢，一小时只能走三四千米，如果路途较远，一天不能到达目的地，傍晚要到陌生人家借宿。20 世纪 60 年代至 80 年代初，村民出行，村路上交通工具主要是牛车，少数人用自行车代步。

自行车 20 世纪 90 年代，防川村村民生活水平有所提高。在出行方面消费支出开始增多，少数人家开始购买自行车。2000 年以后，防川村自行车普及。

机动车 20 世纪 90 年代初，防川村少数家庭购买机动四轮车，出行较便捷。1985

20 世纪 30 年代牛车

20 世纪 90 年代自行车

20 世纪 90 年代摩托车

20 世纪 90 年代拖拉机

年 3 月 30 日，珲春县城至敬信防川村客运汽车正式通车，村民出行极为方便。2005 年后，防川村多数村民购买摩托车，年轻人出行多用摩托车代步。2015 年以后，家庭小汽车逐渐增多，年轻人出行驾驶私家车，老年人到乡镇或县城乘坐公交车。

◉ 通信工具

寻呼机 寻呼机也叫传呼机，又简称“呼机”，是 20 世纪 90 年代比较流行通信工具，样子小巧，使用者将其挎在腰带上。20 世纪 90 年代中期，村民中有少数人使用传呼机。寻呼机方便联系，通信及时，倍受村民青睐。2005 年后，淘汰寻呼机，手机普及。

电话 20 世纪 60 年代，防川村安装第一部电话，村民有急事借用邮电局交换台中转，为村民通信提供很多方便。20 世纪末，安装电话非常紧俏，安装费最初 3000 多元，2000 年后逐步减少到 1000 元；2005 年以后，安装座机电话免费；2016 年，防川村座机电话普及。

手机 20 世纪 90 年代出现手机，价格昂贵，属奢侈品。21 世纪初，手机逐步进入防川村民生活，2010 年后基本普及。2016 年青年村民几乎人人使用手机，为方便与子女联络，老年人也开始配备手机。

电脑与网络　2000 年后，防川成年村民开始接触电脑，2016 年，防川 40 户村民家庭，有电脑家庭占村民总户数 80%。人们在网上浏览新闻、聊天娱乐、阅读写作、购物做生意，进行网上通信，电脑和网络已经成为防川村民生活一部分。

◉ 新农村建设

民主选举　2002 年，防川村开始民主选举。截至 2016 年进行 4 次民主选举。在历届选举过程中，防川村根据村民委员会换届选举办法，坚持公平、公正、公开原则，每次都成立换届领导机构指导换届工作。换届领导小组根据有关法律法规，制订换届选举方案，培训换届选举工作人员，指导村委会换届选举，受理村民来信来访等。2016 年，防川村充分发扬民主，通过差额选举产生村民委员会领导班子。

民主决策　2012 年，防川村民开始实施民主决策。民主决策内容，凡是与村民利益密切相关的事项，必须实行民主决策。民主决策基本组织形式是召开村民会议和村民代表会议。民主决策程序：村党支部、村委会以村集体名义组织。村民联名提出议案，由村党支部统一受理，经党支部和村委会联席会议研究提出具体意见和建议，由村委会召集村民会议或村民代表大会决定。民主决策内容：宅基地使用，救灾款发放，村集体经济所得和使用，土地征用补偿及分配，新型农村合作医疗等。2016 年，村委会通过“两会”（支部会、村委会）投票表决通过经济和社会发展计划、年度财务预支出、生态环保以及与群众利益密切相关重大事项 8 项，否决 2 项，并接受全体村民全程监督。通过民主理财会、民主恳谈会或村民议事会，对村内所有村务提交村民代表大会讨论，获 2/3 以上通过后由村党支部和村委会组织实施。由于决策民主，防川农田水利建设“一区三改”（景区，改厕、改厨、改圈）、生态农业建设工程顺利开展。

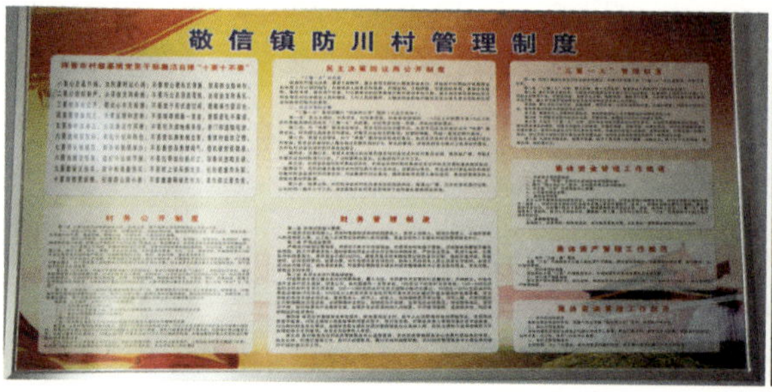

防川村管理制度（2017 年）

防川村荣誉室（2017 年）

村务公开 2008年，防川村开始实施村务公开制度。公开内容：财务收支、财产及债权债务、收益分配、农民负担、土地和宅基地审批、各种费用收缴管理、各项产业承包等需要公开内容。公开时间：每月定期张榜公布一次。公开形式：以村务公开栏为主，适时召开村民会议或村民代表会议公布。村务公开在村党支部领导下，村委会拟定公开内容、听取村民代表意见后公布。公开工作监督与管理：村民代表对村务公开工作进行监督，设定专人开启意见箱，听取群众意见，宣传解释村务公开相关内容。

生态建设 2000年以来，防川村加大生态保护力度，退耕还林，退耕还草200公顷。湿地面积增加吸引各类珍禽在这里繁衍栖息。从2008年起，防川村禁止毁灭性捕捞，图们江各类野生鱼数量和鱼种明显增多。2010年，防川村开始发展专业合作社，整合土地资源，实行规模化、集约化经营。主要以种植玉米、大豆为主，生态农业观光为辅。为保证农民切身利益，专业农场每年拿出土地种植收入10%为农民分红。通过专业农场发展，加快农业机械化进程，提高农业生产效率和产品附加值，保障承租人利益，增加农民收入，为游客提供农业生态观光基地。

防川村依靠得天独厚的图们江渔业资源条件，积极发展生态捕鱼业。2010年2月，由32名成员组成防川渔业农民专业合作社，主要从事渔业捕捞、运输、储藏、销售。合作社成员在图们江防川段水域作业，春秋两季是捕捞旺季，每年捕鱼可达1.5万公斤，主要捕捞大马哈鱼、梭鱼、滩头鱼、七星鱼等海洋洄游鱼类。防川生态鱼营养丰富，味道鲜美。

生态养殖园（2017年）

湿地珍禽（2016 年）

生态湖泊（2012 年）

村民生态捕鱼（2007 年）

天然牧场（2010 年）

第二次重建 1964年赵南起担任珲春市敬信公社路线教育工作队队长时，多次到防川考察，发现敬信至防川道路损毁严重，防川多年没人居住，赵南起把情况向延边朝鲜族自治州州委汇报，得到州委大力支持，珲春县委下发《关于向防川移民》文件。文件下发后，移民工作困难重重，防川交通不便，没有学校，适龄儿童无法上学。赵南起找时任金塘大队党支部副书记姜泰元谈话，劝其带头向防川移民，组织上保证解决交通和办学问题。

1965年春天，18个朝鲜族党员户在姜泰元的带领下，迁居防川，成为第三次开拓防川创业者。他们开垦耕地，搭房建屋。8月，连下三天倾盆大雨，防川村淹没在一片汪洋之中，房屋全被洪水冲塌，全体村民登上张鼓峰避难。防川村民克服困难，全力进行生产自救，战胜困难，1965年秋天重新盖起新房。

家庭联产承包、人民公社期间，“三自一包”（自留地、自由市场、自负盈亏和包产到户）、“工分挂帅”、“物质刺激”屡遭批判，出现干活一窝蜂、“大锅饭”现象，农业生产停滞不前。1978年，中共十一届三中全会后，拨乱反正，实行小段包工、联产到户、按劳分配。1983年春，在全村推行家庭联产承包责任制，除留少量机动地外，将土地按村民户数人口全部分给村民，实行大包干政策，签订承包合同。集体生产资料处理给农户，种植管理完全由农户自主，完成国家农业税、粮油征购、集体提留后，剩余部分收成归农户所有。当时流传顺口溜：“交够国家，留足集体，剩下全归自己。”彻底改变人民公社“三级所有，队为基础”体制。1984年，撤队建村，稳定和完善家庭联产承包责任制，提高生产水平，建立流通渠道，发展商品经济，土地承包期延长到20世纪末，村民再重新签订合同，领取土地使用证。农业结构开始由单一向多元转变，农业生产向专业化、商品化、现代化转变，广大农民开始走上富裕之路。1999年，全村适时开展农村土地二轮承包，完善土地承包责任制，将土地承包期再延长30年，建立土地流转机制。

游乐场建设 2011年，防川村建设2000平方米文化游乐场，游乐场内有健身器材，照明设施等；表演项目有秋千、过索桥、跳板、摔跤、射箭、垂钓、民族舞等。游客在防川游乐场里可以欣赏朝鲜族歌舞、朝鲜族婚礼、花甲民俗仪式和朝鲜族特色体育项目。

道路建设 2010年，防川村投入资金100多万元，修建各条水泥村路有3000米，路宽6米，公路边沟有2800米，路边植树3000多棵，种植20万株沙棘和大果野玫瑰，

村路建设（2017 年）

村路两侧安装 25 盏路灯。

卫生 1992 年后，防川村党支部委员会和村民委员会组织村民开展整理院落、栽树种花、清扫路面等村屯环境卫生集中整治，村域整体环境得到明显改观。2015 年，全村街路旁设立垃圾箱，配备专用车辆运送垃圾，安排 2 名保洁员，对防川民俗村、游乐场、市场和旅游景点进行全天候清扫。

◉ 村民收支

收入 中华人民共和国成立前，防川村民种植受生产条件限制，生产力水平低，抵御自然灾害能力差，粮食产量低，农民常以瓜菜、番薯充饥，渔民则靠捕鱼为生，村民生活贫困。防川一小部分村民靠租种地主土地或从事手工业、商业、服务业获得收入，地主与佃农、工商业主与雇工之间收入差距悬殊。

中华人民共和国成立后，废除封建土地制度，解放生产力，工、农（渔）业生产及商业、服务业有较大发展，村民收入水平逐步提高，不同行业、不同阶层收入差距缩小，但总体上城镇居民收入要高于农村居民。20 世纪 60 年代初，防川农民家庭年收入约 100 元，“农转非”（农业户口转为非农业户口）进城当工人（干部）挣工资吃“商品粮”成为许多农村人的追求目标。1970 年人民公社时期，农民家庭年收入平均为 100 余元，农村城镇户口家庭年收入 300 元。1978 年改革开放后，土地承包到户，农民收入增加。1980 年，全村实行多种经营，发展商品生产，农民收入大幅度增加，防川因地制宜，发展集体企业，允许有条件的个体户开办实业经商。1990 年，全村农民家庭年均收入 1300 余元，农村城镇户口家庭年均收入 3550 元。

1992 年，防川开放以后，村民就业机会增多，收入来源广泛，收入水平提高。农村村民除村集体分红收入外，有务工、捕鱼、养蜂、经商、出租土地与渔船等财产性收入。2000 年，全村农民家庭年均收入 3600 余元。2016 年，防川城镇居民人均年纯收入达 7000 余元。

支出 20 世纪 70 年代，防川村民穿着消费支出仍较少，村民多购买布匹请裁缝或自行裁剪缝制衣服，一套衣服穿好几年，有“新三年，旧三年，缝缝补补又三年”之说。20 世纪 90 年代初，防川村民穿着消费支出日益增加，自行购买布匹裁剪缝制的人越来越少，多购买成衣穿着，衣服样式日益丰富。

防川村民饮食消费支出占日常消费支出的 50%，直至 20 世纪 70 年代比重仍然很大，居民饮食结构比较单一，以谷物、薯类、蔬菜为主，肉类较少。20 世纪末，村民饮食消费支出逐渐提高，村民饮食结构渐趋多样化，肉类所占比重增加，西式面包、糕点、奶制品、水果等食物消费日益增多，啤酒、果汁、汽水等消费不断增加，谷物、薯类消费随之减少。2000 年，随着收入水平提高和保健知识普及，人们饮食开始追求多样化，讲究健康消费。2011 年后，居民饮食不再追求大鱼大肉，而是讲究食物营养搭配，饮食习惯有所变化，除在家中日常饭菜外，节假日常一家老小或约上亲朋好友到饭店就餐，春节、中秋节、端午节等重要节日，村民不在家中做饭，多数到农家乐用餐。

改革开放以后，防川村民家庭电器主要有收录机、电风扇、黑白电视、洗衣机、电饭锅、照相机、彩电、冰箱、微波炉、电脑等。家用电器在防川村民家庭中越来越普及。

◉ 老旧物件

衣柜 朝鲜族民间家具。衣柜一般摆在里屋靠墙处。两个为一对，其尺寸为宽 80 厘米、高 70 厘米、厚 50 厘米，门开在前上方，质为红松，也有枞、朝鲜松、栗、梨、胡桃等，最讲究的是用刺楸，刺楸木质坚硬，纹理细密。衣柜最有特色的是上面的金属饰件，钉装在柜前和边角，起美化和加固作用。一个衣柜上的饰件多为 50 多片。这些金属饰件据说有用金色的真鍮（黄铜）的、有用银色的白铜的，还有黑色的锻铁装饰，富贵人家则用螺钿或华角镶嵌。

打糕槽子 制作打糕工具，长 1.4 米，宽 0.8 米，木制槽子。此物件是防川金姓老人保留下来的民俗器具，据老人介绍，打糕槽子是其爷爷用凿子花费3天时间制作完成，在家中使用 100 多年。2017 年 8 月，被珲春市红色文化民俗博物馆征集。

牛车 朝鲜族牛车辕子前边有一根横木，在套车时，让耕牛放到车辕子里边，前头横木搭在牛脖子上，从左往右或从右往左栓皮带，扣住牛脖子，牛向前拉车即可前行。

汉族牛车套车方法烦琐复杂，两个车辕从车厢内延伸，车辕子比朝鲜族牛车辕子短，车辕头大致到牛腰位置，牛身上放个牛搭子，从车辕子前部取出牛套来，再将牛套穿过牛鞍子，加以固定，十分复杂，为方便村民农耕使用，汉族牛车逐步改成朝鲜族牛车。该牛车在防川李姓村民家保存多年。2017 年 8 月，被珲春市红色文化民俗博物馆征集收藏。

高跷 木制，踩高跷时绑在腿上，称“高跷腿子”，踩高跷始于金代。据《松漠记闻》载：女真人喜欢娱乐，经常踩高跷舞踏槌。清代满族人入关后，多人踩高跷扭秧歌，用唢呐锣鼓伴奏起舞，踩高跷扭秧歌表演有“跑旱船”“蛤蜊精”“ 孙悟空”“ 猪八戒”等。该物件在防川村居住过的郎姓满族村民家中保存多年。2017 年 8 月，被珲春市红色文化民俗博物馆征集。

20 世纪 60 年代朝鲜族衣柜

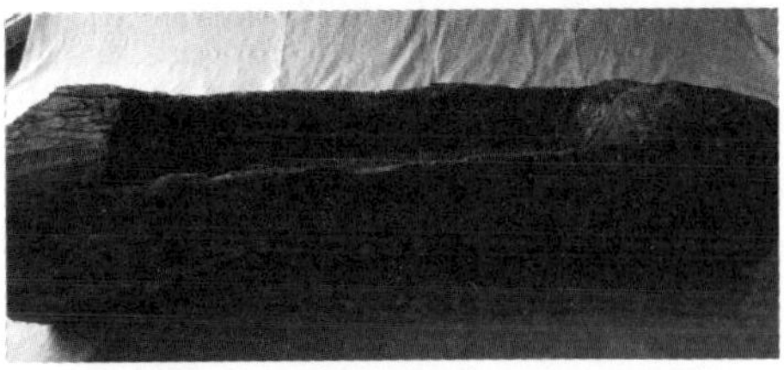

20 世纪 50 年代打糕槽子

20 世纪 70 年代高跷

供香桌 木制，四条腿，长方形，桌面两端呈弧形向上弯曲，桌面下有三个抽屉，满族人祭祀时用其装香。满族人祭祀时，在供香桌上摆好各种祭祀品（猪头，猪尾，水果，食品等），点上香，族长从西屋棚底取出祖传匣子里的家谱，族人面向西屋大炕跪下，在族长的主持下，先给列祖列宗行三拜九叩之礼，萨满（大神）和副萨满（二大神）开始跳舞，时而悠扬动听，时而狰狞恐惧，如妖魔鬼怪一般。祭祀活动持续大约 2 小时。据孟姓老人讲，该供香桌在其家使用 120 多年。2017 年 8 月，被珲春市红色文化民俗博物馆征集。

20 世纪 60 年代供香桌

20 世纪 50 年代老式熨斗

老式熨斗 该熨斗底部呈船形，前窄后宽，熨斗下部有一圈半月状孔，熨斗把手木制，两侧亚腰状，该熨斗制作精良，是老式铁熨斗。该物件在防川金姓村民家中保存多年。2017 年 8 月，被珲春市红色文化民俗博物馆征集。

20 世纪 50 年代小铁锅

小铁锅 祭天时使用，满族人相信万物有灵。满族祭天神方法有两种：一种是家祭，另一种是郊祭。家祭是在自家庭院中进行，将大块猪肉放到锅里煮，点上香，在族长率领下对苍天行三拜九叩之礼，由萨满（大神）和副萨满（二大神）双双跳起萨满舞，萨满口中念念有词地唱着，歌词大意是祈求苍天保佑家族人丁兴旺，五谷丰登。祭天完毕后，族长将锅中大块肉切割分配给家族人享用；郊祭，将小铁锅架在原野上，锅里加水放入大块猪肉，架起木炭火开始煮肉，摆放香案子，开始点香，由族长率族人行三拜九叩之礼，再由萨满等人翩翩起舞，舞毕开始会餐。小铁锅是满族人祭天专用器具，在防川铁姓村民家中保存多年，2017 年 8 月，被珲春市红色文化民俗博物馆征集。

20 世纪 60 年代碗柜

碗柜 木制，满族人厨房用具。据珲春铁姓老人介绍，该碗柜是老人曾祖父清末时期居住防川桧忠源时使用，至今已有 160 多年。碗柜表面涂层油漆，部分地方露出白灰痕迹。该碗柜在杨木林子部姓村民家中保存多年。2017 年 8 月，被珲春市红色文化民俗博物馆征集。

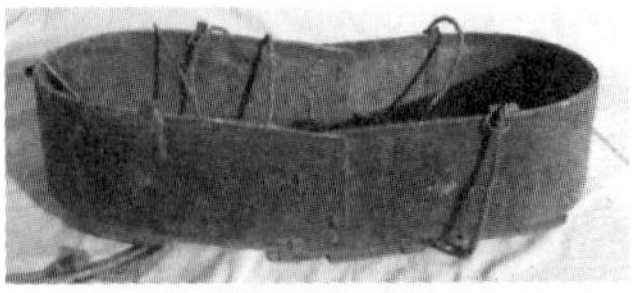
20 世纪 60 年代摇车

20 世纪 50 年代木斗

20 世纪 70 年代泥酒篓

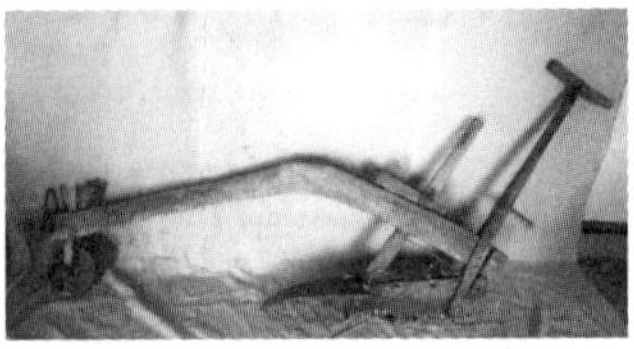
20 世纪 70 年代犁杖

摇车 木制，摇车外形像一只木船，也像一个木笸箩，用牛皮绳或麻绳悬挂在空中。20 世纪 60 年代前，出生于东北地区的满族婴儿都使用摇车。摇车由满族先民发明，有"关东三大怪"之称。历史上生活在防川一带的游猎民族，终日跋涉崇山峻岭，妇女分娩后，无法携带婴儿采摘狩猎，将其放在地上又怕被野兽吃掉，只好放在摇车里，再高高地吊在树上。关东流传着"三大怪"，即"窗户纸糊在外，大姑娘叼烟袋，养活孩子吊起来"。摇车是"三大怪"其中之一，该摇车在防川何姓村民家中保存多年。2017 年 8 月，被珲春市红色文化民俗博物馆征集。

木斗 木制，计量谷物工具，木斗分大斗、小斗，大斗 25 千克，小斗 22.5 千克。中华人民共和国成立前，珲春板石有位大地主韩希三，人称"韩大麻子"，家财万贯、佣人无数，秋天收粮时使用大斗收租，春荒农民借粮时用小斗放贷，大斗进，小斗出，百姓怨声载道。1945 年日本投降后，在打土豪、分田地中，韩希三被珲春政府处决。1968 年，板石朝鲜族崔姓农民搬迁到防川，将该物件带到防川村。2017 年 8 月，该物件被珲春市红色文化民俗博物馆征集。

泥酒篓 1972 年，防川村民在挖条田时发现，经专家鉴定是唐渤海国时期器具。酒篓鼓腹小底、细颈略敞口，酒篓底部有小孔，用来倒酒。该酒篓在考古发掘中首次出土，非常珍贵。据历史资料载："渤海人好酒，逢酒必饮，每饮必醉，用碗饮酒，少则几碗，多则十数碗。"2017 年 8 月，该物件被珲春市红色文化民俗博物馆征集。

牛犁 牛犁在中国起源很早，据史料记载，春秋战国时期，晋国有人开始使用牛犁，牛犁出现是社会文明进步标志。

牛犁分两种：一种是汉族（也包括满族人）犁杖，另一种是朝鲜族犁杖。汉族犁杖有两种使用方法：一是种地时使用，种地时，在犁铧上加犁碗子，将整个垅破开使土地松软种上种子；第二种是耥地使用，耥地去掉犁碗子，将犁铧子土平分两边。防川村民有句谚语："三铲三耥，粮食满仓。"几千年来，牛犁对人类农业生产做出重大的贡献。

改革开放后，牛犁逐渐消失，被各类大小农用机器代替，防川村民使用2000多年的农用工具被淘汰，该牛犁在防川金姓村民家中保存多年。2017年8月，该物件被珲春市红色文化民俗博物馆征集。

20世纪50年代石臼

石臼 用石头或木头制作，家庭小型捣米用具。石臼使用方法：首先将石臼埋在地里，在石臼对面三尺许搭建一个木架，顺木架在石臼上方绑上绳索，底部绑木脚板，木棒头绑着粗木杵，谷子放置于石臼里，木杵砸在石臼正中，踏脚板木杵升起，脚板放木杵砸下去，循环往复捣米。据老人讲，石臼捣米比现在机器磨米好吃，该石臼在防川朴姓村民家中保存多年。2017年8月，被珲春市红色民俗博物馆征集。

20世纪60年代靰鞡

靰鞡 靰鞡历史悠久，源远流长，早在金代（1115—1234），女真人就穿靰鞡，是历史上防川农民冬天必备品。该鞋用牛皮缝制而成，制作精良，

民间有个故事。相传当年康熙皇帝到东北打猎，晚上在野外宿营，皇上半夜冻醒起来散步，看见士兵往鞋里放“靰鞡草”，康熙皇帝从士兵鞋里拽出两把草放到自己鞋里，感觉脚底下热乎乎，自言自语道：“关东山，三宗宝，人参，貂皮，靰鞡草。”皇帝与靰鞡草的故事在东北大地广为流传。该物件是防川郎姓村民祖父遗留物品，在家珍藏50多年。2017年8月，被珲春市红色民俗博物馆征集。

绣花鞋 绣花鞋起源很早，在秦汉时期宫廷已出现。皇后嫔妃等贵族妇女讲究服饰美，脚上穿一双绣花鞋，是身份地位尊贵象征。

绣花鞋刺绣是中国古老传统艺术，在江南水乡有几千年历史，被誉为“南国刺绣”。据史料记载，慈禧太后喜欢刺绣。民间满族妇女也擅长刺绣，从十多岁就开始学习刺绣，待到成年出嫁若不会针线刺绣，会被邻里歧视。刺绣是满族妇女必修课程。绣花鞋在防川何姓村民家中保存多年。2017年8月，被珲春市红色文化民俗博物馆征集。

龙虎阁燃放第一缕曙光祈福焰火（2013 年）

风土民情

清军入关前，防川一带以土著人（满族）为主，以游牧、采摘、渔猎等为生产生活方式，民间留下许多有关游牧、采摘、渔猎歌曲。

清代中叶，防川村民保留“压地戗子”习俗，便于挖药材、采野果居住。渔民保留“搭网房子”“挖地窨子”习俗，便于开江临时居住。每年春季驾船打鱼时，渔民们都在渔船和身上系红布条，集体烧香、放炮，祈祷平安与丰收。

清同治年间（1862—1874），朝鲜灾民越境垦荒淘金，防川逐渐形成朝鲜族聚居村落，民风朴实淳厚、民俗文化浓郁。

◉ 美食小吃

打糕 是朝鲜族著名传统风味食品，食用时切成块，蘸上豆面、白糖或蜂蜜等，吃起来筋道味香。朝鲜族历来把打糕当成上等美味，每逢重要节日、婚姻庆典、婴儿周岁或接待贵宾时，都要制作打糕。其制作方法是，先把米放到水里浸泡一段时间，捞出来放到锅里蒸熟，将蒸熟的米放到木槽里，两人各站一边，交替捶打。打若干遍后，用手将打糕翻过来，再打数遍，捶打遍数越多打糕越好吃。打糕一般有两种：一种是用糯米制成的白色

打糕（2015 年）

打糕制作过程（2017 年）

大酱（2006 年）

大酱汤（2007 年）

打糕，另一种是用黄米制成的黄色打糕。

大酱 是朝鲜族传统食品，多用于制作朝鲜族酱汤。制作方法是：每年秋天将新收的大豆精选洗净，放进锅里加水煮熟，待到汤水耗净，豆粒用手捻至酥烂，制作成酱坯。酱坯大小一般约 0.3 米长，横截面积 25 平方厘米左右圆柱体，在室内阴凉通风处晾挂三五日，风干后外包一层牛皮纸（防止蝇虫腐蚀、灰尘玷污等）。每坯间距约 0.3 米，酱坯多时分层摞起，用细木条隔开，约一周时间将酱坯调换位置继续贮放，酱坯发酵到一定程度为好。一般到翌年农历四月开始下酱，去掉外包装纸后将酱坯放入清水中仔细清洗，刷去外皮不洁物，将酱坯分成细小碎块放入缸中。按 1 千克豆料 0.5 千克比例放盐，用白开水充分融化，去掉沉淀，注入缸中，水与碎酱坯大约是 2 ∶ 1，用白纱布蒙住缸口阻尘发酵，3 天以后开始打耙，每天用酱耙子（就是一根木棒下面钉一块板）打耙，坚持一个月时间，每天早晚各打一次，每次 200 下左右，把沫子盛出来丢掉，直到酱发透（酱液表面生出沫状物），每天打耙，酱会变得很细，大酱发酵后方可食用。

大酱汤 是朝鲜族村民十分喜爱的菜肴之一。它有消炎、预防乳腺癌、增强免疫力、降低肿瘤发病等作用。朝鲜族有句谚语：“每天一碗大酱汤，终生不用开药方。”大酱汤还含有乳酸菌和酵母等多种利于蛋白质消化的微生物。据调查，每天喝一碗大酱汤，胃溃疡发病率会大大降低，大酱中酵母有利于胃肠消化。营养专家建议学生早餐要喝一碗大酱汤，大酱汤含卵磷脂、维生素，能使学生脑细胞更加活跃。大酱汤以大酱、蔬菜、海菜、葱蒜、豆油等为主要材料，有时亦用各种肉类或明太鱼等熬制。凉汤以黄瓜丝、葱花、大蒜冲凉水，加上酱油（或大酱）、醋、芝麻而成，三伏天喝凉汤，可清凉去暑。大酱还可以加工制成辣椒酱、汁酱、淡水酱。朝鲜族喜欢吃辣椒酱，辣椒酱是用糯米糕加上辣椒面、大酱、蜂蜜或糖稀、芝麻、香油等各种调料制成，吃起来辛辣香甜。

狗肉 是朝鲜族村民尤其青睐的传统美食，村民吃狗肉的方法是：把狗肉放入清水里泡一段时间，再放入大锅煮熟，先捞出心、肝、肺、肾、肠等内脏，作为特殊菜肴食用。狗肉则一直煮熟烂，撕成细丝即可蘸狗酱食用。狗肉属于高蛋白、低脂肪食品，营养价值极高，对人体有一定滋补保健功效。朝鲜族有一句俗语，“三伏天吃狗肉胜似吃补药”。

狗肉汤 是朝鲜族村民日常饮食中不可缺少的美食，是各种汤中上乘食品。生活条件提高后，村民不论是寒冷冬天，还是炎热夏季，朝鲜族家庭经常食用狗肉汤。狗肉汤制作方法是：把狗肉下水放到大锅里煮，一直煮到熟烂可以撕成肉丝，汤煮成乳白色，加上狗酱即可食用。

清军入关前，东北满族人根本不吃狗肉。中华人民共和国成立后，传统朝鲜族狗肉汤受到延边各族青睐。

狗酱 是决定狗肉味道是否鲜美的关键，做法十分讲究，吃狗肉和狗肉汤要加入狗酱，肉与汤既辣且香。狗酱制作方法是：把煮熟肠子摘出肠油后剁碎，与酱油、辣椒面、蒜泥、葱花、野苏子叶等调味品放在小锅里，熬成狗酱汁，盛汤加肉后，放入适量狗酱，味道鲜美。内脏和皮肉可单独做菜肴，蘸着狗酱食用。

冷面 味道独特，甜辣爽口，清凉不腻，深受村民喜爱。冷面制作方法比较复杂，要按适当比例将荞米粉、米粉、淀粉等搅拌均匀，压成细面条，用精牛肉或鸡肉熬汤，做汤时一定要待汤冷却后撇除浮油才能使用。面条下锅煮熟，盛放于大碗内，在冷面

狗肉（2014 年）

狗肉汤（2011 年）

狗酱（2017 年）

狗排（2017 年）

碗里放香油、胡椒面、辣椒面、味素等调料，浇上肉汤，放入牛肉片、鸡蛋、苹果片或梨片，吃起来格外开胃爽口。

冷面（2015 年）

米肠 米肠制作原料：糯米、大米、猪血、猪肠、卷心菜、猪板油、酱油、精盐、葱末、醋、熟豆油等。米肠制作方法：将猪肠放清水加精盐、醋搓洗干净，放入冷水中浸泡 2 小时洗净取出，剪成 1 米左右段备用；卷心菜焯水后剁成颗粒状，猪板油切成小丁，糯米、大米混合洗净，鲜猪血加入冷水搅拌均匀；将以上食材加上熟豆油、酱油、精盐、葱末一起搅拌均匀作为馅料；一端用绳子把猪肠系紧，从另一端将馅料灌入肠内，扎紧后放入热锅中煮熟，用快刀切成斜片装盘，蘸酱汁即可食用。

米肠（2017 年）

辣白菜 属于泡菜类一种，朝鲜语叫“吉木其”，是朝鲜族饮食中最有特色佐餐食品。在防川朝鲜族家庭之中，无论村民吃粗茶淡饭还是美味佳肴，都离不开辣白菜，没有这道鲜美小菜，吃饭觉得不够香。深秋来临之时，朝鲜族家庭都要腌制辣白菜。要腌制出味道鲜美的辣白菜，着实要下一番功夫。辣白菜腌制方法：挑选大小适当的包心菜，除去菜根和泥土，用水清洗后，装入缸内，用盐水浸泡，使其入味后，再用清水洗净，把白菜从里到外抹上用蒜泥、辣椒面、香菜等做成的佐料，放进缸里，上面压上一块石头，放置阴凉低温处，半个月后，即可食用。如放置菜窖中，味道更加清凉爽口。辣白菜是防川村民都十分钟爱的朝鲜族传统美食。据科学研究，辣白菜中含有大量有机酸、乳酸菌、膳食纤维以及多种营养成分，具有抗衰老和增强免疫力功能，深受延边各族人民喜爱。

辣白菜（2004 年）

蝲蛄豆腐 是防川传统美食。防川村各饭店把蝲蛄豆腐称为吉菜花魁（东北传统菜系首席招牌菜），菜碗里一朵朵粉嫩嫩、金灿灿的蛋花飘落在翠绿韭菜末、香菜叶间，

豆面糕（2011 年）

宛如一幅映日荷花图嵌在桌上。粉色是蝲蛄肉，金黄色是蝲蛄黄，配菜可以用韭菜、香菜，也可以根据自己喜好用小白菜、菠菜等食材搭配。防川地貌属于山区、半山区，河沟、泡子中盛产野生蝲蛄，村民们便用当地白菜、菠菜、韭菜、鸡蛋等食材与之搭配，佐以适量调味品，烹制出美味可口的蝲蛄豆腐。相传乾隆皇帝东巡吉林初食蝲蛄豆腐，顿感余香挂齿，龙心大悦，挥毫泼墨写下“风来西北东南去，吹送朣萝达玉京”，对这一道美食大加赞赏。

玫瑰饼 防川传统食品。玫瑰饼是用防川沙丘上野玫瑰花，摘瓣去蒂，用清水洗净之后，经过腌制，与炒熟的蜜糖拌在一起，做成玫瑰馅儿，再用白面和成面团，把面团发酵后，分层折叠后做皮，将馅儿包好摁扁，呈圆饼形状，上印“玫瑰花饼”四个字及花样图案，再经过烘炉烤制，即可食用。玫瑰饼糖馅酥皮，饼香味浓，酥脆爽口，具有传统饮食文化特点。中国历史上有吃鲜花记载，古人认为鲜花是植物精华，食之可以养生，延年益寿。

豆面糕 满族古老食品，又称驴打滚。原料用黄米面加水蒸熟，多加水使面变软。另将黄豆炒熟后轧成粉面，制作时将蒸熟黄米面沾黄豆粉面擀成片，抹上赤豆沙馅（也可用红糖）卷起来，切成 100 克左右小块，撒上白糖即可以食用。制作时要求馅卷得均匀，层次分明，外表呈黄色，特点是香、甜、黏，有浓郁黄豆粉香味儿。自古以来防川地区就盛产一种黍米，这种黍米，性黏，满族人称之为黄米，可焖干饭，或碾成粉用来做黏豆包、年糕，吃黏食是满族人的传统习惯。

萨其马 萨其马是满族传统甜食，也称“满族饽饽”，清代关外三陵（沈阳北陵、沈阳东陵、新宾永陵）祭祀用品之一。萨其马做法，将面条用油炸熟后，用糖和蜂蜜将炸过的面条小段糅合在一起，用炭火烤熟，切成小块。史书记载，“萨其马乃满族饽饽，以冰糖奶油和白面为之，形如糯米，用木炭烘炉烤熟，遂成方块，甜腻可食”。

◉ 土特产品

东珠 在防川村地域内泡子里面盛产野生河蚌，这种河蚌里自然生长珍珠，在中国被视为珍珠极品，称之为东珠。在清代野生河蚌分布很广，遍布中国东北地区，尤以吉林境内图们江、黑龙江境内松花江及其支流居多。清代东海打牲丁，夏捕东珠，秋挖人参，冬取貂皮，献给皇族享用。东珠和人参、貂皮同为东北贵重特产，东珠又称为贡珠。按清朝规定，东珠制成“顶珠”后，只有皇帝、皇后以及王公大臣可以佩戴。

独活 防川土特产品，属名贵中药材。别名胡王使者、独摇草、独滑、长生草、川独活、肉独活、资历邱独活、巴东独活、香独活、绩独活、大活、山大活、玉活等。为伞形科植物，春天幼苗刚发芽或秋末茎叶枯萎时采挖，除去须根和泥沙，烘至半干，堆置 2~3 天，发软后再烘至全干。防川独活长得尤其粗壮，可以长到一人半高，茎干直径有小碗口粗。

枸杞 是名贵药材和滋补品。防川一带山林中生长野生枸杞，枸杞果实为间歇式成熟。按一般果实成熟期将其分为春果枸杞、夏果枸杞和秋果枸杞。6—7 月初成熟的为春果枸杞，7—8 月成熟的为夏果枸杞，9—10 月成熟的为秋果枸杞。

玫瑰果 防川由于近海临江，有很多沙地。进入夏天，生长在防川沙丘上的野玫瑰花盛开，芳香四溢，花落结果，其果实大如海棠，故其又被称为大果野玫瑰。为野生植物，生长于日本海沿岸沙丘林中，防川昼夜温差大，有利于植物吸收养分，促进花果生长。玫瑰具有花瓣大、果实大等特点。该野生玫瑰为防川一带独有，被联合国教科文组织列为重点保护花种。

荚果蕨 别名黄瓜香，为球子蕨科多年生草本植物，分布于防川一带及周边地区，喜欢生长在针阔混交林下，灌木丛中及浅山河边湿地上。荚果蕨含丰富蛋白质、脂肪、碳水化合物和多种维生素，是长白山著名山野菜。其含有诱人鲜黄瓜幽香味道，故而得名。色泽青翠顺眼，含有丰富的卵白质、脂肪、碳水化合物、无机盐和多种维生素，食之鲜味适口，炒、泡、调汤皆宜，是著名山野菜之一。

河虾 防川特产河虾，分布于江河、湖泊和池塘之中，又称青虾，学名叫日本沼虾，是优质淡水虾类。肉质细嫩，味道鲜美，营养丰富，是高蛋白、低脂肪水产食品。河虾体内含有一种重要物质——虾青素，即表面红颜色成分。虾青素是中国目前最强抗氧化剂，颜色越深说明虾青素含量越高。虾青素广泛用于化妆品、食品添加以及药品之中。

河蟹 也称“螃蟹”或“毛蟹”，节肢动物门甲壳纲动物。头部和胸部结合而成，头胸甲呈方圆形。身体前端长着一对眼，侧面具有两对十分尖锐的蟹齿。螃蟹最前端一对附肢叫螯足，表面长满绒毛；螯足之后有 4 对步足，侧面扁且较长。从河蟹腹部可辨别雌雄：雌性腹部呈圆形，雄性腹部为三角形。幼蟹溯江河而上，在淡水中发育长大。河蟹肉质鲜嫩，深受村民喜爱。

蕨菜 为山珍之一。又称拳头菜、猫爪、龙头菜。属于凤尾蕨科。营养价值高于其他普通蔬菜，味道有点苦。喜生于浅山区向阳地块，多分布于稀疏针阔混交林。其食用部分是未展开的幼嫩叶芽。蕨菜生长在林间、山野、松林内，无任何污染，为绿色野菜，含人体需要多种维生素，还有清肠健胃、舒筋活络等功效。蕨菜食用前经沸水烫后，再浸入凉水中去除异味，即可食用。经加工处理的蕨菜口感清香滑润，再拌以佐料，清凉爽口，是难得名品佳肴。还可以炒食，加工成干菜，做馅、腌渍成罐头等。

蝲蛄 又称“大头虾”，在动物分类学中，属于节肢动物门甲壳纲蝲蛄科。模样与生活在海洋里龙虾十分相似，有“淡水龙虾”之称。中国共有 4 种蝲蛄，有 3 种生活在东北地区山地溪流或山地附近河川、湖泊里，肉质细腻，味道鲜美。分布区域：吉林省长白山、鸭绿江、图们江水域各支流。

龙胆草 又名龙胆，有清热解毒，泻肝胆之火作用。主治高血压，头晕耳鸣，胆囊炎、急性传染性肝炎、湿热黄疸、疮疖痈肿，口苦和惊风等症，为保肝利胆之良药。龙

干蕨菜（2017 年）

河蟹（2017 年）

胆草性喜潮湿凉爽气候，野生于山区、坡地、林地及灌木丛中。在防川一带山坡上广有分布。龙胆草在整个生长季节，适宜较高温度，适生土壤以含丰富腐殖质石灰质土壤和砂质壤土为宜。

扦扦活 俗称马尿骚，满族名字为那热特。一般生长在草甸上或沟边，茎约 1 米多高，秋季枝端开一嘟噜的小白花。马尿骚生长在河边江岸等处，有小碗口粗树干，树干中空，里面长有树芯子。共药用价值为治疗关节痛、风湿，骨折等，用法为用树枝叶泡水洗患处。

大马哈鱼 属鲑科鱼类，是鲑鱼的一种，是冷水性溯河产卵洄游鱼类。出生于图们江淡水中，在太平洋海水中长大。每年秋季，在黑龙江、乌苏里江和图们江可以见到这些大马哈鱼。大马哈鱼是肉食性鱼类，本性凶猛，到大海后以捕食其他鱼类为生。而在幼鱼期，则以水底栖生物水生昆虫为食。大马哈鱼是珍贵经济鱼类，深受人们喜爱。其卵也是著名美食，营养价值很高。素以肉质鲜美、营养丰富著称于世，历来被人们视为名贵鱼类。防川村图们江段盛产大马哈鱼，被誉为大马哈鱼之乡。

图们江红莲 生物学家经过研究证实：图们江红莲 1.35 亿年前诞生于图们江流域。该物种在防川村地域河流、湖泊中均有分布。图们江红莲品质优良，各部分均可入药：莲子中钙、磷和钾含量非常丰富，除可以促进构成骨骼和牙齿成分外，还有促进凝血，使某些酶活化，维持神经传导性，镇静神经，维持肌肉伸缩性和心跳节律等作用。对治疗神经衰弱、慢性胃炎、消化不良、高血压等也有一定功效。红莲根茎粗壮，肉质细

图们江红莲（2007 年）

图们江梭鱼（2007 年）

嫩，鲜脆甘甜，洁白无瑕。红莲柄名为荷梗，叶名为荷叶及荷叶蒂，荷花蕊名为莲须，果壳名为莲蓬，果实为莲肉或莲子，其中胚芽名莲心。红莲的根茎名为藕，莲藕含有淀粉、蛋白质、天门冬素、维生素 C 以及氧化酶成分，含糖量也很高，生吃鲜藕能清热解毒，解渴止呕。如果将鲜藕压榨取汁，其功效更好。煮熟藕性味甘温，能健脾开胃，益血补心，故主补五脏，有消食、止渴、生肌功效。

图们江梭鱼 背侧为青灰色，腹面为浅灰色，两侧鳞片有黑色竖纹，为近海鱼类。喜栖息于江河口和海湾内。性活泼，善跳跃，在逆流中常成群溯游，以水底泥土中有机物为食。体型较大，可以长到 1.8 米左右。梭鱼头短而宽，鳞片很大。梭鱼生活在沿海、江河入海口或者咸水中。

滩头鱼 又名三块鱼、勃氏雅罗鱼，俗称高丽细鳞、大红线等，为鲤鱼科鱼类中唯一生活在海水中的洄游性鱼类。在中国分布于绥芬河、图们江。滩头鱼体长型、色彩艳丽、肉质细嫩、易上钩，是集观赏、食用、垂钓于一体的鱼类品种之一。

◉ 民族歌谣

防川村朝鲜族在继承和发展朝鲜族民族文化遗产方面做出很大贡献。朝鲜垦民迁入中国加入中国国籍后，同中国各族兄弟民族，经过长期生产斗争实践，在继承朝鲜族的文化遗产基础上，不断汲取其他各民族的文化精华，创造出具有朝鲜族特色的文化艺术。朝鲜族自古就是一个能歌善舞的民族，朝鲜族歌曲和舞蹈是民族文化艺术重要组成部分。

朝鲜族每逢孩子周岁生日、结婚仪式和老人花甲等喜庆日子，整个村落男女老少都要穿上漂亮民族服装，在炕上、院内或田间地头围成圈，随着圆鼓和长鼓节奏尽情唱歌歌舞，朝鲜族歌舞民俗特点是歌中有舞，舞中有歌，边唱边跳，气氛愉悦。

农谣　防川满族劳动歌曲，在民谣中广泛流传。满族从事各类生产劳动有农田歌：《插秧歌》《农夫歌》等，一般在春耕、夏锄、秋收时在田间即兴清唱；捕鱼歌有《船歌》《拉网歌》《捞鱼歌》等，在渔民织网、修理船只、出海捕鱼时即兴清唱；家务劳动歌有《织布歌》《纺车歌》《摘桑谣》等，一般在纺线、织布时即兴清唱；狩猎时唱《野鸡打铃》，伐木时唱《拉木歌》，打铁时唱《风箱歌》等。

风俗谣　朝鲜族风俗谣。用于民间娱乐、婚丧嫁娶等传统风俗活动。歌谣种类形式多样，青年歌舞时唱《轮舞歌》，男女游玩时歌唱《打秋千》《拔河歌》《象棋打令》，婚礼时演唱《结婚仪式歌》《媳妇之歌》，送葬时唱《丧殡嗦哩》等。传统风俗谣，百年传唱，经久不衰。

抒情谣　朝鲜族风俗谣。抒情歌数量多，题材广，涵盖人民生活各个方面。爱情类歌曲有《阿里郎》《姑娘和小伙子》，一般在青年男女恋爱时演唱。生活类歌曲有《苦媳妇》《丰收歌》等，歌曲通常在庆祝农业丰收时演唱。抒情歌谣大多旋律流畅，抒情轻松，节奏感比较强。

童谣　满族童谣，为儿童创作短诗。满族童谣有《摘西瓜》《捉迷藏》《捉蜻蜓》等，通常在儿童游戏时演唱。生活童谣有《太阳、太阳》《圆圆的月亮》《想妈妈》《挖野菜》等，通常在中秋节时演唱。童谣稚嫩可爱，节奏明快。

长歌　满族民俗歌曲。长歌内容丰富多彩，情节细腻，如《游山歌》《楚汉歌》《孔明歌》等，一般在上元节（正月十五）、中元节（七月十五）、中秋节（八月十五）时演唱。

◉ 民族歌舞

农乐舞　农乐舞是朝鲜族传统民间舞蹈，是朝鲜族历史上最久远的舞蹈，俗称“农乐”。农乐舞是朝鲜族农耕生产生活中一种融音乐、舞蹈于一体的综合性民族民间艺术。通常在喜庆节日里表演，分情节表演与技巧表演两种，在防川朝鲜族民间广泛流传。农乐舞表演以打击乐器锣鼓为先导，领衔者打鼓，舞蹈开始及中间变换均由打鼓者指挥。表演农乐舞时，必须安排一人舞旗，站在打鼓者之前，尽情舞动，增强表演气氛。农乐

朝鲜族农乐舞（2014 年）

舞表演是一项大型综合性表演，一场表演需要多人耗费多时才能完成，该舞蹈通常在风调雨顺丰收年景欢乐表演。

象帽舞 是朝鲜族富有代表性舞蹈。表演时舞者以颈项力量频频摇动头部，带动帽子上面飘带，舞出形式多样美妙彩环。象帽舞历史悠久，文化内涵丰富，是一门综合性民间艺术。象帽舞把音乐、舞蹈、演唱融为一体，其舞姿活泼优雅，节奏欢快舒畅，充分反映朝鲜族人民在劳动、生活中喜悦之情和活泼大方民族气质，是朝鲜族村民在长期生产和生活中创造出的宝贵文化财富。该舞蹈通常在防川村家庭聚会或婚庆、花甲宴会上表演。象帽舞已被列入国家级非物质文化遗产。

刀舞 由剑舞演化而来，刀舞如剑舞，雄壮勇猛，跃动舞姿贯穿舞蹈全过程。舞蹈反映朝鲜族人民勇敢、大胆、智慧、乐观的民族气概。舞蹈姿势刚柔相济，舞姿优美，感染力强，体现朝鲜族舞蹈高超技艺，该舞蹈一般在防川村民运动会上表演。

象帽舞（2012 年）

儿童在跳象帽舞（2015 年）

扇子舞 是朝鲜族代表性舞蹈。最早源于朝鲜族传统巫俗，15 世纪后期，由流浪艺人卖艺为生，常在村落里进行各种表演，逐渐发展成舞蹈。扇子舞用扇子表演，有“绳上杂技”“地面技艺”等，称为“歌舞百戏”。扇子舞由女子表演，通过舞动扇子抒发内心喜悦之情，动作舒展大方，舞动扇子与执扇造型融为一体，在舒缓节奏中给人以赏心悦目。扇子舞经久流传至今，常在防川村民俗文化节、新年祈福节、赏雁节、莲花节等各种民俗节日表演。

扇子舞（2008 年）

顶水舞 顶水舞是朝鲜族女性传统舞蹈。舞者头顶水罐翩翩起舞而得名，朝鲜族女性习惯用头部顶着水罐行走，在插秧、除草季节，妇女们

顶水舞（2007 年）

长鼓舞（2015 年）

常头顶水罐将凉水或米酒至田间地头。顶水舞由生活习俗逐渐演绎而成，在民间广泛流传。舞者头顶水罐，原用生活中水罐，演绎后为便于起舞，多用彩纸糊成罐形道具，轻巧别致。顶水舞以“挫垫步”“踏波步”“碎步”为步伐，有“甜泉舀水”“玉指弹珠”等动作，舞蹈通过模拟顶罐各种动作，抒发欢乐喜悦内心感情，舞姿轻松优美，一般在村民文艺会演或重大节日表演。

长鼓舞 是朝鲜族具有代表性的传统舞蹈。长鼓分为成人长鼓、儿童长鼓。形状两头粗、中间细，左边鼓面直径比右边鼓面直径长，左边鼓面厚，右边鼓面薄，左边用手拍打，右边用一根竹条敲打，左边声低，右边声高，长鼓声音悦耳、节奏明快。朝鲜族民族长鼓舞，闻名于国际。防川村民在莲花节、冬捕节、新年祈福节等重大节日表演。

小鼓舞 小鼓舞为女人独舞，演员肩挎小鼓，手执木槌，在欢快舞曲中有节奏地打击跳跃，彰显朝鲜族妇女能歌善舞鲜明特点。防川村民在婴儿周岁、老人花甲等喜庆日子随时随地表演女子小鼓舞，活跃节日气氛。

◉ 传统游戏

踢毽子 是历史上防川土著人传统游戏项目，逐渐演变成满族文化。女真（满族先民）时期，踢毽子游戏在防川村落开始流行。毽子另一名称叫“毽儿”。毽子制作简单，用布或野兽皮制成圆形，中间包上铜钱，在铜钱眼处扎上鸡毛、鹅毛或狗毛即可。

踢毽子花样繁多：一是“里踢”，即脚向内踢；二是“外拐”，即脚向外踢；三是“里连”，两脚交替转身踢；四是“托枪”，以脚踢毽子，用胳臂接叫托枪；五是“耸膝”，以脚踢毽子，用大腿接的叫耸膝；六是“过档”，以脚踢毽子，用胸和肚子接的叫过档；七是“压山”，以脚踢毽子，用肩膀接叫压山；八是“落肩”，以脚踢毽子，翻一个筋斗，再落下接毽子叫落肩。踢毽子游戏活动至今在青少年学生中广为流行。

欻嘎拉哈 历史上防川满族村民流行欻嘎拉哈游戏。嘎拉哈，满语，义为动物“后蹄骨”。嘎拉哈多用猪、羊、狍子等动物后蹄骨制作，常用来做游戏娱乐。嘎拉哈是满族姑娘、媳妇、儿童喜欢的传统游戏，在火炕上围成一圈，活动玩法多样。

嘎拉哈外表呈六面体，仰、卧、倒、翻都是一面朝上，落地时稳稳当当。嘎拉哈除了两端，其余四面都有约定俗成的固定名称，分别称为“珍儿”“背儿”“坑儿”“轮儿”。经常使用的嘎拉哈外表需要磨光，染上红、绿、蓝、黄四种颜色，十分鲜艳醒目。嘎拉哈玩法多种多样，分别为弹、抓、搬、泼、赶等几种，即弹珍儿、抓对儿、抢暴子、大把抓子、赶羊等。除踢毽子、欻嘎拉哈游戏外，防川满族村民还有玩骨牌、射月子、射花篮、放风筝、跳绳等游戏活动。

摔跤 防川朝鲜族传统游戏项目。摔跤时使用腿带，腿带长 3 米，用麻布或白棉布制作，缠在右腿上。比赛时，双方半蹲，身躯略往前倾，右膝着地，左膝弯曲，足掌轻扣地面，互相搂住右腰，用右手抓对方腰带，左手套住对方腿带。裁判员笛声一响，双方进行比赛。比赛过程中，不许扭对方脖子和胳膊，不准用头或手击打对方。摔跤选手若故意伤害对方，裁判员立即制止警告，情节严重者，令其退场，取消比赛资格和成绩。摔跤技巧有内勾、外勾、背肚子摔等多种形式，是年轻人比气力、比技巧的竞技体育运动。摔跤一般采取三局两胜制。村民运动会摔跤比赛冠军，村里奖励一头大黄牛，比赛结束后胜者骑牛绕场一周，向观众招手致谢，骑牛回家。

跳板 防川村朝鲜族妇女民俗项目。跳板是一种传统体育运动，深受朝鲜族人的喜

欻嘎拉哈（2013 年）

摔跤（2015 年）

秋千（2016 年）

跳板（2009 年）

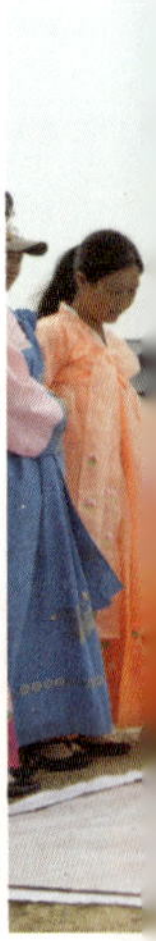

爱，参加跳板活动不但需要胆量，而且需要智慧和技能。跳板比赛有比抽线拉高和比表演技巧两种。抽线是在规定时间内，以腾空者系在脚脖上线抽拉出来长度定胜负。表演有规定动作和自选动作，自选动作可手持扇子、圈、花环等进行，由裁判员按其所做动作难度、完成质量及姿势优美程度来评定分数。而表演，则要看高度，空中动作、姿态和技巧。能做出空翻跳、跳藤圈、舞花环、挥彩带等惊险、高难度而又优美动作者常受到众人赞赏，赢得比赛胜利。

荡秋千 防川朝鲜族女子体育运动项目。比赛时，为竞技谁荡得高，事先在秋千架前方竖两根高高的竿子，杆子间系一条绳索，绳索中间挂上铜铃，谁用脚踢铜铃次数越多，谁就是优胜者。一般都能荡 5 米多高，叮咚悦耳铃声不断在空中飘荡，朝鲜族女子衣裙和裙带随风飞飘，划出一道道彩色弧线，惊心炫目，矫健绝伦。比赛方法有三种：一是比高空小花，二是比高空踢小铃，三是比荡高微线长度。荡秋千需要体力、技巧，更需要勇敢精神，充分体现朝鲜族女子文雅而又勇敢的性格。

掷柶 掷柶游戏是朝鲜族传统游戏。朝鲜族先民以掷柶方式占卜向天求得好收成，慢慢演变成深受人们喜爱的游戏。掷柶器具简便，由棋盘（也叫马田）、骰子、棋子（由 4 个刻注标记的扁豆或 4 根长约 20 ～ 30 厘米半圆木块制成）。参加游戏人数为 2 人以上，分甲乙两组编号顺序后进行。每组按逆时针方向轮流掷骰，按掷骰所得分数在“马田”上分别摆上 4 个棋子，从起点开始往终点运行，先走完的一组获胜。

画图 朝鲜族传统游戏。画图深受防川村民喜爱，在节日或农闲时节，村里中老

朝鲜族掷柶游戏（2012 年）

朝鲜族画图游戏（2012 年）

年人围坐在一起，尽情玩耍画图游戏。画图，类似扑克，规格比扑克小，共 48 张，图案分 12 组，每组 4 张。图案以 1 年 12 个月动植物或自然景色为背景。牌中 24 张计分，总分 240 分，另 24 张是不计分的“皮子”。1 月称松鹤，2 月称梅鹤，3 月称樱花，4 月称黑胡，5 月称兰草，6 月称牡丹，7 月称胡枝，8 月称明月，9 月称菊，10 月称丹枫，11 月称梧桐，12 月称雨图。

双飞舞跑 满族传统游戏项目，又称“二人三足赛跑”“三条腿走路”。游戏源于后金花样滑冰，双飞舞跑在冰上或陆上皆可。努尔哈赤带领女真人在长期征战和生产过程中，为加强军事力量，确定八旗制。八旗兵每月练习弓马 6 次，春秋季则集中操练马步骑射。

清政府每年农历十月，在北海冰面上开展八旗兵滑冰比赛，据《清朝文献通考》记载，每次参加检阅人数 1600 名（每旗各 200 名），检阅分为两队，一队穿红马褂，黄背心；另一队穿黄马褂 、黄背心，背后皆按其籍插上正白、正黄、镶白、镶黄颜色小旗。士兵裹皮护膝，脚上穿装有冰刀（铁条）皮靴。冰场立有 3 座大门，各自成两路纵队，分别从门洞里穿梭往来，形成一个螺旋形大圈，场面非常壮观。检阅项目有速度滑冰、花样滑冰、冰上球赛、冰上杂技、滑冰射箭等。花样滑冰有“探海”“大蝎子”“金鸡独立”等名目。双飞舞跑比赛由若干组参加，每组两人，并排站立在起跑线上，两人靠近腿从膝关节以上用带子绑好，相互搂住同伴肩或腰。裁判员鸣笛后，选手迅速向前奔跑，按到达终点先后顺序确定名次。比赛距离可根据参加者年龄、性别以及场地环境而定。比赛还可分为单程、往返、分队接力跑等多种形式，双飞舞跑是防川村民比较喜爱的一项游戏活动之一。

跑冰鞋 防川满族村民古老游戏项目。源于明末清初时期，清朝八旗兵操练，把跑冰鞋列为军事技术项目。满族人使用的跑冰鞋，用兽骨制成，随着生产力发展和滑冰技巧提高，满族冰鞋演变成双刀与单刀两种。冰鞋木底上嵌有铁制冰刀，刀比木底短，停止、转弯可借助木跟。比赛者穿上冰鞋进行比赛，内容有比速度、转龙射球等。20 世纪 50 年代后，这种冰鞋在防川仍然可以见到。

滑冰车 冰车制作方法有两种，一是用一块两尺左右长方形木板，在板下装上嵌铁条的横木，滑冰者站在冰车上，双手紧握冰扦，向前支撑滑行；另一种是滑冰人在爬犁上，以冰扦子撑地，或借助地形坡度向前滑行一种体育活动。20 世纪 80 年代以前，防川村青少年在冬季经常滑冰车。2000 年以后，冰车消失。

溜冰 也叫滑冰，溜冰者左脚踏着一块小木板，板下嵌有铁条，右脚下缚上铁制脚蹬，不住地划蹬，推动左脚下滑板向前飞奔，势如飞燕。改革开放前，防川村民比较喜爱这种游戏；2000 年以后，此项游戏被旱冰鞋取代。

抽冰猴 冰猴为木制，也叫冰尜，圆顶尖底，底都嵌铁钉或圆铁珠，中间有一圈凹刻，把缨鞭缠在凹刻处，放在冰上一甩，不时抽打，冰尜便飞转起来。抽冰猴是改革开放前防川青少年游戏活动，20 世纪 90 年代后消失。

雪地走 满族传统游戏项目，雪地走是历史上防川满族妇女喜爱的一种体育活动。冬天降雪后，妇女们穿上“寸子鞋”（清朝满族旗人的一种鞋式）在雪地上行走，比速度快慢。雪地走为满族传统体育项目，源于清代宫廷女子在雪地里比赛演变而来。清末民国初，在中国东北、华北等地广泛开展，通常作为运动会游戏表演项目，趣味性强，能活跃赛场气氛。雪地走一般在田径场或平坦雪地上取 60 米、80 米或 100 米距离，设起点和终点。要求运动员将鞋底垫高 10 厘米，走时保持身体平衡，按到达终点先后排名。

◉ 传统礼俗

抓周 是朝鲜族村民庆贺幼儿周岁生日的礼仪，在我国北齐时期（550—577）就已形成，被称为“试儿”。宋朝时期更加盛行，被称为“拈周试晬”，民间亦称“抓周”。

周岁宴（2017 年）

抓周是幼儿满周岁当天着七彩袖裙，在生日宴上任意抓为其摆放的各种物品，以此来判断其喜好与性格。每个物品代表含义不同，如弓刀象征武功、剪刀象征手艺、书笔象征文才、线团象征长寿、雪糕象征心地纯洁、松饼象征经纶满腹、打糕象征意志坚强、高粱面饼象征驱鬼辟邪。

抓周仪式体现父母对孩子的关爱，希望自己的孩子健康成长。如今在朝鲜族聚居地普遍举行抓周礼。

婚俗 朝鲜族婚俗从说媒到结婚经 6 个环节：纳采、问名、纳吉、纳币、请期、迎亲。男方家需让媒人到女方家看善，此习俗与汉族相亲习俗相似，女方若同意，小伙正式向姑娘求婚。求婚时男方家往女方送“四柱”（即男方的生辰八字，看属相是否相合，五行是否相克）。 女方再拿姑娘“四柱”与之对宫合。所谓宫合指男女双方属相相合不相克。如两人生肖相合，女方就经媒人通知男方，男方可择日确定婚礼日期，并送彩礼到女方家，彩礼一般要有青缎、红缎等。

朝鲜族婚礼仪式一般分为两段：先在新娘家举行，后在新郎家举行。新娘家谓之“新郎婚礼”，新郎家谓之“新娘婚礼”。

结婚仪式：新郎一行人手捧红布巾包着木雕大雁到新娘家，送给新娘，新娘家人用木盆把大雁接过去，让新郎进客房。新郎在此戴上纱帽，系上冠带；新娘头戴簇头里走进醮礼厅举行结婚仪式。

新郎新娘进行交拜礼，新郎隔着交拜桌与新娘而立，先洗手，寓意从此身心干净。

婚娶仪式（2016 年）

交拜桌上备有青松、翠竹、栗子、红枣等果品，还要放上一对公母鸡。大红枣寓意生活红红火火，栗子寓意多子多福。母鸡和公鸡寓意和睦相处、恩恩爱爱。

新郎新娘随后要举行合卺礼。饮两次合卺酒；第一次是“行砂杯酒”，第二次是“行瓢杯酒”。卺是将苹果大小葫芦剖成的小瓢，用小瓢喝酒象征两人从此一心一意，珠联璧合。

仪式结束后，新郎便开始“赏大桌”（即品尝大桌上佳肴），由新娘的客人和自家亲戚陪同。新郎新娘行过醮礼仪式后，双方便正式结为夫妻。

新郎在新娘家住三日后独自回家，新娘待选定吉日再被迎接到新郎家，新郎家也照样搭起婚礼厅，为新娘摆喜筵，第二天新娘同丈夫家人相认、施礼、招待，至此婚礼宣告结束。

最具朝鲜民族特色的环节当属奠雁礼、交拜礼、合卺礼三大婚宴礼节。木雁象征夫妻如雁双飞，永不分离。

朝鲜族婚俗有同姓同本贯不婚，有血缘关系，无论是近亲还是远亲，一律不得通婚。

花甲　朝鲜族把 60 周岁作为人生分水岭，花甲习俗是为 60 周岁老人举行的盛大生日宴。按古代天干地支纪年计算，60 周年是一个循环单元，称作周甲或还甲。

朝鲜族花甲习俗从 17 世纪末形成，18 世纪逐渐普及。朝鲜族自古以来重视老人，

花甲仪式（2016 年）

如家里有老人未过花甲，则子子孙孙都不能过花甲。因此朝鲜族村民花甲礼特别隆重，被视为人生重大礼俗。

花甲当天，老人子女摆设宴席，筵席上摆满糖果糕点等食品，广邀亲朋邻里欢聚一堂。向老人祝寿是基本仪式，花甲老人坐在寿席中央，接受亲朋邻里的祝寿礼。

祝寿礼开始，按子女长幼顺序、亲朋远近之别依次祝寿。通过敬酒磕头、作诗献词、载歌载舞等形式祝福老人健康长寿。

花甲仪式一般在农家院里举行，老人亲属须身着朝鲜族服装。中华人民共和国成立前，村民参加诸如此类较为庄重的庆典要身着白色朝鲜族服装。改革开放以后，村民较喜欢穿颜色鲜艳的服装，以衬托喜庆气氛。

花甲礼的重头戏是献寿。首先由主持人向来宾介绍老人；长子夫妇开始，按资排辈向老人敬酒，行大礼；礼毕是娱乐性节目，有歌舞等表演；最后放寿席，老人或其子女向宾朋敬酒答谢。晚宴结束后，亲朋载歌载舞，通宵达旦。待亲朋临别之际，主人要将寿桌上所摆的糕点果品分赠给亲友。

服饰 自古以来，朝鲜族服装以素服为主，故朝鲜族被称为“白衣民族”。据《珲春史志》记载：“殷行箕子八条教义。殷尚白色，而箕子为殷臣，故朝人之俗，男女衣服多尚白色，金人尚白，韩人内以金随氏为多，故衣制尚白。”

尚白又以孝服为重，每当亲人丧葬必着孝服三年，同宗及近亲均按服期守制，凡在守制期间不得着杂色衣服，男女因孝服相继不断，故形成习惯，常着白服。

朝鲜族村民不论男女老幼，过去均以白色面料为主制作各式服装，包括头巾、衣、裙、袜。男人尤其爱穿白棉布做的肥腿裤子，以便干活和盘腿坐。据老人讲，“文化大革命”后，村民穿白衣已明显减少。随着改革开放，生活条件大为改善，无论男女老少开始着色彩艳丽的服装。

盖房 初迁入防川的朝鲜族村民，大部分居住简易草房，后居住简陋民屋。盖民屋有很多讲究。首要是选址，一般请专人按风水选址，依据房主的生辰八字和地理位置。选定地址后，开始准备木料；木料准备妥当即择日，盖民屋避开盛夏与寒冬，选择秋季和春季进行；然后制定开土、定础、立柱、上梁、入宅等计划。

在此地动土，须祭土神：先将一枚鸡蛋埋入地下，在其地面上方放一碗米饭、干明太鱼及一杯白酒，然后跪下开始祈祷，祈求工程顺利进行。祭土神即是奠基仪式，祈祷完毕，宣告开土动工，并朝东西南北四方洒酒或撒盐。

定础石首先确定房屋中心，在将此位置上作“十”字形标记，再打入础石。朝鲜族村民认为定础石环节极其重要。

立柱被认为是造就建筑物骨骼的工程，立好一个垂直稳固的柱子十分关键。立柱这天也称立家之日，民间还流传这样的话：“房柱不正，房子整体就要歪；房屋整体不正，则这家人都要亡。”房柱被称为维持家势和家运的重要因素，因而立柱时木匠要全神贯注、一丝不苟。

上梁祭首先要测房主是否有“成造运”，如果房主此时没有“成造运”，则从家族其他成员中找一位运气好的人当房主，择日定好上梁时间并举行仪式：将写有上梁文的檩放相应位置上，祭台摆有猪头、明太鱼、米饭、白米面做的发糕、三种颜色的水果、酒、钱等祭物；点上香火，房主上前三跪拜，然后此家庭的儿子、孙子依次祭拜，将酒洒到檩上祈求子孙代代无病无灾、安康长寿、家庭和睦。

祭礼结束，把钱、白棉布、明太鱼、米（装在纸袋里）等挂到檩上，开始上梁。上梁结束，钱和布等送给主木匠，明太鱼则拿给干杂活的人当下酒菜。用纸袋装着的米在上梁式结束一周后做打糕吃。木匠拿出窗户纸折起来，将折好的纸用白线团系在房柱上，寓意祈求圣主（守护房屋的神）好好守护此房屋，使全家无灾无难。上梁仪式全部结束后，房主请村里人喝酒，共同进餐。选择吉日入宅。

家庭用具 朝鲜族炊具风格独特，村民的炕头总是放两三个小口大底的朝鲜族大铁锅。这种铁锅底深、收口、盖严，受热均匀，做出的米饭颗粒松软，味道更好。

村民所用的圆饭桌、碗柜、被服柜等都与汉族不同。圆饭桌摆到炕上，主要用于吃饭，轻便可折叠；碗柜是立式玻璃拉门，玻璃上是花花绿绿各种图案，碗柜上面陈列着一排相互倒扣、擦得锃亮的搪瓷盆，以显示家庭生活的富足。

贴打糕 朝鲜族历来重视教育，宁可大人饿肚子也不能让孩子没书念，这句话是每个朝鲜族家庭口头禅。孩子考学时，家长一定要做黏黏的打糕，朝鲜语里“黏上”和“考上”是发音相同。所以一到考试，尤其是中考、高考等重要的考试，学生家长就将打糕带到考场，厚厚地贴在学校的大门上，有的人还往自家仓房板上或大门上用力贴上，边贴边喊：“黏上吧，黏上了（考上吧，考上了）”如果贴不牢靠，则意味考不上，所以必须用大力气，考试打糕必须用上好糯米制作。

丧葬 据村里老人介绍，旧时朝鲜族丧葬礼仪十分复杂。主要包括属纩、招魂、小殓、大殓、出殡、安葬、立碑等程序。

老人去世后，子女三天内不洗脸、不理发、不吃干饭，要身着孝服；亲友前来吊唁，在遗体前三叩首，同死者亲属相互二叩首；下葬日期要选择在单日；入殓时要给死者穿新衣，生前衣服全部烧掉，三天后埋葬。埋葬前要请按风水选墓地，墓地多选在山坡阳面，遗体头朝山顶脚朝下。一般在农历九月九日为逝者立碑。

每逢逝者生日、忌日，清明节、端午节、中秋节等都要祭祀。村内墓园位于防川湖西南角，有近 70 年历史。1980 年以前，当地丧葬全部使用棺材，丧葬制度改革后，丧事从简，遗体火化后，将骨灰埋葬墓园内。

祭天 防川最低处海拔 5 米，过去此地多雨，有十年九涝一说。村民祭天主要就是祈求老天风调雨顺。

祭天规矩：男人们参加祭天，女人作祭天前准备；参加祭天的男人必须是品德高尚，年纪在 60 岁以上才可。祭天过程：将带去的各种酒、鱼、鸡、糕点、各种水果等摆放在山顶平地略高处，点上香，大家一起磕头并敬酒。

民俗禁忌 旧时村民认为同姓、同本贯有血亲关系，不能通婚。改革开放以后，村民观念有所改变，有极少部分同姓结婚。

怀孕妇女不能吃鸭、兔、狗和猪肉等；不能参加丧事，不能观看迁坟、救火；禁忌用豁口的碗喝水、吃饭；禁忌用裂纹的镜子；禁忌用裙子兜运东西；禁忌吃几种肉混在一起的菜。

晚辈（无论平民还是官员）在长辈面前喝酒、吸烟被视为不礼貌；如被允许与长辈同桌饮酒，举杯必须侧面饮之，以昭敬长之意；晚辈对长辈说话必须用敬语，平辈之间初次相见也要用敬语；晚辈对长辈敬茶或食物时，必须双手敬长辈；与长者同路时，年轻者必须走在长者后面；家庭有长辈，吃饭一般用小桌先给长辈摆上单桌，等老人动筷，晚辈才可以开吃。

村民常有邻里来往的习惯，但较忌讳到访者敲门。到访者应在门外大声呼叫主人，如果在呼叫之前先咳嗽两声更好，然后静候主人开门或喊你进来。不论男女，初次访客见面不能在坑上随意伸腿，女人更不能岔开双腿坐。

祭祖 朝鲜族对逝者的祭祀一般分为周年祭、忌日祭、生日祭和节日祭四种。周年祭，是死者死去头三年内，每逢去世日举行的祭祀；忌日祭，是指逝者死后第四年起，每逢亡故日举行的祭祀；生日祭，是每逢死者生日举行的祭祀活动。节日祭是每年的清明、中秋等节日到墓地举行的活动。清明节主要是上坟填土，之后举行山神祭祀。中秋节，主要是为坟墓割草，谓之伐草，而后举行山神祭祀。

◉ 岁时节令

元日 是朝鲜族一年中最盛大的传统节日。除夕，朝鲜族全家人通宵守岁迎接新年，家家户户把屋内打扫干净，室内贴上山、水、石、云、太阳、松、不老草、龟、鹤、鹿等年画。全家人伴着古老的“伽琴”和洞箫的乐曲声，通宵守岁过年。鸡鸣破晓之前祭祀祖先，然后向老人叩首拜年。早饭后再给邻居和全屯老人拜年。

每逢年节，朝鲜族人民都喜欢吃当地民族风味食品，例如：冷面、打糕、烧烤。元日期间，家家烹制美食。除夕晚餐准备得更加丰盛。

白天，朝鲜族村里人按“契”或自然屯分组进行拔河比赛，青少年进行射箭或“石战”，姑娘和妇女们跳板，儿童们放风筝；晚上，朝鲜族男女老少玩猜谜等活动，往往通宵达旦。

春节 农历正月初一直到正月十五日都是朝鲜族春节。节日期间，朝鲜族村民聚在一起，举行跳板、拔河，还有深受朝鲜族村民喜爱的掷柶等游戏。

掷柶是朝鲜族民间的一种棋类游戏。一般在农历正月初一至十五期间进行，现在每逢节假日，众人欢聚时经常进行这种游戏。参加比赛的人数一般四人分为两组进行。正月十五晚上，朝鲜族村民会举行传统集会，人们推选出几位德高望重的老人，登上望月架，观看明月。当地风俗是以谁先看到明月为有福，意味着他们的儿孙健康成长，万事如意。老人下了望月架后，男女老少围着点燃的望月架，拌着长鼓、洞箫、项呐声载歌载舞。

五谷祭 又称“乌忌之日”和“射琴匣”，是朝鲜族民间的传统节日，在每年正月十五日举行。

传说很久以前，有一个朝鲜国王在正月十五这天出宫打猎，以祭告天神。辇舆行至一个山谷时，只见一只乌鸦平地飞起，国王甚觉此事离奇，命一马前卒前去探视。在乌鸦的引导下，马前卒走到一个明镜湖畔。忽然，山摇地动，湖水分开，一位白发仙翁从湖中走出。老翁从宽袖中抽出一卷书，命马前卒速交国王。书简到了国王手中，只见封面上写道：“拆见二人死，不拆一人亡”。国王的诸臣认为，“一人”即为“天下第一人”，指的就是国王。所以还是拆为上策。书简拆开后，只见内中一方白布上赫然有12个大字：“迅即返回宫廷，箭射王妃琴匣！”国王大惊，火速掉马回宫，派了三个神弓手，箭射王妃的琴匣。只听得琴匣中有人一声惨叫，箭洞旋即血流如注。原来是王妃的情夫藏在里面。他们趁国王外出之机，偷偷幽会，并密谋加害国王。国王处死了王妃。国王因乌鸦的帮助得免杀身之祸，心中十分感激。于是，他就把正月十五这天定为“乌哭祭”，命大臣们把五谷合做的饭祭供乌鸦，由乌鸦随意挑吃。后来，乌哭祭在流传中逐渐演变成了五谷祭。

五谷祭流传今日，朝鲜族农民家家都要做五谷饭在这一天吃。他们还把五谷饭匀出来一些，放到牛面前，看它先吃哪一种，预示当年种这种庄稼，就可获得丰收。

端午节 五月初五为朝鲜族端午节，是朝鲜族四大传统节日之一。

朝鲜族村民过端午节，要吃一种带有清香味的打糕。用柳篙芽叶与糯米一起蒸，将蒸好的米放在木槽中打成糕。家家做艾糕、蒸饼、小豆包等食品，饮益母汁、吃端午饼。妇女要用营蒲水洗脸、洗头，有的妇女还把曹蒲根染红，制成替子，作为头饰，意在辟邪。

端午这一天，朝鲜族还进行摔跤、打秋千等体育比赛，即兴表演各种民族歌舞，节日气氛十分浓厚。

老人节 老人节为每年八月十五日，是吉林省延边朝鲜族自治州为爱老敬老特定的传统节日。

朝鲜族历来有敬重老人的传统。早在李氏朝鲜时期，每年的农历九月九日是老人安慰日，距今已有 300 多年的历史。朝廷设宴，邀请六十岁以上的老人和正三品以上的官吏赴宴，祝福老人们健康长寿，祝寿场面十分热闹。前来祝寿的人身着节日盛装，过寿者坐在宴席正中。从长子夫妇起，到孙子止，依次斟酒向老人跪拜祝福，感谢老人的辛苦操劳及养育之恩，祝福老人晚年安康幸福。

自古以来，朝鲜族把尊重老人看成家庭乃至整个社会生活中的极为重要的礼节。在日常生活中，他们对老人关怀备至。节日里，晚辈先向家里的长辈依次恭喜问安，接着要到村里的其他长辈家恭喜问安。老人节，人们组织歌舞、踩跳板、荡秋千、打球、摔跤等活动，尽全力让老人们享受节日的欢乐。

回婚节 回婚节亦称归婚节，是朝鲜族家庭节日中最隆重的一个。朝鲜族举行回婚节必须具备三个条件：一是老人都健在；二是亲生子女都在世；三是孙子孙女无夭折。

因有这三个条件的限制，朝鲜族中如果谁家能举办回婚节，那将是家族兴旺、子孙安康的家族福气，是一种很大的荣耀。届时邻里亲朋好友都前来祝贺，回婚夫妇穿上年轻时结婚礼服，相互搀扶入席，大家举杯祝福，节日气氛浓厚而温馨，要比年轻人的婚礼更为隆重。

现在有的地方将回婚礼纳入回甲节共同庆祝，庆祝活动既保存了传统的民俗文化，又融进了新时代的文化内涵。

朝鲜族传统民俗传承了朝鲜族尊老敬老、夫妻恩爱，家和家兴的民族传统美德。

◉ 歇后语

罗锅上山——钱（前）紧

豁牙子啃西瓜——净道儿

肚脐眼拔罐子——抽风

猪鼻子插葱——装相（象）

巴掌上长毛——老手儿

老太太上炕——锦州（紧揪）

掌鞋不用锥子——真（针）行

熊瞎子打立正—— 一手遮天

大鼻子他爹——老鼻子（很多）

水里冒泡——多余（鱼）

老虎屁股——摸不得

穿靰鞡头迈门槛——先进者（褶）

小黄牛拉磨盘——没长劲儿

狗长犄角——整洋（羊）事儿

癞蛤蟆掀门帘儿——露一小手
裤腰带没眼——记（系）不住
吃冰棍拉冰棍——没话（化）
破草帽没檐——赛（晒）脸
墙上挂帘子——没门儿
王八啃西瓜——滚的滚爬的爬
秃老亮打伞——无法（发）无天
梁山军师——无（吴）用
黄鼠狼摸电门——抖起来
一寸照片——少整景
照相馆药水——泡人
外甥打灯笼——照旧（舅）
胡同里赶猪——直来直去
喝酱油耍酒疯——闲（咸）的
刀切豆腐——两面光
杨二郎兵器——两面三刀
孙悟空后代——肚子猴心眼
穿着孝服拜天地——悲喜交加
夜明珠喘气——活宝
后脑勺留胡子——随便（辫）
牛犊子扑蝴蝶——心灵身子笨
苣荬菜熬鲶鱼——苦大嘴
抽烟拔豆根—— 一码是一码
噘嘴骡子——卖了个驴价钱
坐火车拿鞭子——老徽（赶）
养活孩子不等毛干——急性子
贴王麻子膏药——找病
烧锅开工——熬糟（难受）
庄家佬不认得花生——难斗（南豆）
过年吃豆腐渣——心（新）里没啥
瞎子闹眼睛——没治
劁猪割耳朵——两头遭罪
石头桩子长蘑菇——根儿硬
两口子盖布衫——扯起来
三天爬不到河沿——笨鳖
手插磨眼——挨也得挨，不挨也得挨
吃苣荬菜拿接碟——摆谱
猪八戒吃酒糟——酒足饭饱
痨病鬼抹胭粉——强打精神浪
下雨天打孩子——闲着也是闲着
门槛子拴鸭子——里外乱出出
王八钻灶坑——憋气带窝火
地瓜去皮——啥也不是
安禄山起兵——造反
门框子脱坯——大模大样
二小儿扛房梁——顶到这儿
老太太吃柿子——闷口
八仙聚会——神聊
疤瘌眼照镜子——自找难看
玻璃瓶装清水——看透
白布掉进染缸里——洗也洗不清
白骨精演讲——妖言惑众
白萝卜任你扎——就是不出血
白娘子喝了雄黄酒——原形毕露
百家姓少了第二家——没钱
百岁老人过生日——难得有一回
窝头朝上——显大眼儿
搬石头砸天——够不着

半道上捡个喇叭——有吹的

半夜摸帽子——早着呢

抱着椽子写文章——大手笔

鼻子挂秤砣——抬不起头

冰糖煮黄连——同甘共苦

财神爷家当——有的是钱

茶壶里煮饺子——有货倒不出来

城头上跑马——兜圈子

程咬金斧头——就这三下子

吃饺子不吃馅——调（挑）皮

吃棉花长大——心软

吃剩饭长大——尽出馊主意

出窑砖——定型

厨房里馋猫——记吃不记打

船头上跑马——走投无路

窗户眼吹喇叭——名（鸣）声在外

春天萝卜——里头糠

矬子骑大马——上下两难

打破砂锅——问（纹）到底

大夫开棺材铺——死活都要钱

新媳妇上轿——头一回

大姑娘梳头——自便（辫）

大拇哥抠耳朵——进不去

大年初一拜年——都说好话

大年三十打兔子——有你过年，没你也过年

大年三十看皇历——没日子

大水冲了龙王庙——一家人不认一家人

倒背手上鸡窝——不简单（捡蛋）

电线杆子插鸡毛——好大胆（掸）子

电线杆子上挂暖壶——高水平（瓶）

东吴招亲——弄假成真

豆腐掉在灰堆里——吹不得打不得

肚脐眼儿上拔罐子——没病找病

肚子里撑船——内行（航）

对着镜子作揖——自我崇拜

二齿钩子挠痒痒——是把硬手儿

二十九过年——小劲（进）

二十一天孵不出小鸡——坏蛋

房檐下冰溜子——根子在上边

飞蛾扑火——自取灭亡

飞机上吹喇叭——想（响）得高

飞机上挂灯笼——高明

飞机上挂口袋——装疯（ 风）

粪箕子扣家雀儿——要（岳）飞

擀面杖吹火—— 一窍不通

高粱地里种谷子——差了一截

高粱秆当柱子——称（撑）不起

王八瞅绿豆——对眼了

黄鼠狼下豆杵子（田鼠）—— 一代不如一代

被窝里伸出脚丫子——你算几把手儿

爹死娘嫁人——个人顾个人

熊瞎子吃梨——满不在乎（摘核儿）

傻小子吃锅烙——硬饺子（觉着）挺好

猪八戒啃猪蹄儿——不知自觉（自脚）

猴拿虱子——瞎掰

老鸹落在猪身上——看别人黑不知自己黑

管老丈母娘叫大嫂——没话搭拉话

一张纸画个鼻子——好大脸

高山上点灯——就那一疙瘩亮

◉ 谚语

冬至不过六，萝卜、青菜也变肉。

冻断姜麦（草）根，牵断磨坑绳。

肥是农家宝，全靠施得巧。

丰收有个窍，一耕二肥三除草。

伏里无雨，谷里无米；伏里雨多，谷里米大。

干长根，湿长芽，水长叶，气促根。

谷雨前后，种瓜点豆。

过了冬长一葱，过了年长块田。

过了“雨水”天，农事接连牵。

寒里开沟胜盖被，春里开沟通口气。

寒露无青稻，霜降一齐倒。

旱九水三春，烂断大麦根。

好种出好苗，好秧半熟稻。

花靠锄头稻靠挖。

花要高低稻要平。

季节不饶人，种田赶时分。

九成熟十成收，十成熟九成收。

九九不通沟，小麦十分收。

腊肥金，春肥银，春肥腊施银变金。

腊里盖泥如盖被。

腊雪开场，穷人饭粮。

腊雪春扬，农民财饷。

腊雪春溶，粮食堆到正梁。

立了冬，种麦不透风。

立秋无雨见堪愁，大熟年成减半收。

两头出水是金田，一头出水是银田，没头出水是死田。

麦怕清明连夜雨，稻怕寒露一朝霜。

麦田常干燥，麦苗哈哈笑。

龙虎阁（2017年）

名人与名村

防川历史悠久，见证朝代更迭和历史变迁。唐渤海国第三代国王大钦茂，珲春首任协领那尔六，清朝钦差大臣吴大澂，珲春副都统依克唐阿，勘界大臣托伦托呼等诸多爱国人士为防川做出重大贡献。

清朝入主中原后在珲春设协领，清康熙五十三年（1714）至宣统三年（1911），有48人在珲春任协领，8人任副都统。

清朝末年，防川边地危机，一批忠君报国志士奉调开发建设边疆，同侵略者进行顽强斗争。

抗日战争时期，很多爱国人士抛头颅、洒热血，为解放防川做出贡献。

中华人民共和国成立和改革开放以后，国家及省、州、市各级领导关注防川、建设防川。

东方第一村，回眸泪满襟。
亘古崎岖路，悠悠爱国心。

◉ 历史名人

那尔六（生卒年不详） 清康熙五十三年（1714），清政府在珲春设协领一职。那尔六带领东海库雅拉部捕猎大量海獭（又名海龙，产于海参崴黄岛一带）向清政府朝贡有功，被授予珲春首任协领一职。那尔六在康熙五十三年至雍正七年（1729）任珲春协领期间，从防川一带入海，到日本海捕捞海獭、海参、东珠，不断向朝廷纳贡。那尔六带领防川一带村民狩猎、渔猎、采摘，发展家庭畜牧业和农业生产，防川一带经济得到发展。

何廉惠（1878—1952） 满族，出生于珲春，6 岁时随父母搬迁到密江，毕业于上海单级教育讲习社。清光绪三十一年（1905），何廉惠任珲春副都统衙门五品蓝翎笔帖式，与何祥成联名呈文申请办学堂。19 世纪 20 年代，何廉惠任五品蓝翎笔帖式期间为发展教育，组织人员多次到全县各地调查，根据各地适龄儿童人数，将全县划分出 54 个学区，先后在各学区开办学校。何廉惠任珲春教育局局长期间，关心边境村屯教育发展，在防川、九沙坪、圈河、二道泡等地开办小学校。为改变农村家长轻视教育思想，何廉惠派人丈量土地，按实际土地面积收租，解决学校设施、房屋、教育经费，实行免费（学费、书费）劝学（劝导与督促）法，防川一带学龄儿童就学率达 75% 左右。

1926 年 4 月，何廉惠主持举办“防川一带首次教育成果展览会”，加强人们尊师重教的观念。何廉惠在珲春教育方面做法，得到吉林省教育厅充分肯定，获教育部嘉奖。

何廉惠担任教育局局长时，与珲春县视学徐宗伟等编纂《珲春县志》，于 1928 年完稿，因印刷费难筹未能成书。何廉惠将手中仅有一部复写本珍藏 20 余年，其长子何子良将志稿送交北京何书谦。何书谦唯恐遗失，于 1954 年将志稿献给北京图书馆。吉林师范学院古籍研究所将志稿收录于《长白山丛书》中，于 1991 年出版。

何廉惠在兼任珲春县路工处总董期间，负责修筑珲春通往长岭子、防川、沙坨子等地公路。1924 年，何廉惠与孙东生等联名呈请筹建珲春大同汽车场（汽车运输业）。1925 年 1 月 7 日，开通珲春、防川间汽车运输业。

1952 年年初夏，何廉惠于珲春病故，享年 74 岁。

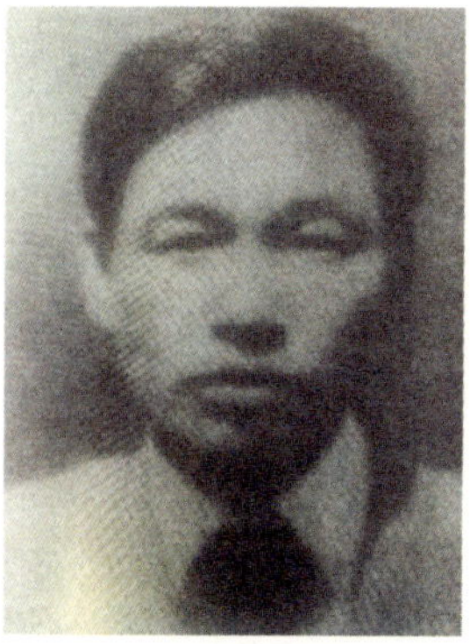

安吉（1907—1947） 出生于防川附近六道泡屯。青少年时期在防川一带宣传抗日救国思想。1938 年，东北抗日联军第一路军进行改编后，金日成任第一支队支队长，安吉任参谋长。1939 年 7 月，安吉改任第三方面军参谋长，率部与季青、朴德范等会合，在防川一带袭击日军运输队，缴获两大车物资。第三天又与日本守备队发生激战，打死打伤日军 30 多人。1939 年春，安吉率领队伍转入宁安县活动。是年 9 月，在宁安县片底子成立道南特委，季青任书记，安吉等人任候补委员。

1939 年 6 月，季青、安吉等率部袭击驻防川日本森林守备队，击毙日军 60 余人，缴获机枪一架，长短枪 60 多支和数十箱子弹。队伍在打扫完战场向密营撤退时与日军讨伐队遭遇。经过一场激烈战斗，甩掉 1000 多人组成的讨伐队。这次战斗之后，东宁、宁安、汪清、穆棱等地日伪军讨伐队大量向片底子集中。为避开日军锋芒，季青、安吉等将队伍转移到山沟里，潜入防川一带向西转移，坚持与日军周旋。1941 年 1 月 5 日，中共吉东、北满、南满省委主要负责人周保中、崔石泉、季青、张寿篯、冯仲云、金策、安吉等决定，把防川一带活动抗联部队大部分退入苏联境内休整。时任第三方面军参谋长安吉率领十三团、十四团在珲春敬信防川一带越境，进入苏联。于 1 月中旬进入在双城子（苏联沃罗什诺夫）蛤蟆塘建立南野营支队。

1941 年 8 月 1 日，进入苏境各抗联部队按照苏联红军体制编为抗日联军教导旅，对外属于苏联红军。第一路军入苏人员编为第一营，崔贤任第一连上尉连长。是年 8 月 11 日，崔贤奉命率领一支 16 人组成小分队，越境奔赴宁安、汪清、图们一带开展侦察活动。1942 年 5 月 29 日，安吉再次率领队伍进入东北，开展侦察活动和小规模战斗，扰乱日军。是年 11 月，秘密从防川通道进入苏联境内。1945 年 8 月，随苏联红军进攻东北，胜利后退到朝鲜北部。

1947 年，安吉在朝鲜平壤病逝，享年 40 岁。

骆宾基（1917—1994） 出生于珲春。现代著名作家，古文字学家，原名张璞君，笔名骆宾基、张怀金。

骆宾基幼年时期，父亲误收大笔贬值卢布破产，不断变卖库存和铺面。父亲受挫后心灰意冷，母亲出面经营防川张鼓峰山下的“占荒地”，支撑全家生活费用，骆宾基随父母下乡务农。骆宾基对防川等几个村庄里垦农和佃农的生活情况有所掌握，为日后进行创作提供丰富素材。

1930 年，骆宾基插班进入珲春县立高小读书，接触到五四运动、“五卅”运动等新思想、新事物。

1933 年春，16 岁的骆宾基随父母回到山东平度老家。1935 年暑假，骆宾基返回珲春，打算从珲春防川前往苏联“东方大学”学习，因日本占领珲春，防川边境被日本关东军封锁，只好转赴哈尔滨前往苏联。1938 年，骆宾基结识中共地下党诗人金剑啸等一些左翼文艺青年，得知萧军《八月的乡村》和萧红《生死场》已在鲁迅修改下出版，骆宾基备受鼓舞。以革命文艺为毕生事业，开始创作长篇小说《蓝色的图们江》《边陲线上》《幼年》等作品。

1936 年，骆宾基赴上海，参加左翼文艺阵营，埋头创作防川题材的长篇小说《边陲线上》。是年 10 月，在小说即将结尾之际，传来鲁迅逝世噩耗。骆宾基在悲痛、失望中鼓足勇气致信茅盾，经茅盾推荐，《边陲线上》在巴金任主编的上海天马书店准备出版。1937 年 8 月 13 日，天马书店在“八一三”淞沪战役中被炸毁，书稿被巴金保存下来。1939 年 11 月，这部反映防川一带抗日义勇军斗争长篇小说《边陲线上》，由文化生活出版社出版。1944 年，长篇小说《幼年》出版。1946 年，《蓝色的图们江》出版。1982 年 5 月，骆宾基撰写的《珲春防川（我的家乡）小志》发表在《金达莱》杂志第五期。

1994 年 6 月 11 日，骆宾基病逝，享年 77 岁。

姜泰元（1929—2004） 朝鲜族。出生于防川一带小盘岭屯。1965 年，担任防川村党支部书记。1963 年，姜泰元从敬信公社小盘岭村迁入金塘村，在公社粮管所工作，兼任金塘村党支部副书记。1957 年，图们江洪水冲刷，防川成为一块“飞地”。1963 年 11 月，延边社教团进驻珲春，时任延边军分区副政委赵南起担任敬信公社社教工作队党委书记兼团长。在敬信社教期间，赵南起了解到防川无人居住的情况，对防川“飞地”状态很忧虑。赵南起说：“防川是中国领土。不派人进驻，这块地方可能被别人占去。应当向防川派驻部队，迁移村民。”

1964 年春，延边军分区边防团派出一个排进驻防川，移民工作困难重重，防川交通不便，生活困难，子女教育无法保障，老百姓不愿意去防川居住，赵南起找姜泰元谈话，要求带头迁入防川，姜泰元是复员军人，参加过抗美援朝，政治信念坚定。1965 年春天，姜泰元带领敬信公社 18 户党员家庭搬迁至防川。赵南起当即向社员们表态，到防川之后，生活物资全部由部队用巡逻艇从水路运送，从珲春边防部队抽调两名文化水平较高的战士，到防川开办小学校，解决村民随迁子女入学接受教育问题。

姜泰元到防川后，带领社员们在荒地上盖房安家，和部队一起在防川建一座简易柴油发电站，村民安上电灯。大队恢复行政建制，姜泰元带领村民克服生产生活困难，白天劳动，晚上扛枪站岗戍边，防川成为珲春县农村先进典型。

1969 年 3 月，珍宝岛事件发生后，珲春边城气氛紧张，姜泰元带领防川民兵，白天身背枪和手榴弹开展农业生产，夜晚挑灯挖战壕和防空洞，与边防战士并肩巡逻，积极备战，保卫防川。

姜泰元戍边卫疆成绩显著，于 1969 年被选为中共九大代表，受到毛主席和周恩来总理亲切接见，防川村社员们群情振奋、欢欣鼓舞。

1983 年，国家投资在图们江修筑洋馆坪大堤，姜泰元带领社员积极参加劳动。洋馆坪大堤修筑后，结束防川“飞地”历史。

1987 年，姜泰元担任防川党支部书记期间，经常为驻军连队解决困难，连队猪圈被火烧毁，姜泰元带领村民奋战三天三夜为连队修好猪圈，把村里最好土地送给连队种菜。防川驻军一连荣誉室至今保留一张姜泰元与战士种菜照片。

姜泰元于 2004 年在防川病逝，享年 75 岁。

◉ 名人与防川

大钦茂（？—793） 唐渤海国第三代王。唐开元二十五年（737 年），第二代王大武艺去世，世子大都利行早逝，大钦茂继嗣王位。

大钦茂积极推进东北亚“海上丝绸之路”贸易，在位期间曾 11 次遣使日本，每次都从防川一带入海，规模越来越大，通过东北亚“海上丝绸之路”，把盛唐文化和东北地方音乐、舞蹈、诗歌传到日本，成为日本宫廷曲目。防川一带是“日本道”水陆交汇点，东北亚“海上丝绸之路”起点，经贸使团的频繁往来，促进了防川一带政治、经济和文化发展。

大钦茂重视发展农业。贞元元年（1785），将都城迁到东京龙原府（今珲春市八连城），在东京龙原府东南部防川一带大面积种植小麦、黄豆、亚麻、玉米等农作物。种植农作物同时，注重生产加工，防川周围出现“栅城之豉”“显州之布”“沃州之棉”“龙州之绸”等。豆类加工和纺织加工成为防川一带主要家庭农副业。

贞元九年春，大钦茂病逝于东京龙原府（今珲春市八连城）。大钦茂死后被谥为文王。

依克唐阿（1833—1899） 吉林伊通州（今吉林省伊通满族自治县）满洲镶黄旗人，姓扎拉里氏，汉译张，字尧山。于清光绪六年（1880）到珲春任职。防川边界形势严峻，沙皇俄国向清政府提出“将珲春作为两国共管之地”，出兵潜入边界，强占黑顶子。光绪七年，钦定裁撤珲春协领，设副都统，依克唐阿首任珲春副都统。

依克唐阿到珲春任职后，废除“八旗制”，改为“招募制”，组建靖边军，保卫防川边境安全。依克唐阿组建图们江水师营，水师营在三家子至防川一线图们江上巡逻。防川人赞之曰：“依治珲九年百业待兴”。光绪十五年，依克唐阿擢升黑龙江将军，珲春边民 400 余人联名在哈尔巴岭上立一汉白玉“德政碑”（现存敦化市大石头镇，为吉林省重点文物保护单位），上款书“钦命帮办吉林边务事宜珲春副都统升任黑龙江将军法什尚·阿巴图鲁依公德政碑”。碑冠上面刻着“惠我无疆”，正面碑文有百余字颂扬依公丰功伟绩，下款书“大清光绪十五年六月上旬，南岗社敬立”。光绪十六年，防川一带靖边军右路统领保成率中、左路马步兵营文武官弁在南岗社立“德政碑”旁为依克唐阿又立一碑。上款为“钦命帮办吉林边务事宜镇守珲春副都统升任黑龙江将军法什尚·阿巴图鲁恩公德政碑”，碑右正面刻有“德威丕著”，背面刻有全体文武官员姓名、官衔，此碑为汉白玉质。

光绪二十五年，依克唐阿病逝于盛京（今沈阳）。葬于吉林丰满区二道乡下洼子村一社，清廷御赐墓碑及墓志，以记其功。

托伦托呼（1834—1888）宁古塔（今黑龙江省宁安市）人，满洲正白旗，姓瓜尔佳氏，汉译姓关。幼年入私塾读书，勤奋好学，过目不忘。清同治九年（1870）后，任宁古塔副都统佐领、协领等职。

光绪元年（1875），清政府收到海参崴华人密报：“俄军建筑铁路，运集军械，调动频繁，意向难测，应注意提防俄军入侵……”，吉林将军铭安命托伦托呼从防川出发，化装秘密潜往海参崴侦察敌情，将侦察到的敌情写成纪略，附加重要图绘，向吉林将军汇报，沙皇俄国阴谋没有得逞。

光绪十年四月，托伦托呼奉命勘察中俄珲春东界。4月初，带领员弁随从，携带粮草、帐篷等用品，从防川图们江口左岸开始登程。一路上，经过卧峰、52高地、张鼓峰、沙草峰、洋馆坪山、水流峰、五家山、黑顶子山、神仙顶子、长岭子、阿吉密路口、蒙古街路口一带。托伦托呼一行历时6个多月，行程1000多千米，实地考察中俄国界界标现状、俄方蚕食侵占中国领土详情，根据考察记录，写出详细《考察纪实》，附以沿途绘制地图。考察任务完成后，为赢得中俄岩杵河谈判做出重大贡献。

钦差大臣、吉林边务督办吴大澂依据托伦托呼考察汇报，向清政府奏报中俄边界实况，提出重勘中俄珲春东界建议，获得清政府批准。在重勘中俄边界中吴大澂与俄国勘界要员舒利经，商定在立牌处先做标记，然后统一立石质界牌。托伦托呼奉命调随同吴大澂办理界务，留在瑚布图河等待立石质界牌时，托伦托呼发现俄国人在瑚布图河源附近偷偷将原帕字界牌向中国境内西移2千米，并正在挖坑妄图单方面私立石质帕字界牌。托伦托呼据理力争，阻止其非法行动，但俄官舒利经不予理睬，令其部下继续挖坑，托伦托呼愤怒已极，纵身跳入坑中，厉声大喝：“我身可埋，国界决不准移！”俄官舒利经在托伦托呼浩然正气威慑下，目瞪口呆，无可奈何，只得下令半途停工，邀请托伦托呼一起赴岩杵河去见吴大澂议决。

光绪十四年五月，托伦托呼病危，叮嘱儿孙："边防事关重大，国土寸尺不让！"是年六月，托伦托呼病逝。

李金镛（1835—1890） 江苏无锡人。清同治元年（1862），科举考试得官同知，在李鸿章统领淮军中任职。

光绪六年（1880），吴大澂奏调李金镛主办防川一带招垦事项。李金镛到珲春后，查出珲春地区有闲荒地48处，遂召集流民、西伯利亚大量华民开垦荒地。光绪十一年，勘定黑顶子防川边界，据理力争沙皇俄国所侵中国之地。光绪十二年，吉林将军铭安再次派吉林知府李金镛前往图们江口勘定界牌址。因中俄边界条约规定："由瑚布图河口至珲春河及海中间之岭至图们江，岭西属中国，距江口20余里立土字界碑。"由于地域广，界线划得不详，致使岭西罕奇、摩阔崴等地海口画线与条约不符。李金镛驳斥："珲春河及海中间之岭天造地设，万古不移……"迫令俄官退还占地，在防川重新补立土字牌，自此土地疆界与条约相符。

李金镛生前著《珲牍偶存》一卷。光绪十六年，李金镛病故，享年56岁。

刘永和（1841—1911） 字忠清，吉林省海龙县山城镇西五里堡人。早年迫于生计，在老龙岗一带打猎，不堪忍受官府迫害，到珲春投身绿林。刘永和为人爽直，枪法准，被推举为首领，绰号刘单子。清光绪二十年（1894），中日甲午战争，刘永和被珲春副都统招抚，任垦务营管带。

光绪二十二年，刘永和弃官带领人马复入山林抗俄。光绪二十六年，俄国军队侵入中国东北防川一带。是年7月30日，东路俄军进犯防川，刘永和率部协助珲春副都统英廉在防川抗击俄军，清军溃败，刘永和率余部退至哈达门太平洞。当地农民、猎户、伐木工人和清军散勇，纷纷加入刘永和队伍。

光绪二十七年一月，刘永和所部增至万人，与杨玉麟镇东军，王和达、董毅敏率领义和团联合，统编40余营，2万余人，名为"吉林忠义马步全军"，简称忠义军，按绿营编制，刘永和任总统。忠义军联合后，力量迅速壮大. 提出"御俄寇，复国土"口号，多次击败入侵防川俄军。清朝地方官府则加紧勾结俄方，剿抚兼施，刘永和被捕，俄军将刘永和解往珲春，迫其收缴忠义军余部枪械，刘永和趁机逃匿。光绪二十九年，刘永和又聚集起余部2000余人，在珲春防川一带抗击俄军入侵。

1911年，刘永和在海龙县山城镇家中病逝，享年70岁。

胡传（1841—1895） 胡适之父，出生于安徽绩溪县。历经十年寒窗，未取功名，故决定放弃科考另图发展，投奔吴大澂。

清光绪八年（1882）五月二十二日，胡传陪同吴大澂亲赴防川一带，勘察招垦进展情况。是年10月，胡传奉吴大澂命主持防川一带招民垦荒事宜。主持招垦事务期间，由于免收垦民一年押荒钱，吸引乌苏里江以东受沙皇俄国欺凌农民，山东、辽南没有土地流民到防川一带垦荒，垦荒124公顷。招垦实边政策很快见效，从此防川人烟渐密，出现村落和集市。胡传为发展东部边疆防川一带奠定基础。

光绪二十一年，胡传于厦门病逝。

陈昭常（1868—1914） 字平叔，广东新会潮连乡巷头村（今属江门市郊区）人。清光绪十五年（1889），中举人，光绪二十年，中进士。授翰林院庶吉士、散馆一等编修等职，后改任刑部主事，候选道员，随驻英大使出洋，遍游英、德、法、俄、美、日诸国，考察洋务。

宣统元年（1909），陈昭常在任吉林巡抚期间，积极主张开通图们江航运。在珲春、防川等地设立码头、渡口，与上海商人朱江联系，创办图们江航运股份公司，购买60多艘船只，在防川图们江口入海，往来于防川至俄罗斯海参崴，朝鲜罗津、清津等地，为防川开港航运做出贡献。

1914年10月15日，陈昭常病逝，享年47岁。

黄炳吉（1885—1920） 朝鲜族，1885年生于朝鲜庆源郡，9岁时随父亲迁往珲春防川一带。

清光绪三十一年（1905），日本强迫朝鲜李氏王朝签订《乙巳日韩保护条约》，把朝鲜推到亡国边缘，激起朝鲜国民义愤。光绪三十二年，黄炳吉迁往岩杵河（今在俄罗斯境内）。翌年，与崔在衡等人组建独立军；是年，黄炳吉率安重根、崔在衡、严仁燮等独立军志士先后在防川、九沙坪等地抗击日本军警。宣统元年，黄炳吉与安重根、禹德淳等 7 人在防川结成“断指同盟”誓死抗日。1919 年 3 月 20 日，在防川一带，黄炳吉组织 2000 多人举行反日示威游行。1920 年春黄炳吉率领小分队，从苏联沿海州经防川返回珲春途中，由于叛徒告密，小分队陷入日本侵略军重重包围，黄炳吉奋力抗击突出重围。

是年 6 月 1 日，黄炳吉积劳成疾，在老乡家中不幸病逝。

刘建章（1910—2008） 男，汉族，河北景县人。1926 年，加入中国共产党，在北平（今北京）香山慈幼院学习，先后任小学教员，党支部书记，中共东满特委（区委）委员、书记，延（吉）和（龙）中心县委委员。1930 年 10 月，中共东满特委派刘建章到边陲重镇珲春组建县委，担任珲春县县委书记。

1930 年 12 月，为发动群众，组建农村基层党组织开展抗日斗争，中共珲春县委书记刘建章派县委宣传部部长金奎凤到敬信、九沙坪、防川一带发展 30 多名共产党员，建立农村党组织。在刘建章领导下，防川一带地下党与日本侵略者顽强斗争。

中华人民共和国成立后，刘建章先后任郑州铁路局局长、中央人民政府铁道部车务（运输）局局长、工程总局局长、铁道部副部长、部长。在任期间，刘建章先后两次到珲春防川、大荒沟视察，帮助防川人民解决生产生活困难。

2008 年 2 月 14 日在北京逝世，享年 98 岁。

朱德海（1911—1972） 朝鲜族，吉林省延吉市人，原名吴基涉。于 1931 年加入中国共产党。“九一八”事变后，积极参加反对日本帝国主义侵略斗争。中华人民共和国成立后，先后担任中共延边朝鲜族自治区区委书记、自治区主席，中共延边朝鲜族自治州州委第一书记、自治州州长、延边军分区第一政委，中共吉林省委常委、副省长，中央候补委员等职。

1961 年，珲春县农业局和敬信人民公社在防川联合办一所畜牧场。以前在防川居住过的村民，提出重建防川村的要求。时任延边朝鲜族自治州州长的朱德海几次深入到防川调研，欣然支持群众意愿。但因防川交通不便，没有学校，所以很多村民不愿意到防川居住。朱德海委派时任延边军分区副政委的赵南起解决防川交通和办学问题，1965 年，防川村民重返家乡的愿望得以实现。

“文化大革命”时期，朱德海遭受江青反革命集团的迫害。1969 年，朱德海被下放到湖北省农场劳动，念念不忘防川边境管理和村落生活，多次给延边朝鲜族自治州州委和珲春县委写信，询问防川各方面工作。

1972 年 7 月 3 日，朱德海逝世。

铁源（1931—） 原名石铁源，国家一级作曲家，沈阳军区前进歌舞团艺术指导。1947 年，参加革命；1950 年，开始从事部队文化工作。歌曲《我为伟大祖国站岗》《在那桃花盛开的地方》《十五的月亮》等 30 余首（部）作品获全国、全军各类奖项。于 1991 年享受国务院特殊津贴。

1969 年 3 月，珍宝岛战役爆发之后，铁源与词作家魏宝贵、作曲家覃钊邦一起奔赴防川、珍宝岛边防部队体验生活，创作出《我为伟大祖国站岗》，这首歌曲振奋军心，鼓舞士气，成为防川部队军歌。

夏日防川（2016年）

艺文杂记

防川自古就是肃慎故地，古老民族称谓经历由肃慎到挹娄、勿吉、靺鞨、女真、满族演变。

清咸丰十年（1860），中俄签订《中俄北京条约》前，防川为濒海内地。沙皇俄国通过《中俄北京条约》割走中国100多万平方千米土地，防川由滨海变成望海。

光绪初年，沙皇俄国得寸进尺，不断侵略防川边地，吴大澂奉命到吉林防川，与沙皇俄国进行坚决抗争，留下土字牌、龙虎石刻、铜柱铭、东西炮台等遗迹、遗址，为后人抒发家国情怀提供创作源泉。

古代诗词、近现代诗词、楹联以及流传在村里民间故事，无不印证防川悠久历史和近代百年沧桑。

边陲遗古韵，墨客竞相临。
妙笔记青史，不忘民族魂。

◉ 防川民歌

美丽的防川

词　柴鹏宇　曲　金京爱

清晨我登上张鼓峰
阅尽人间春夏秋冬
晨风中图们江白雾朦胧两岸
青山绵绵草木葱葱一弯江水
流向天际
一座高阁巍峨耸立
海天一色碧空万里
江水在流淌
我在你怀里
啊 防川
美丽的防川

我要热情地拥抱你
美丽的防川
自然的神奇
我要深情地歌唱你
傍晚我登上望海阁
遥望大海潮起潮落
夕阳中土字牌染上金色
几只海鸥翩翩天空飞过
一湖红莲随风摇曳
一座石碑铭刻历史
三国风光尽收眼底
莲花在开放
你在我心里
啊 防川
美丽的防川
我要热情地拥抱你
美丽的防川
人间的传奇
我要深情地歌唱你
我要深情地歌唱你

防川村土著民族（满族）渔猎时，经常吹牛角号或海螺号，敲锣打鼓，声势浩大，渔猎完毕在野外歌舞欢宴，富有节奏劳动号子发展成为旋律流畅渔猎歌谣。以下选录几首。

劳动歌

东南风啊哎嗨，
刮起来呀哎嗨。
扯起蓬来哎嗨，
往东走哇哎嗨。

我阿玛回来啦

海参崴，大海滨，
阿玛前去杈海参。
海参黑，海参大，
我的阿玛不害怕。
大海浪，像堵墙，
阿玛骑它下南洋[①]。
南洋有个婆罗洲，
又产菠萝又出油。
还有夜叉放水牛，
十人去了九人留。
只有一人不怕它，
骑着大风回到家。
你猜这人他是谁，
这人就是我阿玛。
我阿玛，回来啦，
我的全家乐哈哈。

拉大网

拉呀拉，拉大网，
大网沉，拉金银，
要拉金银别嫌沉。
有金鳞，有银鳞，
活蹦乱跳一大盆。
金换金，银换银，
换得金银当财神。

① 南洋：指日本海。

海参崴大海滨

海风大呀（哎嗨），
刮得狂呀（哎嗨），
多靠岸呀（哎嗨）。
少靠洋呀（哎嗨），
海参崴呀（哎嗨），
大海滨呀（哎嗨），
阿玛出海（哎嗨），
叉海参呀（哎嗨）。
海参黑呀（哎嗨），
海参大呀（哎嗨），
我的阿玛（哎嗨），
不害怕呀（哎嗨）。
大海浪呀（哎嗨），
像堵墙呀（哎嗨），
阿玛骑墙（哎嗨），
下南洋呀（哎嗨）。

阿库里 [①]

库雅喇，抓海鱼，
身上穿着阿库里。
阿库里，真不错，
又挡风来又遮雨。
穿它不怕罗刹 [②] 来，
敢把罗刹拖海里。
罗刹变鱼进大海，

① 满语，意为鱼皮衣服。
② 指沙皇俄国侵略者。

抓住就扒它的皮，
扒皮还做阿库里。

南海（渔民号子）

东南风唻（哎哟），
西北浪唻（哎哟），
出南海呀（哎哟），
过山冈呀（哎哟）。
红顶子呀（哎哟），
豹子眼呀（哎哟），
白汗褶呀（哎哟），
大布衫呀（哎哟）。
扯起蓬唻（哎哟），
抡起桨唻（哎哟），
肩靠肩呀（哎哟），
膀靠膀呀（哎哟）。
获丰收唻（哎哟），
祭祖先呀（哎哟），
吉祥如意（哎哟），
太平年呀（哎哟）。
东道起来（哎哟），
西道往呀（哎哟），
海参崴呀（哎哟），
撒大网呀（哎哟）。
打海鱼呀（哎哟），
大马哈呀（哎哟），
杈海参呀（哎哟），
拧海带呀（哎哟）。
鹰嘴靰鞡（哎哟），

脚上拴呀（哎哟），
翻山越岭（哎哟），
把家还呀（哎哟）。

东南风

悠悠悠哎（哎唉哎唉），
你别哭哎（哎唉哎）。
你要哭哎（哎唉哎哎），
妈心焦哎（哎唉哎）。
东南风哎（哎唉哎唉），
刮起来哎（哎唉哎）。
扯起帆哎（哎唉哎唉），
拉起蓬哎（哎唉哎）。
海风大哎（哎唉哎唉），
刮的狂哎（哎唉哎）。
多拢岸哎（哎唉哎唉），
少靠洋哎（哎唉哎）。
你爹走时（哎唉哎唉），
穿的青布褂（哎唉哎）。
鹰嘴靰鞡（哎唉哎唉），
绦皮带哎（哎唉哎）。
南道走哎（哎唉哎唉），
北道望哎（哎唉哎）。
看见你哎（哎唉哎唉），
想起他哎（哎唉哎）。
想你想的（哎唉哎唉），
肝肠断哎（哎唉哎）。
盼你盼的（哎唉哎唉），
眼睛红哎（哎唉哎）。

肝肠断了（哎唉哎唉），
不见面唉（哎唉哎）。
眼睛红了（哎唉哎唉），
不相逢唉（哎唉哎）。

◉ 诗词选录

送渤海王子归本国

〔唐〕温庭筠[①]

疆理虽重海，车书本一家。
盛勋归旧国，佳句在中华。
定界分秋涨，开帆到曙霞。
九门风月好，回首是天涯。

送人之渤海

〔唐〕贯休[②]

国之东北角，有国每朝天。
海力浸不尽，夷风常宛然。
山藏罗刹宅，水杂巨鳌涎。
好去吴乡子，归来莫隔年。

三江水

〔清〕沈兆禔[③]

鸭绿图们派别双，穷源更有混同江。

---

① 温庭筠（约 812—870），唐代诗人，词人。本名岐，字飞卿，汉族，山西祁县人，是花间词派重要作家之一。

② 贯休（823—912），俗姓姜，字德隐，江西进贤县人，唐末五代著名画僧。雅而好诗，受戒以后，诗名日隆，乃至于远近闻名。

③ 沈兆禔（生卒年不详），清末民国初著名爱国诗人，江西南昌人，清末游历吉林纪事诗。

四千里路回环绕，万古长流控海邦。

送人之珲

〔清〕吴兆骞[①]

沃沮西侯远，君去驻旌旄。
千帐凝边色，孤城压海涛。
雪深车不度，风劲角初高。
包及平安火，谁怜吏士劳。

皇华纪程

〔清〕吴大澂

帝重申圻根本图，临轩特与使臣符。
西邻疆域诪张计，东土屏藩久远谟。
占地无多互樛葛，立牌有记莫枝梧。
从来忠信行蛮貊，凭仗皇威镇海隅。

词锋敢骋笔如杠，圣德怀柔逮远邦。
牛耳当年盟未久，犬牙何事气难降。
分流溯到松阿察，尺地争回豆满江。
我欲题铭铜柱表，问谁来遣五丁扛。

除夕

〔清〕胡传

边外朔风寒，岁暮客愁起。
秋渡临榆塞，冬涉混同水。
离家二百日，计程八千里。

---

① 吴兆骞（1631—1684），字汉槎，吴江松陵镇人。清顺治十四年（1657）中举人，南闱科考案发，被诬卷入其中。被流放东北达 23 年之久。

驰驱莫谓劳，远游从此始。
和戎贾谊悲，凿空张骞喜。
欲请终军缨，难聚伏波米。
故人勿可及，壮心不自已。
日月良易逝，感怀空抚髀。

莲池九曲

韩文全[①]

散步南峰黑顶前，有池九曲尽生莲。
亭亭净植凌波立，冉冉娇姿映月圆。
幽谷如临君子国，深山得睹美人仙。
香清益远红尘隔，偷采花来未有船。

纪辽东・与吴文昌兄为珲春防川“开边通海”碑揭幕感怀

张福有[②]

文镌一石耸东陲，开边通海碑。图水刀峰烟浩渺，晷影日相催。
山间草木识新题，铭心唤国威。龙虎精神当未减，舰放问阿谁?

龙虎石刻

翟致国[③]

龙脉传人申虎威，双钩龙虎百年碑。
丰功镌史留圭臬，为警后来人可追。

---

① 韩文全（1871—1936），珲春人，清末秀才，爱国诗人。

② 张福有，1950年生，别署养根斋，吉林省委宣传部原副部长，现为中华诗词学会顾问、吉林省诗词学会会长、长白山诗社副社长、《长白山诗词》主编，中华诗词论坛坛主，吉林省长白山文化研究会会长，吉林省政府文史馆馆员。

③ 翟致国（1946—2014），当代著名诗人，诗词活动家，号耐寂斋主，吉林省诗词学会原副会长。

浣溪沙·重到张鼓峰

翟致国

百载伤心张鼓峰，重来难抑泪迷蒙。斑斑痛史撞心胸。

山似残碑耸羞辱，桥如铁臂锁泷淙。东陲海路几时通。

谒吴大澂雕像有怀

聂德祥[①]

千里来招英烈魂，书生功过不须论。

愤题龙虎弘英气，敢率干戈卫国门。

樽俎折冲安可让，河山划界岂能昏？

而今堪慰江南客，入籍边关百世尊。

观“龙虎”石刻怀吴大澂

吴文昌[②]

龙骧虎跃汉威仪，笑傲鸿门任骋驰。

兵败岂因疏调度，将军才大不逢时。

再登防川哨楼

吴文昌

山川满目又登楼，拭泪凭栏叹缺瓯。

东去江声携旧恨，北来风色警前仇。

梦夸有志心常烈，醒愧无能力未遒。

幸喜中枢新号令，开边重启海天舟。

---

① 聂德祥，1950 年生，吉林省珲春市人，中华诗词学会会员，吉林省诗词学会副会长，吉林省作协会员。

② 吴文昌，1948 年生，中共吉林省委组织部原副部长，中共党员，研究生学历，号临清居士，现为中国作家协会会员，吉林省诗词学会副会长。

防川望海　二首

唐仁举[①]

一

茫茫瘴雾锁青山，镜览三疆咫尺间。
回首犹思龙棹舞，凭栏更恋海潮闲。
丛林滴泪愁难寄，屈辱惊心恨未删。
土字牌前留史迹，飘零月影盼乡还。

二

凭栏远眺忆流年，土字牌前恨绪牵。
咫尺天涯嗟近顾，千层海韵似多怜。
龙舟梦断樯帆影，绿水声回棹月弦。
铁网难封羞辱事，每留一憾驻防川。

望张鼓峰

温瑞[②]

一自峰头斗二军，如刀割断故乡云。
弹遗草野寻犹见，浪漱沙滩远不闻。
感耻肝肠催后勇，凝魂龙虎继前勋。
山川亦有归来梦，岁岁清秋遣雁群。

洋馆坪堤路

温瑞

洋馆坪前百丈堤，巨虹横卧贯东西。
但教飞地飙轮越，莫使神疆大道迷。

① 唐仁举，1953年生，别署涵知斋，通化市诗词学会顾问。
② 温瑞，1970年生，《长白山诗词》副主编，中华诗词论坛执行坛主，东辽河诗社社长。

狭窄嗟余人愤史，艰辛感此燕衔泥。
任由豆满多风浪，坚与长城并比齐。

防川望海

李红光 ①

行过孤堤近水边，登高望远梦魂牵。
鸟归海角天堆岸，浪打云头日上船。
阁外凉风吹泪眼，心中往事付吟笺。
游人不记前朝恨，辜负漫山红杜鹃。

边城感怀

李红光

此身应老在边疆，闲爱春游闻草香。
异域风情开视野，他乡时事入词章。
我逢月满偷窥镜，妻近清明淡抹妆。
万里晴空听雁叫，一声更比一声长。

西江月·土字牌咏叹

沈鹏云 ②

独伴边关冷月，静观野壑残阳。风吹雨浸首高昂，犹似国门猛将。
背倚沙峰一土，惯闻鸡犬三疆。任凭更岁绎洪荒，依旧精诚守望。

西江月·谒吴大澂塑像

沈鹏云

虎啸龙吟威震，凛然气贯长虹。凭栏每望忆吴公，仰止国人称颂。
仗剑倾心沥胆，唇枪据理夷雄。立牌划界建奇功，史册名垂位重。

---

① 李红光，1970 年生，别署雅风堂，中华诗词学会会员，吉林省诗词学会理事，珲春市大东诗社副会长。

② 沈鹏云，1949 年生，别署紫竹斋，中华诗词学会常务理事，吉林省诗词学会副会长。

◉ 碑刻匾额

东方前哨碑 该碑花岗岩质，立于中俄边境防川哨所前，碑长 1.35 米，宽 0.45 米宽，厚 0.12 米。1995 年 6 月 23 日，时任中共中央总书记、国家主席、中央军委主席江泽民第二次视察防川时，挥笔写下“当好国门卫士，固我中华边关”题词，防川村民和驻地部队为铭记领导关怀，刻碑纪念。

东方前哨碑（2008 年）

防川风景区碑 该碑为花岗岩质，立于洋馆坪路堤南侧，碑长 2.8 米，宽 2.4 米，厚 1.5 米，珲春市政府于 1995 年 8 月 28 日立碑，碑刻文字由中国著名书法家启功题写。

开边通海碑 该碑花岗岩质，立于张鼓峰事件纪念馆前，碑长 3 米，宽 2.5 米。2010 年 6 月，为纪念图们江复航 20 周年，由中共吉林省委宣传部原副部长张福有题字，民间企业出资刻碑。

联合国公园碑 该碑大理石制，立于防川风景区洋馆坪路堤旁，碑长 2.6 米，宽 1.8

防川风景区碑（2017 年）

开边通海碑（2002 年）

联合国公园碑（2017 年）

米。1992 年 4 月 22 日，中共珲春市委、珲春市人民政府在此立碑，打造旅游景点。

铁壁防川碑　该碑大理石制，立于防川驻军连队前，长宽各 1 米。1990 年 5 月，时任沈阳军区司令员刘精松到防川视察，题写“铁壁防川”四个字。

洋馆坪路堤碑　该碑大理石制，立于洋馆坪路堤旁，长 1.8 米，宽 1 米。1992 年，珲春市政府在此立碑，该路段被誉为“天下第一堤”，距市区 52.8 千米。

望海阁牌匾　1993 年 8 月 12 日，时任中央军委副主席刘华清视察防川，登上望海阁参观，挥笔写下“望海阁”三个大字，悬挂在防川望海观景台上。从此，把望海观景台叫作“望海阁”。

洋馆坪路堤碑（2010 年）

铁壁防川碑（2017 年）

◉ 楹联

蒋力华[①] 题防川联

接壤俄朝，玉带飘丝，常伴狂澜拍岸；
固疆铁壁，神龙啸傲，正随卫士巡边。

张福有题防川联

皇华驿路边疆史；
东海渔歌土字牌。

吴文昌题防川联

铁壁铜墙，会今日风云气象；
皇华驿路，留当年龙虎精神。

寇彦龙题防川联

地连三国，转眼百年如电速；
水汇百川，展颜一笑待河清。

宋轼林[②] 题防川联

一眼望三国，数参差阡陌人家，后世可知海参崴；
孤烟衔落日，有多少兴衰故事，今人谁问土字牌。

聂德祥题防川联

阁中望海，百年心事翻腾激浪；
岛上陈兵，千里边陲仰赖干成。

---

① 蒋力华，1950 年生，中共吉林省委宣传部原常务副部长。现任中国楹联学会名誉副会长，中华诗词学会会员，吉林省楹联家协会主席、吉林省书法家协会名誉主席。

② 宋轼林，1962 年生，现在国家林业局（原林业部）驻长春森林资源监督专员办事处工作。

卢象贤题防川村联

防设国门东，接俄土而瞰朝波，长为铁壁；
川来云表上，通白山以连碧海，最是金村。

温瑞题防川村联

鸡鸣三国，常思飞地成村日；
狮醒九州，待看轻帆入海时。

李红光题防川龙虎阁联

虎卧边陲，三国共瞻天上月；
龙栖云阁，百年长忆海中帆。

金永先[①]题防川龙虎阁联

史鉴忠诚，虽有风涛终可渡；
阁藏龙湖，纵多魑魅岂难防。

◉ 民间传说

大雁声声唤情归[②]

防川湿地位于图们江下游，湿地域内江河贯穿、湖泊连片，分布着大面积水域沼泽。每年3—5月、9—11月都有数以万计大雁在防川湿地栖息。

大雁是有飞行规则群体。飞行时，由身体强健大雁在前面领队，其余大雁排成“一”字或“人”字队形跟在后面，边飞边喊“伊荷……伊荷……”大雁为什么在迁徙路上边飞边齐声呼喊，在防川一带，流传着一段凄美爱情故事。

传说在图们江边防川村附近，住着一对靠捕鱼为生的小夫妻。妻子名叫伊荷，貌

---

① 金永先，1971年生，就职于通化市人民检察院，中华诗词学会会员，吉林省作协会员，通化市诗词学会副会长。

② 含笑整理。

湿地大雁（2010 年）

美如花；丈夫名叫根生，憨厚淳朴。小夫妻俩勤劳善良、勤俭持家，把小日子过得红红火火。

根生每天起早划着小船去图们江捕鱼，伊荷也早早在岸边织网放鹅。伊荷爱素白，每立于江边必纤手梳理一头长发等根生归来。清晨图们江边白雾弥漫，在一群白鹅绿草之间亭亭玉立的伊荷美得像仙女一样，时常吸引一群在湿地上栖息的大雁驻足岸边。

在图们江边，还住着一个人，名叫张三。张三游手好闲，是个无赖。从不出江打鱼，而是招揽四五个地痞流氓专门在图们江边收取渔夫们保护费，没有现钱就拿打来鲜鱼顶账。张三见到伊荷，就脚底抽筋、脸皮子发麻，一幅痴呆迷恋状态。伊荷从不正眼看张三，每立于江边等根生之时，雁群围绕着她翩翩飞舞，白鹅群嘎嘎如士兵护卫，张三很难近身接近伊荷。每当看见根生捕鱼归来，夫妻幸福恩爱返回家中，张三就嫉妒得咬牙切齿。

一日，根生又和往常一样出船捕鱼，即将临盆的伊荷依然在江边放鹅等待根生。时间一分一秒过去，伊荷站得腿酸、眼花，茫茫图们江水上就是看不见丈夫捕鱼小船。一群群大雁绕着伊荷焦灼地飞翔，鹅群不安地嘎嘎齐鸣。正在伊荷望眼欲穿之时，却见江面几个渔民划船归来，其中一只渔船后面系着丈夫根生捕鱼小船，船上却不见丈夫壮实身影。见此情景，伊荷眼前一黑便昏倒在地。

伊荷醒来时，眼前却见到一张狰狞脸庞，竟是张三。伊荷顿时明白一切，她没有哭也没有闹，只是静静地闭上眼睛。片顷，伊荷对张三说："妾身愿意委身于你，但条件是生下孩子，并给根生守孝九九八十一天。否则咱们二人要被世人唾骂为奸夫淫妇，共背负害死根生之罪名，若不答应，伊荷便跳江而死"。望着伊荷梨花带雨如病后西子俏脸，张三心急火燎，两只黑爪子不停地搓挠。但转念一想，反正根生已经被设计害死，伊荷早晚逃不出老子手心，便点头应允。

几天后，伊荷产下一男孩，取名落地儿。张三为讨美人欢心，早晚使尽浑身解数、极尽能事照料伊荷母子。落地儿属于见风就长、见雨就壮。刚刚过去一个月，已经长成满地奔跑能帮母亲织补渔网大孩子。

九九八十一天马上就到。伊荷把落地儿叫到跟前，告诉儿子张三是杀父仇人，父亲根生活不见人死不见尸，如今母亲身体康复，一定要出海寻找根生，哪怕是捞到一根尸骨。伊荷还嘱咐落地儿："如今孩儿尚且年幼，就跟着张三，如果母亲没有找到父亲，落地儿一定要好好地活下去，有朝一日择机为父母报仇"。听到母亲的话，小落地儿握紧拳头对母亲说："孩儿虽然年幼，但不愿苟且偷生，请母亲宽心等孩儿几日，孩儿去去就来"。说完，落地儿一溜烟儿跑得无影无踪。

图们江边渔民们知道张三这个无赖，却又敢怒不敢言。有些渔民打完鱼也不靠岸，就在江上晃悠，等待天黑张三走后再靠岸。坏种张三眼见囊中钱越来越少，心生一计，驾船在江上围堵。

正在张三拍着肚皮，剔着牙和几个小泼皮在江上守株待兔之际，却见一群黑压压的大雁，朝船上涌来，领头雁身上驮着小落地儿。雁阵以半圈状在船头飞翔，强大的气流使船身左摇右晃，被这雁阵弄得晕头转向张三和几个泼皮像倒进开水锅里饺子，扑通、扑通扑通地掉进江水里。坏种张三在江水里扑腾半晌，怎么也抓不到船沿儿，终于力竭溺水而死。

为父亲报完仇后，落地儿高高兴兴地跑回家见母亲，却见家里空空，母亲伊荷已不知去向，只见炕上留下一个大包袱。打开一看，是落地儿春夏秋冬四季衣裳。整天围绕

雁群（2010 年）

伊荷飞舞那些大雁，被伊荷对根生忠贞爱情打动，感动小落地儿孝顺勇敢，大雁决定帮助落地儿寻找母亲。

寒来暑往，大雁无论是南归还是北飞，人们经常听见雁群在高空声声呼唤“伊荷……伊荷……”

荷仙与小黑龙[①]

每年 7—8 月，防川湿地附近 9 个水泡子里，红莲都绽开灿烂笑脸，粉白色娇俏容颜，恰似亭亭玉立少女，站立在水池中，陪伴着白色海鸥翩翩起舞。傍晚，风停了，一朵朵红莲微微侧垂着头，像沉思女神，在向晚归人们低声述说着那段悲壮而又美丽故事。

盘古开天地时，这里山是石头山，地是黄沙岗；雨季水茫茫，旱季烂泥塘。9900 年后，一条土生土长泥鳅鱼得道成精，能呼风唤雨，也会变化腾挪。泥鳅想有一个富足安稳家园，就到处招兵买马，网罗虾兵蟹将。还常常变成个朝气蓬勃黑小伙儿，到山下动员游猎乡亲们来定居。那黑黑脸膛透着诚实，壮壮筋骨洋溢着活力。水里鱼儿们拥护，跟随挖泥种草；岸上乡亲们喜欢，学着春种秋收。

① 李志兴整理。

幸福的日子刚刚开始，遭到江龙王嫉妒，一直向南流淌图们江，在回龙峰那儿拐个回头弯儿，照直向北冲过来。把茅屋田地冲得七零八落，鱼鳖虾蟹一扫而光。血气方刚泥鳅精冲上去拼命，惯于惹祸取乐江龙王却不屑动手。左边一推、右边一挡，上头一闪、下头一晃，戏耍结束，哈哈大笑着，折身向东，去找海龙王喝酒。泥鳅精一腔怒气没处发泄，在泥地里打着滚儿蹦跳起来。这一跳，竟砸出九个大坑，天长日久形成九个大小不等的水泡子。

荷仙的阿玛（满语，父亲之意）要为唐渤海国开辟前往日本海上通道，带着族人从上京龙泉府来到防川附近黑顶子山下安家。东海风大浪高，又常有巨型海兽出没，出海人们每次都要折损十之二三。荷仙最崇拜阿玛，成天跟一帮小伙伴过驾船打仗过家家、玩老鹰捉小鸡的游戏，领着小伙伴唱《东海渔歌》："海参崴，大海滨，阿玛前去杈海参。海参黑，海参大，咱们阿玛不害怕。大海浪，像座墙，阿玛骑着下南洋。南洋有个菠萝洲，又出菠萝又出油，还有夜叉放水牛，十人去了九人留。只有一人不怕他，骑着大风回到家。你猜这人能是谁？这人就是咱阿玛。"

有一天，出海船队回来一只船，阿玛为搭救落难叔叔，被海浪卷走。额娘（满语，妈妈之意）到江边祭奠阿玛，跌进滚滚东流图们江。荷仙生活没有欢乐，没有歌声，默默地跟着弯腰驼背爷爷苦扒苦曳熬日子。荷仙是爷爷眼珠子。爷爷从不让干重活儿，不准去江边儿，更不准乘船到水上。荷仙记得阿玛和额娘喜欢花儿，不论日子怎么苦，不管要跑多少路，都要把最好看花儿一棵又一棵地移栽到家里来。杏花、梨花、桃花、野玫瑰、山杜鹃、木芍药、黄百合、马兰花儿……都搬到小小撮罗子（用木杆搭起的尖顶屋）周围。刚刚出世火红色小马驹儿，欢蹦乱跳地陪伴着荷仙给花儿培土、浇水、施肥。春天来了，洁白的、粉红的、鹅黄的、浓紫的、湛蓝的、大红花儿开满院子。一阵阵花香悄悄地飘向水泡子上空。

东奔西忙黑小伙儿陶醉在花香里，常常站在姹紫嫣红小院前流连忘返。顾盼得眼神儿、抽抽地鼻子，那副憨样儿，荷仙禁不住要笑出声来。黑小伙儿来得很勤，时不时地找荷仙说话儿，逗小马驹撒欢儿，帮爷爷开荒种地。还给荷仙带来五彩贝壳儿、亮亮珍珠、鼓鼓菱角、肥肥鲫鱼。荷仙一天天长大，出落成水灵灵大姑娘。更精心地莳弄花儿，天天盼着黑阿哥来品尝自己亲手做的酱豉和萨其玛，找出额娘留下的五彩丝线和锦缎，一心一意地绣着鸳鸯戏水的香荷包，等到祭神树的时候，送给黑阿哥。头道泡子北边的高岗上，有一棵又高又大的老神树。长长的枝条从高高的树顶一直垂到地面上，绒

防川莲花湖红莲（2006 年）

嘟嘟的毛毛狗儿密密实实的缀满枝头，飘飞的柳絮像无数朵素洁的小花儿，洋洋洒洒地落在人们头上、肩上。远远望去，老神树仙风道骨，生机无限，连鸟儿都愿意在上面做窝，更是春心萌动的少男少女们心仪地方。

祭神树的那一天，十里八村的乡亲们都聚到一起。又是唱、又是跳，热闹非凡。荷仙是跳舞高手。穿上鹿皮紧身衣裤，戴着珍珠项圈、贝壳手链、洁白的羽绒花儿，这一天打扮得最漂亮、最引人瞩目，高高兴兴的来赶场子。可是穆昆达（满族族长）威严话语她不听，萨满达（满族大巫师）装神弄鬼样子她不看，英俊壮实小伙子们搔首弄姿她也不理。一边跳舞，一边焦急地四处撒目着，却怎么也找不着心爱黑阿哥。望着一对对新婚男女灿烂笑脸，荷仙十分委屈。喷喷香烤鹿肉没吃一口，醇美美浓米酒没喝一碗，转身跑回自家撮罗子（鄂伦春、赫哲等少数游猎民族用木杆搭起的帐篷），抽抽搭搭地哭一宿。

几天以后，黑小伙儿来送菱角。这可是青黄不接时候救命粮食啊。明明是秋天才成熟菱角，可这春天才开始不久，黑小伙儿不知从哪儿找来满满一背筐绿莹莹、鲜嫩嫩、水灵灵、鼓溜溜的大菱角。水滴沿着黑小伙儿留下一路脚印，粗粗的背绳深深地嵌入鼓凸凸的肩部肌肉里。荷仙不领情，又哭又喊地往外推，撇走珍珠圈、甩掉贝壳链。黑小伙儿非常紧张，左哄右劝不顶事，只好一五一十道出自身来历："俺本是水中鱼精，怎敢糟蹋格格一生？"爷爷长长叹口气："唉！孙女长大不由爷。小伙子，真厉害啊，有钱有势、知根知底后生全都不如意。只要后生一生一世对荷仙好，爷爷别无他求"。看到爷爷许可，黑小伙儿扯下门边挂着羽毛翎，颤悠悠地插在荷仙黑亮亮的发辫上。指天发誓，明年拜神树时候，一定来收这鸳鸯荷包。

谁曾想，大豆花儿还没有谢，就遇上百年不遇大洪水。黑沉沉乌云严丝合缝地扣在人们头顶上，腥蒿蒿的东南风裹着瓢泼大雨一个劲儿地下，冷冰冰地浇在人们身上和心上。图们江水喊着号儿倒灌进来，九个泡子连成一片大海。荷仙辛辛苦苦栽种花儿被一棵接一棵地连根拔起，摇摇晃晃地飘荡在浑黄的水面上，温暖舒适的撮罗子一眨眼就无影无踪。黑小伙儿顾不上稀里哗啦虾兵蟹将，忙不迭地把荷仙爷俩送到高坡上，又东一头、西一头地搭救落水乡亲们。年迈体衰爷爷再也禁不住这冷风苦雨地抽打，攥着荷仙的手儿绝气身亡。想起自己悲惨身世，荷仙痛不欲生，趴在爷爷身上号啕大哭起来。越哭越伤心，越哭声越大，直哭得浑身抽搐，几次背过气来。

乡亲们纷纷过来劝解，三劝两劝，也跟着放声大哭起来。哭声连成一片，震天动地。震得山石嗡嗡叫，就连奔腾咆哮洪水也被这哭声压住头。正忙着救灾的黑小伙儿风风火火地赶过来，一声一声地唤着，一下一下地拍着，好不容易才把荷仙救醒。可是荷仙一翻身，把满腔的怨气撒到黑阿哥身上，两只手疯狂地捶打着黑阿哥宽大厚实的胸膛："都说你能耐大、本事高，江龙王年年来撒野，你干什么呢？乡亲们受苦受难，你干什么呢？阿玛、额娘、爷爷都被龙王害死了，你干什么呢？"

听着荷仙撕心裂肺地哭诉，看着乡亲们又饥又冷绝望样子，黑小伙儿就像百爪挠心。一跺脚、一道闪电，跳到半天空，再次去找江龙王评理。拳头攥得嘎巴嘎巴地响，强忍着怒气，软磨硬缠，要求退去大水，从此划江而治，各不相扰。财大势大的江龙王摆出一个天大的架子，根本就不讲理："你一个下三烂小泥鳅，也想呼风唤雨住水晶宫？去吃你烂泥吧。别人该死该活，那是他命该如此"。推着海潮来赶热闹海龙王更是阴毒："泥鳅也想当龙王？只要你一口气在地上拱出 100 道弯来，我做主，大水立刻退去，江龙王从此不来骚扰，众位乡亲们出海，本王不再刁难。可要是小泥鳅拱不出这 100 道弯来，哼哼……"

黑小伙儿身单势孤，明知道，就算修炼到一万年，真的得道成仙，硬拼也斗不过龙王。可要是忍气吞声，乡亲们啥时候能盼来出头之日。好狗护三邻、好汉护三村，保不住家园，枉修成人身！

好一个泥鳅精，双睛喷火怒气生，大吼一声山摇动，顶天立地法身现，扑向大地显神功。看左摇、右摆，头拱、尾掘。沙起如飞瀑、泥浪如墙倒。几十丈长黑脊梁翻来滚去，拱起如虹、弯下如弓，砸得水面哗啦啦震天响，正是一条狂怒黑龙！头拱破皮，不停下；尾巴刮出血，还是不停下。乡亲们擂起战鼓助威：……74、75、76……慢慢地，海龙王和江龙王奸笑着面孔凝固、浑身发抖，讪讪地一点一点往后缩。可是泥鳅精扭动着身躯也越来越慢，越来越艰难。乡亲们含着眼泪数着：……93、94、95……突然，又羞又恼海龙王在撤身回海同时，一脚将随驾海狮精踢上江岸。

海狮精迎风一晃，变成一头硕大无比、鬃毛乱颤的凛凛雄狮，摇头摆尾地横在泥鳅精前面。啊！乡亲们一惊，脸色煞白，疾风骤雨鼓点声戛然而止。只见泥鳅精唰地向西一偏，高高地昂起鲜血淋漓的头，猛地一甩白骨嶙嶙尾巴，狠狠地砸到海狮精肉墩墩屁股上，接着再向前一冲，随着一堵高高泥沙墙飞向江心，泥鳅精便一动不动。

泥鳅精死去。可是用生命开出 99 曲圈河，打通 9 个泡子连通图们江泄水口，大大减轻水患，防川湿地成为鱼米之乡、塞外江南。村民们含着眼泪将其葬在七道泡、八道泡、九道泡东北侧一带土岗上，整整填 100 天土，堆成一座海拔 110 米小山，起名老龙山。

荷仙见不到日思夜想黑阿哥，成天拿着鸳鸯戏水香荷包，默默地站在老神树下，遥遥地望着老龙山流泪。恨，恨龙王害死阿玛、额娘和爷爷，恨逼死黑阿哥；悔，悔不该催着黑阿哥去找龙王拼命，悔自己人小力微，喊破嗓子也没能劝黑阿哥回头上岸；思，思黑阿哥献身英勇悲壮，思乡亲们对黑阿哥敬意和期待；想，想亲手栽植小花园灿烂和馨香，想黑阿哥的菱角和珍珠。成天这么站着、想着、哭着。任谁来劝，荷仙也不言、不语、不吃、不喝、不回头。终于有一天，荷仙和小马驹儿一头扎进水深莫测头道泡子。乡亲们驾船撒网捞哇，忙活九天九夜，也没见着荷仙和小马驹儿尸首。第二年，荷仙入水地方就生出莲花。第三年，二道泡子长出莲花。第四年，三道泡子长出莲花。许多年之后，九个泡子都生长莲花，连成一片，与 99 曲圈河相映生辉，恰如一串色彩缤纷、芳香四溢珍珠项链，成为防川最美丽、最著名风景。

回龙峰传说[①]

防川村沿图们江上溯走 10 千米，在江边坐落着一座山峰，图们江水围绕这座山峰画个圈，然后掉头南流入海。人们把这座山叫回龙峰。

从前，回龙峰村有一个少年，名叫金哲，父母早年去世，孤身一人过日子。家中有一支祖传玉笛。玉笛晶莹剔透，吹起来清脆悦耳。一有闲暇时间，便会拿出这只心爱玉笛，为乡亲和周围小动物吹奏起欢快悠扬曲子，就连天空中飞翔的白鹤经过这里，听到悠扬的笛声也会落下来站在他旁边，倾听美妙悦耳笛声。

有一天，东海龙宫的乐师从东海来到图们江边，听到少年金哲吹奏得美妙动听玉笛后，立即跑回去向龙王禀告，说在图们江边小村庄发现一个宝贝。

龙王听到乐师报信后，便让乐师拿一些珠宝去换那只玉笛，如果少年不答应，就想方设法抢回来。乐师按龙王吩咐，带着金银珠宝找到少年金哲。向他说明来意，并在少年面前打开包裹，金银珠宝琳琅满目。

---

① 金政男整理。

“嗨哟，这可是从未见过稀世珍宝呀！可玉笛是祖宗传下来宝物，就是给再多珠宝，也不能交换。再说村里人都离不开它呀！”少年金哲根本不理会那些金银珠宝，更不想用珍贵玉笛换。

乐师见少年金哲不答应，便恼羞成怒，气势汹汹地说：“不要敬酒不吃吃罚酒，胆敢违抗龙王旨意，可没你好，不信等着瞧”。换不成玉笛，乐师只好空着手回到龙宫。龙王见乐师空手回来，便亲自出马，率领虾兵蟹前去抢玉笛。

第二天，龙王在乐师指引下，带领虾兵蟹将，踏着海浪，沿图们江逆流而上，扑向金哲居住图们江边村庄。所过之处，一片汪洋。空中白鹤看到龙王领兵来抢玉笛，急忙抢先飞到少年金哲家，告诉他龙王马上就到，带着玉笛快些离开家，躲到山上去。

少年金哲突然接到这可怕消息，顿时不知所措。“快，带上玉笛，骑在白鹤背上，驮到山上去吧”。经常来听少年金哲吹笛那只梅花鹿，来到少年金哲面前，催促少年上路。眼见龙王就要到来，生死关头，少年金哲顾不得许多，骑到梅花鹿背上。少年一跨上鹿背，梅花鹿就像一阵风似地向前奔跑，不一会就跑到半山腰。

龙王站在浪头上，迅速来到山前，高喊“站住，要想活命，就把玉笛乖乖地交出来，要不然，就把你淹死在山上”。紧紧地追赶在少年金哲后面的龙王气势汹汹地叫喊着。面对着穷凶极恶的龙王，少年金哲反而镇定下来，坐在一块山岩上，掏出玉笛，吹奏起来，笛声时而悠扬激奋，时而悲愤凄美。在龙王指挥下，滔滔海水眼看着要将山峰围住，仅有一条山梁还同陆地连着。山中各种动物和鸟儿都围在少年金哲身边，听少年吹奏玉笛。龙王气得怒发冲冠，浑身发抖，使出全身力气，掀起巨浪，涌向山峰，图们江水形成圆弧形，龙王围着山峰，转来转去，要把山峰淹没。

少年金哲悲愤笛声传到图们江源头长白山峰，长白山山神寻着笛声来到图们江下游，看到山上少年金哲和乡亲们及山上动物就要被龙王带来海水淹没。长白山山神心想决不能让暴虐龙王得逞，长白山山神集长白山万水于图们江，冲向踏着海浪龙王，汹涌图们江水将龙王和逆江流带来海水冲回东海。图们江水改变原来流向，沿着少年金哲所在山峰转一圈，又流向东海。少年金哲玉笛未被抢走，每天仍用心爱玉笛给乡亲们和山林中动物们吹奏着优美曲子。后来，人们将少年金哲吹笛山峰称为回龙峰。

莲花湖传说[①]

在防川村域内，图们江下游北岸有一个碧波荡漾莲花湖。关于莲花湖由来，在民间流传着一个美丽动人传说故事。

据说，在很久很久以前，莲花湖附近有个小村庄，村庄里住着一个叫阿郎年轻小伙儿，阿郎一年四季靠捕鱼、狩猎为生。在一个春回大地、万物复苏早晨，阿郎和往常一样，带着渔网、鱼叉等捕捞工具，披着银色晨雾，早早地来到莲花湖边。清澈湖水周围，山清水秀，平静水面上，生长着一些香蒲草和野菱角，为这鱼米之乡增添几分绿色。

正当身强力壮阿郎手托渔网，走进水里要撒网捕渔时候，突然间从远方莲花湖深处传来悠扬清脆歌声。顺着优美动听旋律，阿郎挺起身子，睁大眼睛环视周围，可四处晨雾茫茫什么也看不见，清脆悦耳的歌声却越来越近："千年采歌，唤来九曲莲开。万年藕莲，带来荷美鱼肥。绿茵芳草，引来莲花欢歌笑语。"

这是谁家女子在湖里唱歌呢？阿郎心里产生疑问。片刻，白雾散去，面前出现一叶小舟，那船上乘坐一位貌若天仙般姑娘，唱着古老民谣。手提花篮，挥手往湖里播撒着莲花种子。阿郎细心地观察姑娘一举一动。莲花湖周围白雾逐渐散尽，小舟上播撒莲花种子的少女身影悄然消失在天际。回到村庄，阿郎向村民们讲述少女播撒莲花种子事情，老人们说道："从前这个湖里长满美丽莲花，远近闻名，不知道什么原因，最近几年湖里莲花变得无影无踪，真是奇怪。"阿郎几乎每天都在这湖里撒网捕鱼，盼望能再见到那个美丽纯情少女。

仲夏一天，阿郎来到水平如镜莲花湖边，但见满湖莲花盛开，争奇斗艳，阿郎望着这湖光山色，宛如进入梦幻般仙境。看着满湖盛开莲花，阿郎心情无比高兴，正沉浸在这如诗如画意境里，见到美丽莲花姑娘乘坐一叶小舟，手划着船桨，向阿郎驶来。

莲花姑娘将小船划到阿郎面前，在船上施礼道："吾乃天宫莲花仙子，掌管天上地下莲花生长，小女早想见一见勤劳的阿郎，今日有缘相见，这厢有礼"。莲花仙子来到阿郎面前含羞施礼。阿郎说："莲花仙子，为什么从天宫来到这遥远地方播种这般美丽莲花？"

听到阿郎问话后，莲花仙子不慌不忙地回答道："本仙女去过许多地方，寻找适合莲花生长的水面，观察这里多年，这地方离东海距离很近，气候温和湿润，又山清水秀，是种植莲花最佳地方，因此便把此地作为播种莲花首选之地，但莲花虽然好种，却

① 翟运昌整理。

莲花湖（2016 年）

需要有好人莳弄和管理”。莲花仙子讲述事情来龙去脉。

“啊，原来是这样，多谢莲花仙子告诉实情，本渔夫家住湖边，每天都在湖中捕鱼，愿意和你一起在湖中播种莲花，并莳弄和保护好莲花”。在阿郎和莲花仙子共同辛勤耕耘莳弄下，九座湖泊变成美丽如画九曲莲花池，盛开莲花和碧绿莲叶、莲藕引来天鹅、鸳鸯、苍鹭、白鹭、海鸥、野鸭、大雁等鸟儿到莲花湖畔筑巢繁衍生息。

莲花湖中无数莲花盛开消息在方圆几百里传开，到莲花池畔观赏莲花人络绎不绝。从此，莲花湖美丽莲花名闻天下。一个雨后午夜，长着大脑袋大嘴巴，红白相间胡须怪物从东海经图们江游入防川圈河，来到莲花湖，这家伙大口大口吞噬着嫩嫩莲花，把美丽如画莲花湖糟蹋得一片狼藉。大嘴怪兽出现，阿郎一时还不知道。有一天同往常一样，早晨起来到地里看过庄稼长势，带着捕鱼工具，来到莲花湖，映入眼帘惨景使阿郎大吃一惊。“这是什么东西把莲花全部吃光？”阿郎仔细观察后，发现这是草鱼怪所为，阿郎下定决心一定要除掉这个祸害，阿郎暗自想好捕杀草鱼怪计划。

第二天清晨，阿郎早早来到莲花湖边，晨雾还没有完全散尽，阿郎在莲花湖边芦苇荡中看见那个草鱼怪，正在肆无忌惮地糟蹋幼嫩莲花。“草鱼怪听着，阿郎在这里等候你多时，记住明年今天就是怪兽祭日！”阿郎边喊边把准备好锋利鱼叉掷向草鱼怪，被鱼叉击中头盖骨草鱼怪发出一声惨叫后，大口吐血仓皇出逃，消失在迷雾中。清静美丽莲花湖又恢复往日平静。阿郎每天辛勤地莳弄各种各样莲花，历经多少个日日夜夜，莲花泡终于恢复往日美丽。婀娜多姿，五颜六色莲花又相继争奇斗艳。前来观赏莲花人们络绎不绝。

“阿郎！阿郎！虽然年轻但能吃苦耐劳，终于使荒废的莲花湖又恢复原来模样。阿郎，真了不起！”“阿郎，由于辛勤劳动，才又让大家重新见到美丽莲花！”到莲花湖人们对阿郎交口称赞，但阿郎却日夜思念莲花仙子，盼望着再和莲花仙子一起播种莲花。在一个风和日丽早晨，阿郎看到一群靓丽仙女，随着漂浮彩云，降临到莲花湖边，来到阿郎眼前。阿郎惊喜万分，不由自主放下手中活计，全神贯注地在仙女中寻找莲花仙子，怎么找也看不到那莲花仙子身影。“仙女姐妹们，请问从前在这个湖子里播种莲花那位莲花仙子姑娘为什么没来呀？”阿郎深情而又无奈地向众仙女询问。

一位仙女看着阿郎答道：“从前在湖里播种莲花那位莲花仙子姑娘，由于未经天宫仙主许可，擅自把天宫里各种莲花种子带出宫后撒种在这个湖里。有人告发到仙主那里，仙主一怒之下关押起来，不许再下凡到人间”。听到事情经过，阿郎非常悲痛，对仙女说：“回宫后，请转告莲花仙子姑娘，这里乡亲们都十分感谢和想念莲花仙子姑娘”。仙女望着阿郎回答道：“回宫后一定转告给莲花仙子”。

从此，阿郎更加勤劳，精心莳弄莲花，莲花湖里盛开莲花就像那莲花仙子一样，光彩夺目。翌年，防川一带每个湖里，都盛开着美丽莲花。

大事纪略

防川村位于吉林省东南部图们江下游中、朝、俄三国交界地带，历史上防川一带是东北亚“海上丝绸之路”起点。

唐开元十五年后一百多年中，中国防川至日本新潟、奈良（当时日本京城）、福井等地船只往来频繁，当时是防川历史上最辉煌的时期。1910—1938年，防川再次成为东北亚地区海上通道起点，建码头、设海关、辟商埠，商贾云集，经贸往来十分活跃。

1860年以后，防川见证外敌入侵、列强割地、掠夺资源、设局招垦、移民实边、驻防战事、勘界谈判、补牌立柱等重大历史事件。

防川自古是东北少数民族聚集地，历史积淀丰富，村域内保存大量历史遗址、遗迹和吉林省重点文物保护单位，见证防川厚重而又屈辱的历史。

◉ 清康熙十六年（1677）至光绪七年（1881）封禁边疆

清顺治元年（1644），清军入关后，满族统治者为统一中国，连年战争。顺治八年，清政府颁布招垦令，鼓励关内汉族人到东北垦殖。康熙七年（1668），清朝废除招垦令。康熙十六年，清政府下令封禁长白山区，将长白山区作为“龙兴之地”，封禁达200多年。封禁期间，东北社会经济发展落后、人烟稀少、边防废弛，给沙皇俄国侵略扩张造成可乘之机。19世纪中期后，

19世纪70年代荒无人烟的防川

沙皇俄国不断侵扰中国边境，清政府忍让退缩、丧权失地，东边疆北出现危机。

清光绪六年（1880）五月，清政府委派吴大澂帮办吉林边务。吴大澂积极主张废除封禁政策，移民垦荒，实边固防。光绪七年，吴大澂奏请朝廷废除南荒围场（防川一带）200多年封禁，朝廷允准。10月，吴大澂和吉林将军铭安上奏朝廷，建议对朝鲜越江垦荒边民给予国民待遇，实施有效管理。封禁政策废除，招垦政策施行，使大批关内流民、朝鲜垦民和俄境华民大批涌入东北防川一带。

20世纪90年代中俄边境线

光绪八年，吴大澂委任吉林知府李金镛主办招垦，设立珲春招垦总局，下设五道沟（今珲春）、南岗（今延吉）、黑顶子（今敬信防川一带）招垦分局，接纳外来垦民。招垦对象包括：当地“偷垦者”，留居原地，继续垦种；在山东、辽南一带招来汉民，乌苏里江以东地区被沙皇俄国驱赶华民，越过图们江到中国农耕渔猎朝鲜垦民。

◉ 咸丰十年（1860）由濒海变为边境

《中俄尼布楚议界条约》签订时，防川一带是中国东北沿海腹地，防川村历史上不与俄国毗邻。

根据《中俄尼布楚议界条约》“中俄两国东临边界以外兴安岭（即斯塔诺夫山脉）至海，格尔必齐河和额尔古纳江为界”规定，黑龙江和乌苏里江流域广大地区都是中国领土，黑龙江和乌苏里江都是中国内河。外兴安岭以南包括库页岛都归宁古塔将军（乾隆二十二年改称吉林将军）辖区。

清咸丰十年（1860）十一月十四日，沙皇俄国强迫清政府签订《中俄北京条约》，中国失去乌苏里江以东约40万平方千米土地。该条约使中国丧失沿海所有领土，珲春境内东南沿海地区尽属俄国，珲春由滨海变为内陆，防川村变为中国边境。

20 世纪 20 年代朝鲜垦民越江到防川开垦

20 世纪 30 年代朝鲜垦民越境到防川开垦

◉ 19 世纪中叶朝鲜边民越江垦荒

19 世纪中叶，朝鲜北部水灾严重，边民生活水深火热。濒临死亡线上朝鲜贫苦农民，为谋求生路，不断冒禁越江潜入中国境内，开垦荒地、挖参、淘金。随着越江边民增加，清政府和朝鲜政府之间不断引发外交纠纷，为解决边界问题，清康熙五十一年（1712）五月，清政府派官员与朝鲜官员攀登长白山勘定国界，双方采取严厉措施，实行严密封锁，禁止两国边民互相迁入。清政府多次将朝鲜垦民遣返，严密封禁边界地区，朝鲜贫苦农民仍然违禁潜入防川垦荒。

据《珲春朝鲜族》记载，历史上朝鲜边民有两次大量迁入防川。咸丰十年（1860）至同治九年（1870）间，朝鲜北部连年发生自然灾害，灾民不顾中朝两国封禁，扶老携幼，第一次大量越江进入防川谋生。

19 世纪 70 年代，沙皇俄国继续扩大侵略中国领土，强占图们江以北防川一带。光绪元年（1875）至光绪八年，沙皇俄国先后侵略珲春河南岸、石头岭一带和黑顶子地方。中国内外交困、风雨飘摇，为挽救边疆危机，缓和国内矛盾，就地解决粮饷，加强边疆防务，逐步废除封禁制度，实行移民戍边政策，大批朝鲜边民迁入防川。

据《珲春县志》记载，同治九年十月，朝鲜庆兴郡 19 户农民一夜之间集体迁入防川村，在防川建设房屋，开荒种地。敬信、回龙峰、黑顶子等地开始形成朝鲜垦民村庄。图们江沿岸是朝鲜垦民最早定居地方。

光绪九年，清政府同朝鲜签订《吉林朝鲜商民贸易地方章程》。光绪十年，清政府在西步江（今三家子满族乡古城村）一带设通商局，与朝鲜进行贸易往来。光绪十一年，清政府设越垦局，把图们江以北地区划为专垦区，专门办理朝鲜垦民事务，为朝鲜垦民迁入防川提供政策支持。光绪十二年，为安抚朝鲜垦民，防川一带成立垦荒社，清政府发布《珲春宁古塔招垦章程》，制定朝鲜垦民开荒 5 年不纳租政策，该政策出台后，朝鲜垦民越江人数越来越多。

宣统二年（1910），朝鲜沦为日本帝国主义殖民地，朝鲜垦民无法忍受日本侵略者欺侮和压榨，背井离乡，朝鲜垦民第二次大量迁入防川一带。

据珲春副都统光绪三十三年统计，在防川一带朝鲜垦民中，还有一部分是从俄国西伯利亚迁入的。

◉ 光绪十二年（1886）补立土字牌

清光绪十二年（1886）五月，清朝钦差大臣吴大澂抵达防川，与巴拉诺夫（俄罗斯滨海边疆区行政长官）等人在离图们江口 15 千米处，补立土字牌界碑。被沙皇俄国侵占总面积 100 平方千米土地回归中国，中俄边界从沙草峰（沙皇俄国单方偷立土字牌址）向日本海方向推进 8 千米。

土字牌立在中俄边境线卧峰（土字牌现址）上，距图们江入海口 15 千米，防川、黑顶子失而复得。

20 世纪 80 年代土字牌

◉ 光绪二十年（1894）设立抚垦局

清光绪十年（1884 年），清政府在珲春副都统管辖之地和龙峪（今龙井市智新乡）和光霁岭（今龙井市光开乡）设立越渡局（光绪十一年改为越垦局，光绪二十年改为抚垦局），专司朝鲜垦民事务，公开接纳朝鲜垦民。清政府把图们江北岸沿江长约 350 千米、宽约 25 千米地带划为朝鲜人专垦区。专垦区针对朝鲜垦民推行新地税法：规定新垦之地，3 年内不缴地租，3 年后每公顷地缴税 1 钱 8 分即有耕作权。

光绪二十年，朝鲜人专垦区内有垦户 1354 户、垦民 20000 多人、熟地 15400 公顷。在专垦区土地上种植谷子、黄豆、大麦、玉米、土豆等，还引水灌溉，种植水稻。是年，清政府对入中国籍朝鲜人“立社甲”。在专垦区内设立 4 大堡、39 社、124 甲、415 牌。汉族、满族地主也开始招引朝鲜垦民，朝鲜垦民已不再局限于被划定的专垦区，逐渐向布尔哈通河、嘎呀河流域迁移。汉族和朝鲜移民大量迁移，改变防川区域传统民族结构，世代居于此的满族不再是主体民族，防川地区逐渐变成包括朝鲜族在内的多民族聚居区。

◉ 光绪三十一年（1905）成为商埠重地

清宣统元年（1909），清政府在珲春设立吉林省第一家海关，史称珲春总关，在中俄、中朝边境防川一带设大肚川、九沙坪、吊龙牌等分关，统管东部边境通商贸易事宜。20 世纪初，防川一带仅次于珲春商埠。据宣统年间珲春官方档案记载，经防川通商航运规模："查入埠之大宗货物则有花其布、黑瞎布、洋布、洋毡、锥夹、手巾、胰子、洋火、火油、碱、洋蜡、洋糖、洋灯等物，均由俄界海参崴运来，分销于延吉、敦化等处。每年约白银 188 万两。收捐钱 2 万两。查出埠大宗货物，则有豆饼、豆油、大麦、小米、山鸡、山鹿、山狍等项，均系本埠出产，运往俄界严杵河、海参崴一带，每年约价 39 万两。收税 1.3 万两。"

防川和黑顶子一带是吉林省图们江沿岸距日本海最近航运重镇，自 1910 年开埠通商后，经过数十年发展，成为一个人口聚集，店铺林立，商贾云集商埠重地。

◉ 宣统二年（1910）开港航运

清宣统二年（1910）五月，珲春河码头建成开港，数十家航运公司利用码头从珲春河进江入海，航运事业快速发展。珲春城至图们江出海口防川 100 多千米沿江航线成为繁忙航运通道。防川一带设立码头、渡口，再次成为图们江进入日本海交通要地。

光绪三十二年（1906），清政府定珲春为开放地区；光绪三十三年，辟为商埠。为便于通海航行，宣统二年，清政府在珲春疏浚图们江河道，以利于江海通航。吉林省图们江沿岸商家充分利用图们江进入日本海航行便利条件，广泛开展对俄、日、朝贸易，各国之间进行繁忙海上商贸活动，黑顶子一带成为东北亚地区繁华商贸重镇。

1912 年，黑顶子一带开始成为国际贸易货物集散地，通过内河通江达海。海上航运火轮常经往来于日本海沿岸朝鲜元山、釜山和日本新潟、长崎等港，并远达上海。

1926 年，珲春已有船 60 艘，平均载重量 15 吨以上。据《满州年鉴（1933）》统计：

“1929 年，出入珲春河码头各种船只为 1469 艘，24799 吨，平均 17 吨 / 艘；1930 年为 847 艘，14422 吨，平均 17 吨 / 艘；1931 年为 1394 艘，25123 吨，平均 18 吨 / 艘”。这些货船主要装载木材和地方土特产，在珲春河码头装货，经图们江进入日本海，抵达朝鲜土里岭、西水罗里换船装货，来往于日本沿岸各港和中国上海。

◉ 清末民国初“跑崴子”

“跑崴子”也叫“下崴子”，是清末民国初贫苦农民从东北各地、关内到海参崴捕捞垦殖，经商、做工、种地、定居、打鱼、捞海参、放牧、建立各种生产加工小作坊；长途贩运布匹、日用百货、皮货、金银首饰、日杂、食盐、海参、海带、紫菜、各种鱼类、贝类等，民间称之为“跑崴子”。

当年“跑崴子”主要有两条路径，一是陆路，二是水路。

陆路：从今吉林省珲春市草帽顶子到海参崴，直线距离不足 50 千米，冬季赶着马爬犁从草帽顶子出发经过乌苏里湾，半天即可到达海参崴。夏季赶着马车走大路绕过乌苏里湾，一天即可到达。

水路：从今吉林省珲春市起航，沿珲春河、图们江顺流而下，经防川进入日本海，到达海参崴全程 300 千米，顺风顺水需要 3 天时间，每年 5 月下旬至 10 月下旬是走水路黄金季节。“跑崴子”是吉林省近代一段波澜壮阔、神秘传奇历史，防川一带是水路“跑崴子”必经之地，流传着“渤海风掀恶浪催，三更雨打断船桅。乡人尽做波中鬼，不敢回头让泪垂”诗句。

据历史资料记载：“跑崴子”一词里“崴子”是东北方言，源于满语，义为“港湾”，地理名词，意指三面环山，一面平坦开阔地或江河海湾，地形类似“簸箕”形状，称之为“崴子”，故有“东崴子”“西崴子”等名称。“跑崴子”一词主要指现在俄罗斯滨海边疆区首府——符拉迪沃斯托克市，中国名字叫“海参崴”。“海参崴”义为“盛产海参海湾”，海参崴因港湾内盛产又大又肥的海参而得名，从商者还把海参崴海参、扇贝、大马哈鱼等海产品，通过陆路和水路运往防川，然后再转运东北各地和关内。

1920年抗战时期马列主义教材

◉ 1913年设立分关

清宣统元年（1909），清政府在珲春设立吉林省珲春总关。

1913年10月，清政府在防川一带设立大肚川分关；1914年，因大水冲毁而停办。

1933年，珲春分税关先后在防川一带设九沙坪、大肚川、吊龙牌、洋馆坪等分卡。

1934—1940年，在凉水泉子、密江、上甩湾子、下甩湾子、沙坨子、九沙坪（当时防川一带）、河口、洋馆坪、下坎、敬信等关卡先后设珲春分税关。

1937年，中朝铁路连接，绝大部分货物进出境基本都靠铁路。珲春飞机场被指定为税关机关，飞机须经税关长批准方可起降。

1940年，在百草沟、三岔子、奉天岛、圈河设关税监视所。

1945年8月，延边地区解放后，各地海关一时无人管理。

1946年3月，延边专员公署为支援国内解放战争，禁止粮食出口和鸦片输入，在延吉成立延边海关总关，在图们、珲春设税务局兼管海关。

1948年，延边海关从税务局分出成立延边关税局，在珲春设关税分局。

1950年2月，图们关税局改称“中华人民共和国图们海关”，珲春关税分局改称珲春分关。珲春分关下设总务、关税、查私三股和甩湾子、沙坨子、二道泡分所，王家屯、密江、西崴子、江北屯、九沙坪、小盘岭、回龙峰检查所。凉水泉子和空洞山分所归图们关管辖。是年12月，根据政务院《关于设立海关原则和调整全国海关》指示，专门为缉私而设分所，检查所移交给边防保卫处，在珲春境内只设珲春支关。

1953年，洋馆坪渡口（防川附近）由边防站代管海关业务（1982年，圈河渡口关

20 世纪 20 年代吊龙牌分所

20 世纪 20 年代大肚川分所

闭）。1955 年 11 月 1 日，裁撤珲春支关及其所属检查所，防川分关进出口货物明显减少，进出口贸易额在图们税关中所占比重不足 50%。

◉ 1920 年红色通道

防川自古是东北亚地区“海上丝绸之路”起点。1917 年俄国十月革命胜利后，建立世界上第一个无产阶级专政国家政权。由于珲春防川与苏联地界相连，离符拉迪沃斯托克较近，这条繁忙商贸走廊也是一条红色通道。1920 年后，一些苏联进步书刊，如《共产党宣言》《俄罗斯共产党政纲》《无产阶级前进方向》《劳动组合读本》等，借助此红色通道传入珲春。红色报刊，热情歌颂俄国社会主义革命，通俗地宣传马克思列宁主义基本原理和工农革命思想，号召东方各弱小民族走苏联革命道路。1920 年，马克思列宁主义和社会主义思想书刊迅速经防川传到珲春。从符拉迪沃斯托克传入红色刊物相继传播到青年教师、学生和农民当中，一些学校开始秘密教唱《十月革命之歌》《列宁赞歌》，部分进步教师还组织文艺宣传队到珲春县朝鲜族聚居村落教唱革命歌曲，宣传马克思列宁主义理论知识，鼓舞群众抗日斗志。朝鲜族各村落群众渐渐认识到，要取得反帝反封建胜利，打败日本侵略者，只有紧密团结起来。受俄国十月革命影响，防川、大荒沟、烟筒砬子等一些农村成立农民夜校，利用此阵地向群众教唱革命歌曲，宣传革命理论，用马克思主义指导抗日救国宣传教育活动，提高群众觉悟和理论水平，开始接受马克思主义思想。

一批早期共产主义者，如黄炳吉、崔昌福、徐光、白泉泰等，积极宣传马克思主义，为中国共产党在珲春奠定理论和组织基础，防川至符拉迪沃斯托克红色通道，为珲春乃至延边地区传播马克思列宁主义思想起到重要作用。

秋收斗争雕塑（2017 年）

◉ 1931 年开展秋收斗争

1931 年 9 月，防川一带农民在中共金区区委领导下，开展以“减租减息”为内容的秋收斗争。九沙坪、回龙峰、五道泡、防川等地农民汇集一起召开会议，区委负责人作秋收斗争动员讲话，与会农民高喊“打倒日本帝国主义”“实行三七分成制”“ 四六分成制”等口号。防川农民秋收斗争情绪高涨，会议结束后，300 余名农民立即举行示威游行，满腔怒火的农民冲进地主高千日家，当场处决恶贯满盈地主高千日，没收其粮食和财产分给贫苦农民。

是年 10 月，中岗子、清沟子、三安、里化、关门嘴子、密江等一带农民，举行声势浩大示威游行。农民从中岗子村出发，途经里化、关门嘴子等地，当地农民加入示威队伍，游行队伍由最初一百多人很快增加到 400 多人。游行队伍到珲春街西郊时和防川一带农民队伍会合，被日本驻珲春领事分馆军警拦住，示威游行农民向日、伪军提出实行“三七分成制”“四六分成制”要求，日军在愤怒村民面前，被迫答应领事分馆调查后解决，要求解散游行队伍，示威群众群情激奋，没有动摇继续坚持斗争，农民们闯进太姓地主家，把地主从屋里拽出来要求减租，地主被迫打开仓库把粮食分给贫苦农民。秋收斗争取得全面胜利。

◉ 1932 年开展春荒斗争

1932 年春，中共东满特委认真总结秋收斗争经验，结合春季青黄不接实际，决定在

1932 年烟区领导到防川组织春荒斗争画

1947 年支援前线担架队

各村开展春荒斗争。

中共珲春县委根据东满特委决定，在防川、圈河、大荒沟、仁河洞、中岗子、烟筒砬子等地发动农民，开展声势浩大春荒斗争。县委号召农民打开地主粮仓，赈济贫苦农民。大荒沟、仁河洞、防川一带农民，在县委统一领导下，把春荒斗争目标指向汉奸地主元戴舜，元戴舜在珲春一带有 600 多公顷耕地，数十头牛马。

1932 年 3 月 5 日，大荒沟一带 100 多名农民，手拿麻袋、镰刀和绳子，从清水洞出发越过东沟，到仁河洞，在仁河洞和防川一带农民会合，150 多名农民拥向骆驼河子大地主元戴舜家，农民在元家院子里高呼“打倒日本帝国主义”“夺取地主家粮食度过饥荒”等口号，元戴舜吓得惊慌失措。游行队伍向元戴舜高喊“村民已经断粮，前来借点粮食”。元戴舜老老实实打开粮仓，将 6000 多斤稗子和大豆分给农民。日本领事分馆警察乘两辆小车到元家，企图镇压农民，在大规模农民队伍面前，元戴舜无可奈何地说：“给大家 3000 斤粮食和 20 头牛”。农民们在元戴舜家吃完午饭，各自背着稗子和大豆踏上回家路程。春荒斗争取得全面胜利。

◉ 1947 年防川村民支援前线

1946 年 6 月，国民党悍然撕毁国共停战协定，在美帝国主义支持下发动全面内战。刚刚摆脱 8 年抗战硝烟，中华民族因内战卷入战火中，国民党反动派倒行逆施，激起全国各族人民的极大愤慨。

为保卫胜利果实，防川一带村民坚决响应“打倒蒋介石反动派，解放全中国”的号召，掀起踊跃参军、参战、支援前线热潮。

1947 年 4 月，区政府批准防川村组织第一批担架队，金万松等 30 多名青壮年告别家乡奔赴前线，到达四平市郊受到解放军热烈欢迎。防川担架队编入解放军八十八师五十二担架队。

盘踞在长春国民党军队依靠坚固防御设施，垂死挣扎。解放军集中优势兵力，驻扎四平市郊严阵以待，逐步缩小对国民党反动派包围圈。是年 5 月 4 日，战斗打响，战场上子弹横飞，炮火弥漫，担架队奉命投入战斗，队员冒着枪林弹雨抢救伤员，扛着弹药箱及时送到前沿阵地。此次战斗 3 名队员被国民党炮弹击中，胸部受伤被送到第八十八师医院治疗。

5 月 5 日，战斗更加激烈。解放军向国民党部队发起猛烈攻势，连续炸毁碉堡和工事，逐渐向市中心逼近。炮弹不时在战士们身边爆炸，头发和衣服也被炮火烧焦，担架队员们不顾一切抬伤员、送弹药，担架毁坏就背着伤员。此次战斗中，担架队有 6 名队员受伤住院。

5 月 10 日凌晨，解放军又向市区发起攻击，展开鏖战。担架队队员在敌机空袭时不顾一切掩护抢救伤员。几天休整后，又参加收复长春飞机场战斗，建立功勋受到上级表扬。

6 月 15 日，防川村第一批担架队圆满完成上级交给任务，受到解放军八十八师表彰，授予“战勤模范”“爱民模范”两面锦旗，部队把在战场上缴获 6 匹马和 4 支步枪奖给防川担架队，担架队里 8 名队员立功。防川担架队返回防川后，县政府召开庆功大会，给担架队员披红戴花并颁发奖状。

◉ 1957 年防川成为飞地

1957 年前，敬信镇与防川村之间有一条土路连接，防川村民通过这条道路往来于防川和珲春之间。1957 年 7 月，防川遭受百年一遇特大暴雨，江水猛涨，山洪暴发，图们江河床改道东移。洋馆坪、桧忠源两处连接内地道路被冲毁，防川村形成飞地，村民要借苏联边境线通行。为解决村民出行问题，中国外交部每年都要和苏联商议“借道通行”事宜。1992 年，中俄两国达成协议，重勘珲春东段边界，俄罗斯在图们江东岸洋馆坪、桧忠源地段，划入中国 2.5 平方千米土地，使防川与珲春内地相连。1993 年，国家投资修筑 880 米的江中河堤公路，结束村民借道通行的历史。

20 世纪 70 年代防川飞地

20 世纪 60 年代防川民兵训练

◉ 1969 年保卫防川

1969 年 3 月，中国和苏联在乌苏里江珍宝岛爆发严重军事冲突，全国进入紧急备战状态。防川村民与上海知青在党支部书记姜泰元率领下，距苏联军事管区张鼓峰不到 500 米边境线上，防川村北 58.0 高地修建战备地道。边境形式剑拔弩张，防川男女民兵为保卫边疆，发扬“一不怕苦，二不怕死”的革命精神，争先恐后报名参战备地道突击队。随着地道工程进展，通风与照明都成为问题，几盏煤油灯照不亮昏暗山洞，女知青们就把自己的梳妆镜子架在洞口，让太阳光折射进地道。防川村民夜以继日劳动，地道工程历经半年终于贯通，防川地道为保卫防川生命财产安全起到重要作用。

◉ 1990 年第一次出海复航科学考察

为推动恢复图们江通海航行权，1990—1993 年，外交部、国家海洋局、吉林省人民政府在防川先后组织三次图们江下游江段和日本海出海复航科学考察。

1990 年 5 月 28 日，吉林省组织实施对图们江第一次试航考察，吉林省委、省政府成立以李德洙为组长的图们江出海复航试航考察领导小组，在土字牌以下河道和出海口外 2 千米内海域进行一次初步性试航考察。考察技术工作，由国家海洋局第一海洋研究所负责，吉林省派有关专家参加。考察前，中朝边境会晤顺利，朝方对中国此次试航考察表示给予大力协助。在中苏会晤交涉中，苏方也同意中方试航考察意见，表示尽力协助。

1990 年图们江出海复航仪式

1991 年中国考察船在图们江入海河段考察

1990 年 5 月 28 日，天气多云、微风，能见度清晰。6 时整，22 名考察队员乘 9 艘挂着中国国旗考察船离开防川，沿图们江驶向日本海（苏联方派 2 名边防军人于苏朝大桥下登船随行）。图们江河口段江宽、水深、坡降小、流速慢，离河口 5 千米左右，江面宽约 800 米，可目击到朝鲜和苏联联合设立的导航灯塔。8 时整，考察船驶到江口，由于浪大船小，有 5 艘船只进入日本海 800 米，考察任务完成后，14 时 8 分，所有船只安全返航。

在此次考察中，吉林省科委、国家海洋局第一海洋研究所、吉林省交通厅、东北师范大学及延边朝鲜族自治州口岸管理办公室、延边水文勘测大队等单位 22 名专家和科技人员组成科考队，对图们江入海河段进行河道通航环境科学考察。考察区域范围：北起圈河大桥，南至图们江口，全长 43 千米。考察重点在防川土字牌以下河段，河道长度约 18 千米。考察项目内容包括：河道水深、浅地层剖面、航线障碍物、沉积物、地貌等。5 月 27 日、28 日，圈河水文站水位观测值分别为 85.32 米和 85.19 米，高于该站设计水位约 0.8 米。据初步统计，防川以下航道平均水深在为 3.28 米、主航道 3.49 米，防川以上航道为 2.39 米，最深处达 8 ~ 12 米，除个别深水处有基岩露出外，河道沉积物厚度均大于 12 米。

此次科学考察圆满完成任务，成功取得各项技术资料，达到预期目的。考察结果表明，图们江入海河段具有良好通航条件，河道现状符合 5 级航道要求，略加整治疏浚后，具有较好开发远景。

1991 年第二次出海复航科学考察

1991 年 5 月，吉林省考察小组组织实施对图们江、日本海第二次复航科学考察。

是一次规模大、时间长、项目多、内容广科学考察。整个考察工作认真贯彻国务院《关于对图们江下游及日本海进行科学考察的批复》和吉林省政府于 1991 年 4 月 4 日在北京召开图们江科学考察综合开发讨论会会议纪要精神，做到中央与地方、内政与外交、军区与边防密切配合，协同作战，从而使科学考察工作有条不紊地顺利进行。

第二次考察工作大体上分为三个阶段：第一阶段自 5 月 20 日至 6 月 2 日，为仪器设备安装调试，进行“东方哨所”土地控制及水准测量；第二阶段自 6 月 3 日至 6 月 11 日，为图们江下游及江口海域环境调查阶段；第三阶段自 6 月 12—29 日，为日本海航线考察及顺访阶段。

通过此次考察，对境内图们江开发目标、模式、途径等达成共识，提高中央和地方对图们江通海航行重要意义。

◉ 1993 年第三次出海复航考察访问

1993 年 9 月 3—30 日，吉林省第三次出海考察访问。为促进图们江下游地区开发，加强吉林省与日本海周边国家经贸合作和友好关系，吉林省委副书记、延边朝鲜族自治州州委书记张德江为团长率领中国吉林省图们江地区开发交流团一行 65 人，乘国家海洋局北海分局“向阳红 9 号”科学考察船，从防川入海，对朝鲜咸镜北道、俄罗斯滨海边疆区、日本鸟取、岛根、新潟县和韩国江原道等环日本海地区进行考察访问。沿途停靠五个港口，航程 3209 海里，历时 27 天。所到之处受到热情友好接待，环日本海航行与顺访活动取得圆满成功。

此次出海考察，一是提高环日本海周边国家对图们江下游地区开发认识，达成多方面共识。二是扩大贸易，促进合作。三是扩大交往渠道，获得环日本海航线重要考察数据。

◉ 2013 年中国 · 延边韦特恩国际自行车旅游节

2013 年 9 月 21 日延边 · 韦特恩自行车旅游节分站赛在珲春举行，防川为分站赛起点。瑞典韦特恩环湖自行车赛始于 1965 年，是世界上最大的公路自行车赛事，被誉为

2013 年中国 · 延边韦特恩国际自行车旅游节（2013 年）

中央电视台《民歌 · 中国》边疆行走基层慰问演出活动在防川（2015 年）

当今全球最受欢迎的业余自行车骑行赛之一。

22 日上午，来自国内外近 300 名选手分别进行 68 千米长距离和 46 千米短距离的比赛。选手们分别从防川景区和圈河口岸出发，一路骑行至珲春世纪广场。

通过承办赛事，让前来参赛的国内外选手了解防川，形成以车会友、跨国骑行旅游的良好氛围，拉近防川与世界的距离，提升防川国际知名度和美誉度，打造防川国际旅游节品牌。

◉ 2015 年中央电视台《民歌 · 中国》走进防川

2015 年 8 月 7 日，中央电视台音乐频道《民歌 · 中国》边疆行走基层慰问演出活动在防川哨所举办，为珲春人民奉上一台精彩纷呈的文化盛宴。演出在《红太阳照边疆》的歌声中拉开序幕。

演出持续两个多小时，受到部队官兵和防川村民的一致好评。《民歌 · 中国》边疆行走基层慰问演出丰富了防川村民的文化生活，让全国观众通过电视了解防川的风土民情。

◉ 主要参考文献

1. 珲春市地方志编纂委员会办公室编 :《珲春市志》，吉林人民出版社，2000 年 5 月第 1 版。

2. 珲春市地名志办公室编 :《珲春市地名志》，1990 年 4 月第 1 版。

3. 珲春市人民武装部编 :《珲春军事志》，内部资料，1992 年 5 月第 1 版。

4. 吉林省社会科学院编 :《渤海国志长编》，社会科学战线杂志社，1982 年 3 月第 1 版。

5. 珲春政协委员会编 :《珲春满族》，吉林文史出版社，2008 年 9 月第 1 版。

6. 珲春政协委员会编 :《珲春朝鲜族》，延边教育出版社，2012 年 8 月第 1 版。

7. 珲春政协文史委编 :《珲春古城系列丛书》，内部资料，2014 年 4 月第 1 版。

8. 张福有主编 :《珲春韵汇》，吉林人民出版社，2012 年 8 月第 1 版。

9. 王莲琴、孟志光主编 :《图们江通海航行与对外开放研究文集》，东北师范大学出版社，1995 年 10 月第 1 版。

10. 中共珲春市委办公室编 :《珲春史志》，内部资料，2009 年 1 月第 2 版。

11. 中共珲春市委办公室编 :《珲春副都统衙门档》，内部资料，2009 年 1 月第 2 版。

12. 延边朝鲜族自治州政协委员会编 :《吴大澂史料研究》，内部资料，2012 年 11 月第 1 版。

13. 编委会主编 :《吉林省文物志 · 珲春文物志》，1984 年 9 月第 1 版。

14. 朱宏启主编 :《图们江史话》，中国国际图书出版社，2014 年 12 月第 1 版。

15. 珲春党史研究室 :《红色记忆》，内部资料，2015 年 8 月第 1 版。

16. 北宋 · 欧阳修、宋祁、范镇等 :《新唐书 · 渤海国传》。

17. [日] 桑田悦前、原透合编 :《简明日本战史》，军事科学院出版社，1989 年第 1 版。

18. [日] 林 三郎 :《关东军和苏联远东军》，吉林人民出版社，1979 年第 1 版。

19. [日] 桧山良昭编 :《暗杀斯大林计划》，新华出版社，1980 年出版。

20. [俄] 弗拉基米尔 · 卡尔波夫编著 :《被枪决的苏联元帅》，新华出版社，2001 年第 1 版。

21. 骆宾基主编 :《边陲线上》，吉林人民出版社，1984 年第 1 版。

22.《吉林地志 · 鸡林旧闻录 · 吉林乡土志》，吉林出版社，1986 年第 1 版，1995 年第 2 次印刷。

23. 珲春文化艺术志编委会编 :《珲春文化艺术志》，内部资料，1990 年 12 月第 1 版。

◉ 编纂始末

“国有史，邑有志”，中国自古就有编史修志的传统，以留存记忆，勘存勘鉴。珲春市地方志编纂委员会办公室根据中国地方志指导小组办公室（以下简称中指办）《关于启动中国名村志丛书编纂工程的通知》和《中国名村志文化工程实施方案》部署，全面贯彻习近平总书记、李克强总理、刘延东副总理关于地方志工作的重要指示和讲话，以及第五次全国地方志工作会议精神，以更好地开发利用珲春市地方志文化资源，传承乡土历史文化，留住乡愁文化记忆，充分发挥地方志存史、资政、教化功能。

本志旨在鸣村之名，编纂成一部集科学性、权威性、地域性于一体的名村志，为记录和宣传防川提供真实的依据，为各界专家和学者研究防川提供地情资料和参考信息，为爱国主义教育提供生动的乡土教材，为扩大对外交流提供平台，为发展防川旅游产业提供丰厚的乡土文化资源。

2017 年 3 月，珲春市地方志编纂委员会办公室按照中指办《中国名村志文化工程实施方案》，正式启动《防川村志》的编纂工作。编纂小组历经 8 个月辛勤笔耕，认真查阅大量档案资料和多部文史典籍，深入村屯和民间采访、调研，收集口述资料，分门别类比较鉴别，注重入志资料的广泛性与可读性，突出村域“名”“特”和重要史实，留住乡村传统文化、乡土文化和民俗文化。

名村志与传统志区别，名村志在文字上做到朴实、严谨、简洁、流畅，增强可读性，力图实现官书向民书转变，让志书走向社会、走近百姓，让读者了解志书。名村志较传统志增加了图照比例，以期图文并茂，生动易读。名村志编纂要求生不立传，严把以事系人关，对曾为防川村经济发展、社会进步做出过诸多贡献各方英杰、各界贤人未能入选本志，编者深表诚挚歉意。

2017 年 9 月，中国名村志文化工程《防川村志》几经易稿，夜以继日完成编纂工作，先后通过市、州和省地方志办公室初审与复审，中指办终审。

在《防川村志》编纂出版过程中，得到市委、市政府的大力支持，使名村志编纂工作顺利开展。珲春市旅游局、珲春市敬信镇党委、敬信镇防川村等部门给予通力协助，驻军某部一连、防川哨所、旅游服务中心、张鼓峰事件纪念馆等都为编纂工作做了大量工作，在此编者致以诚挚的谢意！

本书由金向阳主编，翟运昌、谢午元、吕鉴分类编写，各位老师、专家、珲春市地方志、珲春市档案局各位同仁同心协力、谋篇布局、字斟句酌，数易其稿。本书在编写过程中，得到中指办、吉林省方志委领导大力支持及专家精心指导和修改，在这里向所有致力于防川名村志编纂工作的各级领导、各位专家、老师和编纂人员表示诚挚感谢！

编修名村志是一项文化工程，尽管编纂人员付出艰辛努力，广泛收集史料，认真核对史实、数据，不断提升编校质量，终因存史资料欠缺，搜集困难，抑或文字如海，编者视野难及，加之时间仓促，编纂经验不足，难免有讹疏漏。诚望仁者诤言、知者睿语、方家赐教、各级领导及广大读者指导匡正。

编　者

2017 年 9 月 20 日